1.Klasse, Vorname, Name, Jahr /

Christian Gerber 0 /05 → Einband bereits beschädigt
Andre Krottenthaler 08/09
Andreas Schurm 8 09/10
Florian Moser 8 10/11
Simon Miggisch Kl. 8 11/12
Sandra Dambeck

D1694809

Aufgaben zum Grundwortschatz

1 Schreibe die Wörter ab und kontrolliere, ob du sie richtig geschrieben hast. Notiere deine Fehlerwörter auf Karteikarten und nimm sie in deinen Übungswortschatz auf.

2 Schau dir die Wörter etwa zwei Minuten lang an und schlage dann das Buch zu. Notiere aus dem Gedächtnis alle Wörter, die du behalten konntest. Kontrolliere.

3 Suche zu den Verben jeweils ein verwandtes Nomen (mit Artikel). Beispiel: *tun ⇨ die Tat*

4 Bilde zu den Nomen jeweils ein verwandtes Verb und dessen Präteritum (3. Person Singular). Beispiel: *die Wohnung ⇨ wohnen – er wohnte*

5 Notiere die Wörter in alphabetischer Reihenfolge.

6 Bilde mit drei der Wörter <u>einen</u> vollständigen Satz, in dem ein Komma stehen muss. Forme deinen Satz in einen Fragesatz um.

7 Nenne zu jedem Fremdwort eine deutsche Entsprechung und schreibe beide Wörter mit dem dazugehörigen Artikel auf. Beispiel: *die Situation ⇨ die Lage*

8 Suche zu jedem Fremdwort drei weitere, die auf ähnliche Art gebildet werden. Beispiel: *die Relig<u>ion</u> ⇨ die Lekt<u>ion</u>, die Aggress<u>ion</u>, ...*

9 Hänge vor oder hinter jedes nicht zusammengesetzte Nomen einen Wortbaustein an und bilde ein neues Wort:
Beispiel: *das Tuch ⇨ das <u>Hand</u>tuch, das <u>Taschen</u>tuch, das <u>Lein</u>tuch*

10 Schreibe die Nomen (mit Artikel) im Singular und im Plural auf.

11 Suche zu jedem Adjektiv ein Nomen, dessen Eigenschaft mit dem Adjektiv bezeichnet werden kann. Bilde mit beiden Wörtern einen Satz. Beispiel: *rot ⇨ Tomate: Ich esse eine <u>rote</u> <u>Tomate</u>.*

12 Ordne die Wörter nach Wortarten (⇨ Nomen, Verb, Adjektiv, Pronomen, Artikel, Präposition, Konjunktion, Adverb, sonstige Wortarten).

13 Steigere die Adjektive, wenn möglich (Beispiel: *warm ⇨ wärmer ⇨ am wärmsten*). Bilde anschließend einen Satz, in dem das Adjektiv nominalisiert (großgeschrieben) vorkommt. Beispiel: *trocken ⇨ Wir sitzen auf dem <u>Trockenen</u>.*

14 Bilde zu den Verben und Nomen verwandte Wörter. Hänge dazu einen Wortbaustein an oder streiche beziehungsweise verändere einen vorhandenen. Beispiele: *lachen – anlachen, auslachen, <u>ver</u>lachen; der Gang – der <u>Ab</u>gang, der <u>Aus</u>gang, der <u>Unter</u>gang; <u>ver</u>laufen ⇨ laufen, <u>über</u>laufen, <u>aus</u>laufen.*

15 Gliedere die Wörter nach Wortbausteinen. Beispiel: *wohn/en – Schreib/tisch – ...*

16 Notiere die Verben im Infinitiv und in der 3. Person Singular im Präsens, Präteritum und Perfekt. Beispiel: *schlafen ⇨ er schläft – er schlief – er hat geschlafen*

17 Bilde aus den Adjektiven Nomen (mit Artikel).

18 Bilde zu jedem der Verben einen Satz, in dem das Verb nominalisiert (also wie ein Nomen verwendet) wird. Beispiel: *essen ⇨ <u>Beim</u> Essen soll man nicht mit vollem Mund reden.*

19 Bilde mit zwei (oder mehreren) der Wörter einen Satz, der entweder die Konjunktion *dass* oder eine begründende Konjunktion (wie *weil, denn, da, ...*) enthält. Achte auf die richtige Kommasetzung.

20 Bilde mit jedem Verb einen Satz im Präteritum. Der Satz soll mindestens ein Komma enthalten (Satzreihe oder Satzgefüge). Beispiel: *frieren ⇨ Pia fror, weil sie keine Jacke dabei hatte.*

21 Übersetze fünf der Wörter ins Englische (oder in eine andere Sprache) und notiere das deutsche Wort mit Übersetzung. Beispiel: *die Burg ⇨ the castle (englisch)*

DEUTSCHPROFI
B 8

Lese- und Sprachbuch für das 8. Schuljahr
Herausgegeben von Werner Knapp und Eva-Maria Post

Verfasst von Cornelia Diehr, Roland Jost,
Ingrid Kieninger, Renate Kopf-Hanauer,
Barbara von Lauenstein, Kerstin Metz,
Melanie Scholl, Claudia Starz und Petra Vollkommer

Illustriert von Anne Wöstheinrich

Oldenbourg

Hinweise

Der ▶ weist euch auf Stellen im Deutschprofi hin, an denen ihr **weitere Informationen** zu dem Thema findet, das ihr gerade behandelt.
Die ☞ macht euch auf die dazugehörigen **Seitenangaben** aufmerksam.

TIPP für Internetprofis: Wenn es eine im Deutschprofi angegebene Internetadresse nicht mehr gibt, so sucht eine entsprechende.

Manchmal wird im Deutschprofi bei Bezeichnungen wie *Schüler, Lehrer* oder *jeder* nur die **männliche Form** verwendet und nicht zusätzlich noch die **weibliche** (*Schülerin, Lehrerin, jede* usw.), um euch umständliche Satzungetüme wie *Jede/r Schüler/in fragt ihren/seinen Biologielehrer/in* zu ersparen. Selbstverständlich sind trotzdem immer auch Mädchen und Frauen mit angesprochen!

Das Papier ist aus chlorfrei gebleichtem Zellstoff hergestellt, ist säurefrei und recyclingfähig.

© 2006 Oldenbourg Schulbuchverlag GmbH, München · Düsseldorf · Stuttgart
www.oldenbourg-bsv.de

1. Auflage 2006 R 06
Druck   10 09 08 07 06
Die letzte Zahl bezeichnet das Jahr des Drucks.
Alle Drucke dieser Ausgabe sind untereinander unverändert und im Unterricht nebeneinander verwendbar.

Umschlagkonzept: Mendell & Oberer, München
Lektorat: Annabella Beyer; Carola Jeschke, Haimhausen; Birgit Kaltenegger (Assistenz)
Herstellung: Angelika Brandtner
Illustration: Anne Wöstheinrich
Layout: Johannes Schmidt-Thomé; Petra Klüners (Assistenz)
Satz und Reproduktion: artesmedia GmbH, München
Druck: J. P. Himmer GmbH & Co. KG, Augsburg

ISBN: 3-486-**10008**-4
ISBN: 978-3-486-**10008**-2 (Ab 1.1.2007)
ISBN: 978-3-637-**10008**-4 (Ab 1.1.2009)

Liebe Schülerinnen, liebe Schüler,

hier ist euer neues Lese- und Sprachbuch für das Fach Deutsch: DEUTSCHPROFI B8.
Wie es aufgebaut ist, wisst ihr sicher noch aus den vergangenen Schuljahren; in einer
Übersicht wollen wir euch den Aufbau noch einmal verdeutlichen:

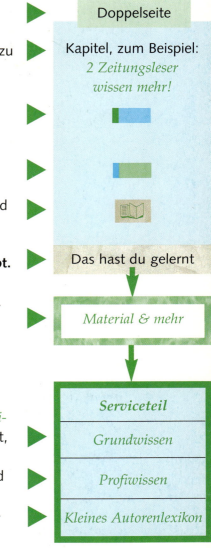

Jedes Kapitel beginnt mit einer Doppelseite.
Hier könnt ihr sehen, **was euch** im jeweiligen Kapitel **erwartet.**
In jedem Kapitel lernt ihr etwas zu einem interessanten **Thema** und zu
verschiedenen **Lernbereichen** des Faches Deutsch und findet spannende **Lesetexte.**

* In einem GRUNDWISSEN-Kasten findet ihr wichtige **Regeln, Erklärungen** oder **Erläuterungen,** die ihr euch möglichst einprägen
solltet.
* Ein METHODEN-Kasten erklärt euch eine **Methode** oder eine
Arbeitstechnik – also, wie man etwas tut.
* In jedem Kapitel findet ihr **Wörterlisten** zum Grundwortschatz und
in der Klappe vorne im Buch **Aufgaben,** mit denen ihr die Wörter
üben könnt.
* Am Ende eines Kapitels könnt ihr **überprüfen, was ihr gelernt habt.**

Im Anschluss an jedes Kapitel sind *Material & mehr*-Seiten angefügt.
Auf diesen Seiten wird insbesondere der zusätzliche Stoff des
Mittlere-Reife-Zuges behandelt. Mit *M* bezeichnete Arbeitsaufträge
im Kapitel sind Aufgaben für den Mittlere-Reife-Zug.

Am Schluss des Lese- und Sprachbuchs findet ihr den *Serviceteil.*
* Im Abschnitt *Grundwissen Wortarten* und *Grundwissen Rechtschrei-
bung* bekommt ihr alles, was ihr zu diesen Bereichen wissen müsst,
in einem **Überblick** präsentiert.
* Im *Profiwissen* ist alphabetisch geordnet, was ihr an **Begriffen** und
Methoden braucht.
* Im *Kleinen Autorenlexikon* könnt ihr euch näher **über die Autorin-
nen und Autoren** der Lesetexte **informieren.**

Wir hoffen, dass ihr gerne mit dem DEUTSCHPROFI arbeitet, und wünschen euch viel
Spaß und Erfolg!

Inhalt

1 Erwachsen werden – Aufbruch in eine neue Welt

„Ich bin doch kein Kind mehr!" – „Man hat viel zu wenig Zeit.
Immer muss man etwas machen. Warum eigentlich?" –
„Fragt mich einmal jemand, was ICH eigentlich will?"
In Büchern findet man eine Menge solcher Sätze, mit denen
Jugendliche ihre Unzufriedenheit ausdrücken. Anscheinend haben alle
mit ganz ähnlichen Problemen zu kämpfen. – Es ist aber auch „geil",
jung zu sein: Man macht neue, spannende Erfahrungen auf dem Weg
zu einem neuen Leben!

Ihr lernt

- Georgia, Benjamin und Hans kennen, die ihre Probleme mit dem Erwachsenwerden haben, und
- die verschiedenen Gattungen der Literatur kennen.

Außerdem sprecht ihr über wichtige Merkmale von lyrischen, epischen und dramatischen Texten.

Ihr übt,

- mit Papier und Bleistift zu lesen,
- Texte in verteilten Rollen vorzutragen,
- Gefühle zu äußern und zu benennen,
- Tagebucheinträge, innere Monologe und Gedichte zu schreiben,
- Charakterisierungen zu verfassen.

Darüber hinaus wendet ihr folgende Methoden an:

- Cluster erstellen,
- Arbeitsergebnisse in einer Mindmap darstellen und
- Arbeitsergebnisse auf Plakaten präsentieren.

Immer dieser Stress zu Hause

Georgias Bekenntnisse

1 Nehmt Papier und Bleistift zur Hand und notiert beim Lesen des folgenden Textauszugs, was Georgia zu Hause stört.

Frontalknutschen

LOUISE RENNISON

Georgia ist 14 und lebt in England. Was sie zu Hause, mit ihren Freunden, auf Partys oder mit Jungen erlebt, wie sie sich selbst sieht, wie sie gerne wäre und wie sie sich fühlt, hält sie auf humorvolle Weise in ihrem Tagebuch fest:

Sonntag, 23. August
In meinem Zimmer/Regen

10:00 Dad hatte Besuch von Onkel Eddie und natürlich sind sie reingekommen und mussten hier
5   rumschnüffeln und rausfinden, was ich mache. Wenn Onkel Eddie (der kahl ist wie 'ne Billard-kugel) noch ein einziges Mal zu mir sagt: „Muss die Glatze mal wieder gewienert[1] werden?", dann bring ich mich echt um. Er rafft es wohl einfach nicht,
10   dass ich nicht mehr im Spielanzug stecke. Am liebsten würde ich ihn anschreien: „Ich bin vierzehn, Onkel Eddie! Ich platze vor Fraulichkeit, ich trag schon einen BH! Na gut, er sitzt noch ein bisschen locker und rutscht mir zum Hals rauf, wenn ich
15   zum Bus laufe ... aber das Potenzial ist da, du Kahl-kopf!" […]

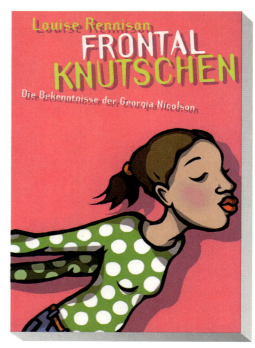

Immer noch mein Zimmer. Immer noch Regen […]
11:30 Nicht einzusehen, warum ich kein Schloss an
meiner Zimmertür haben darf. Ich hab kein Privatleben: Mein Zimmer ist wie ein
20   Taubenschlag. Jedes Mal, wenn ich irgend so was hier im Haus vorschlage, schütteln sie den Kopf und fangen an, entrüstet zu glucksen. Als ob ich mit Hühnern in Klamotten zusammenlebe. Oder mit einem Haus voller nickender Hunde oder mit ... Na, egal, ich krieg kein Schloss und damit basta.
„Warum eigentlich nicht?", hab ich Mum berechtigterweise gefragt (als ich sie mal in
25   einem seltenen Moment erwischt hab, wo sie nicht gerade in ihrem Italienischkurs oder mal wieder bei 'ner Party war).

---

[1] wienern: polieren, durch Reiben sauber putzen

„Weil dir was passieren könnte und dann kämen wir nicht rein", hat sie gesagt.

„Was denn passieren?", bohrte ich weiter.

„Na ja ... du kannst doch ohnmächtig werden."

30 Dann hat sich Dad eingemischt. „Du könntest dein Bett anzünden und würdest in den Rauchschwaden ersticken."

Was ist bloß in die gefahren? Ich weiß schon, warum sie nicht wollen, dass ich abschließen kann. Es wäre das erste Anzeichen, dass ich auf dem Weg bin, erwachsen zu werden, und das passt ihnen nicht, weil es bedeuten würde, dass sie ihr eigenes Le-

35 ben in den Griff kriegen und mich in Ruhe lassen müssten.

Immer noch Sonntag

11:35 Es gibt sechs Punkte in meinem Leben, die absolut nicht in Ordnung sind:

1. Ich hab so einen Unter-der-Haut-Pickel, der einfach nicht rauskommt, sondern die nächsten zwei Jahre als roter Knubbel lauern wird.

40 2. Er ist auf meiner Nase.

3. Ich hab eine zweijährige Schwester, die möglicherweise in mein Zimmer gepinkelt hat.

4. In vierzehn Tagen sind die Sommerferien vorbei und dann geht's zurück in den Gulag[2] zu Lagerführerin Simpson und ihrem Haufen sadistischer „Lehrer".

45 5. Ich bin total hässlich und sollte in ein Heim für Aussätzige.

6. Ich war bei einer Party – als gefüllte Olive verkleidet.

11:40 Also gut, das wär's. Ich schlag eine neue Seite auf. In Mums *Cosmopolitan* hab ich einen Artikel entdeckt, wie man glücklich wird, wenn man ganz unglücklich ist (was auf mich zutrifft). Der Artikel hat den Titel „Vertrauen Sie Ihren Gefühlen". Man

50 muss drei Schritte beachten: *Erinnern ... Durchleben ... Heilen*. Man denkt also an ein peinsames[3] Erlebnis und ruft sich alle grässlichen Einzelheiten ins Gedächtnis – das ist das *Erinnern*. Dann stellt man sich den Gefühlen und akzeptiert sie und dann WIRD MAN DAS ERLEBNIS LOS.

14:00 Onkel Eddie ist wieder weg, Gott sei Dank. Er hat mich doch tatsächlich gefragt,

55 ob ich im Seitenwagen von seinem Motorrad mitfahren will. Kommen die Erwachsenen eigentlich alle vom Mars? Was hätte ich denn sagen sollen? „Ja, Onkel Eddie, ich würde liebend gern in deinem Vorkriegs-Seitenwagen mitfahren. Bei dem Glück, das ich habe, würden alle meine Freunde sehen, wie ich mit einem verrückten Kahlkopf durch die Gegend kutsche, und das wäre mein gesellschaftlicher Untergang. Nein

60 danke."

16:00 Jas war da. Sie hat erzählt, dass sie Stunden gebraucht hat, bis sie nach dem Kostümfest aus ihrem einteiligen Anzug raus war. Hat mich nicht sonderlich interessiert, aber höflicherweise hab ich trotzdem gefragt, warum.

---

[2] Gulag: Bezeichnung für Straf- und Arbeitslager in der ehemaligen Sowjetunion

[3] peinsam: peinlich; ein peinsames Erlebnis löst ein Gefühl der Verlegenheit aus, man schämt sich dann

„Der junge Typ in dem Kostümverleih hat echt gut ausgesehen", erzählte sie.

65 „Na und?"

„Weißt du, ich hatte ihm nicht meine richtige Kleidergröße gesagt – hab einen in Größe vierunddreißig statt in sechsunddreißig genommen."

Sie zeigte mir, wie sehr der Anzug an Hals und Taille eingeschnitten hatte; die Abdrücke sind ziemlich tief. „Dein Kopf sieht ein bisschen aufgedunsen aus", sagte ich.

70 „Das liegt nur am Sonntag."

Dann hab ich ihr von dem Artikel in der *Cosmopolitan* erzählt und die nächsten Stunden haben wir damit zugebracht, uns an das Kostümfest zu erinnern (sprich: das peinsame Erlebnis) und uns dann den Gefühlen zu stellen, um so zur Heilung zu gelangen.

75 Ich gebe Jas die Schuld, und zwar voll und ganz. Gut, vielleicht war's ja meine Idee, als gefüllte Olive zu gehen, aber sie hat mich nicht daran gehindert, wie es sich für eine gute Freundin gehört. Genau genommen hat sie mich sogar ermutigt. Wir haben das Olivenkostüm aus

80 Kaninchendraht und grünem Krepppapier gemacht – das war für die „Olive". Das Gestell hatte schmale Träger, damit es nicht runterrutschte, und drunter hab ich ein grünes T-Shirt und eine grüne Strumpfhose getragen, Jas hat vor allem bei der „Füllung"

85 geholfen. Wenn ich mich richtig erinnere, hat sie vorgeschlagen, dass ich mir das Haar, den Kopf, das Gesicht und den Hals rot färbe ... wie so 'ne Art Peperoni. Hat zuerst ziemlich lustig ausgesehen, das muss ich zugeben. Zumindest daheim in meinem Zimmer. Die

90 Schwierigkeiten fingen an, als ich aus dem Zimmer wollte. Ich musste die Treppe seitwärts runtergehen.

[...]

Dann hab ich nicht in Dads Volvo gepasst. „Warum ziehst du das Oliventeil nicht aus und steckst es in den Kofferraum?", schlug Dad vor.

95 Echt, was sollte das nun wieder? Ich sagte: „Dad, wenn du glaubst, dass ich mich in einem grünen T-Shirt und Strumpfhosen neben dich setze, musst du verrückt sein."

Er wurde ganz sauer, wie alle Eltern, wenn man ihnen klarmacht, wie hoffnungslos blöd sie sind. „Gut, dann musst du eben zu Fuß gehen ... Ich fahr mit Jas ganz langsam und du gehst nebenher."

100 Ich konnte es nicht fassen. „Wenn ich gehen muss, warum gehen Jas und ich dann nicht gemeinsam und vergessen das Auto?"

Er hat dieses blöde Gesicht mit so zusammengepressten Lippen gemacht, das Väter immer aufsetzen, wenn sie glauben, dass sie was völlig Vernünftiges vorgeschlagen haben. „Weil ich genau wissen will, wo ihr hingeht. Ich will nicht, dass ihr zu nacht-

105 schlafender Zeit durch die Straßen irrt."

Nicht zu fassen! „Warum sollte ich wohl zu nachtschlafender Zeit als Olive durch die Straßen latschen ... Um bei irgendwelchen fremden Cocktailpartys aufzukreuzen?"

Jas grinste vor sich hin, aber Dad wurde typisch elternsauer. „Rede gefälligst nicht so mit mir, sonst gehst du nirgendwohin."

110 Was soll's?

Dienstag, 25. August
11:00 Hab mich mit Ellen und Julia bei Whiteleys verabredet für unsere *Marche avec mystère*[4]. Wir haben vereinbart, uns sportlich-lässig zu kleiden, ich zieh 'ne Skihose,
Stiefelchen und einen schwarzen Rollkragenpulli an und nehm einen Anorak mit. Ich
115 mach auf die junge Brigitte Bardot[5], was Blödsinn ist, denn a) seh ich ihr kein bisschen ähnlich und b) hab ich kein blondes Haar, was ja bekanntermaßen ihr Markenzeichen ist. Ich hätte blondes Haar, wenn ich dürfte, aber bei uns daheim geht es echt zu wie im Kindergarten. Mein Vater hat den geistigen Stand von einem Teletubby, nur nicht so weit entwickelt. Ich hab zu Mum gesagt: „Ich will mir das Haar blond färben,
120 welche Marke würdest du mir empfehlen?" Sie hat so getan, als ob sie nichts gehört hätte und Libby weiter angezogen. Aber Dad ist ausgerastet.
„Du bist erst vierzehn, du hast dein Haar erst vierzehn Jahre und willst schon eine andere Farbe! Was ist, wenn du dreißig bist und schon alle Farben durchprobiert hast?"
Echt, er rafft es allmählich nicht mehr. Zu Mum gewandt hab ich gesagt: „Hab ich da
125 eben eine Stimme gehört, die gequiekt und komische Geräusche gemacht hat, oder hab ich mich getäuscht? Und tschüss!!!"
Als ich dann schnell zur Tür gehechtet bin, hab ich ihn schreien hören: „Du meinst wohl, mit ein bisschen Sarkasmus[6] und der Fähigkeit, mit Eyeliner[7] eine gerade Linie zu ziehen, schaffst du
130 die mittlere Reife!!!"
Mittlere Reife, echt. Er ist ein lebendes Zeugnis der Steinzeit.

die Literatur · das Erlebnis
aussehen · das T-Shirt
die Olive · der Anorak
zeigen · hässlich
die Strumpfhose
📖 2, 3, 14, 18, 20

2 Tauscht euch in der Klasse aus, was ihr beim ersten Lesen notiert habt.

3 Lest den Text ein zweites Mal mit Papier und Bleistift. Achtet dabei auf das Verhältnis von Georgia zu ihrem Onkel Eddie und zu ihrem Vater.

4 Sucht in Gruppenarbeit im Text nach Wörtern oder Textstellen, die über Georgias Gefühle Auskunft geben.
* Welche Gefühle findet ihr? Ordnet den einzelnen Gefühlen die entsprechenden Textstellen zu. Zum Beispiel:
– *Gefühl, nicht ernst genommen zu werden* ⇨ *„Jedes Mal, wenn ich irgend so was hier im Haus vorschlage, schütteln sie den Kopf und fangen an, entrüstet zu glucksen."*
– *Gefühl, bevormundet zu werden* ⇨ *„Es wäre das erste Anzeichen, dass ich auf dem Weg bin, erwachsen zu werden, und das passt ihnen nicht, weil es bedeuten würde, dass sie ihr eigenes Leben in den Griff kriegen und mich in Ruhe lassen müssten."*

---
[4] Marche avec mystère (französisch): geheimnisvoller Spaziergang
[5] Brigitte Bardot: berühmte französische Schauspielerin (*1934)
[6] der Sarkasmus: beißender Spott
[7] der Eyeliner (englisch): Spezialstift oder -pinsel zur Lidumrandung

* Stellt eure Arbeitsergebnisse in einer Mindmap dar. Fangt so an:

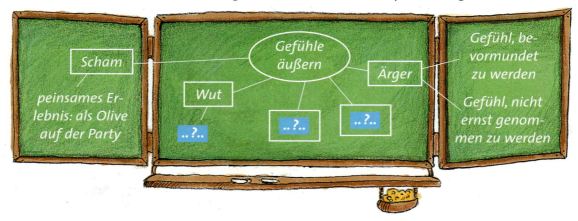

5   Schaut euch die Beschreibung der „Olive" (Zeile 80–89) genauer an. Formuliert zu den einzelnen Sätzen W-Fragen. Welche Information fehlt?

6   In den Tagebucheinträgen von Georgia findet ihr immer wieder Auslassungspunkte („…", zum Beispiel in Zeile 15). Sucht die Textstellen heraus und überlegt euch, was dort ausgelassen wurde.

7   Schaut euch folgende Textstellen an. Sucht eine Regel, wann ihr nach den Auslassungszeichen groß und wann ihr danach klein weiterschreiben müsst.
   * *Oder mit einem Haus voller nickender Hunde oder mit… **Na**, egal, ich krieg kein Schloss und damit basta.*
   * *Wenn ich mich recht erinnere, hat sie mir vorgeschlagen, dass ich mir das Haar, den Kopf, das Gesicht und den Hals rot färbe… **wie** so 'ne Art Peperoni.*

Lest euch nun den Grundwissenkasten durch und vergleicht eure Lösungen damit.

M   Georgia würde sich gerne die Haare blond färben. Was würden eure Eltern sagen, wenn ihr ihnen plötzlich gefärbte Haare, eine Stoppelfrisur, ein Piercing oder etwas Vergleichbares präsentieren würdet? Malt einen Comic, der euer neues Aussehen und die Reaktion eurer Eltern oder eines Elternteils zeigt. Könnt ihr euch einigen oder endet das Comic im Streit?

Marcels schrecklicher Tag

Marcel lebt mit seinem Vater und seinen beiden jüngeren Geschwistern Niklas und Lea in Stuttgart. Ebenso wie Georgia vertraut er seinem Tagebuch alles an.

Montag, den 7. März
Scheiß Tag: Ne fünf in Geschichte! Na prima, Papa wird ausrasten! Morgen Englisch-test, ich HASSE Vokabellernen!! Sven kommt gleich, wollen uns gegenseitig abfragen.
Könnte Niklas echt verwamsen: hat wieder an meinem Computer rumgespielt.
5 *Lea ist krank – Durchfall! Jammert nur rum, typisch Mädchen eben. „Teeeee! Zwie-back!" Pfff, bin doch keine Krankenschwester!*
Papa kommt heut später, müssen 'ne Sonderschicht fahren. Toll! Muss ich wieder Abendbrot richten. Echt unfair, nur weil ich der Älteste bin.

8 Vergleicht die Tagebucheinträge von Marcel und Georgia sprachlich mit-einander. Notiert die Unterschiede. Beachtet dabei: Art der Sätze, Aus-drucksweise, Darstellung von Gefühlen, Ausführlichkeit, …

9 Gibt es auch Punkte in eurem Leben, *die absolut nicht in Ordnung sind* (siehe ☞ Seite 11, Zeile 37)?
  * Notiert die einzelnen Punkte auf Karten. Schreibt leserlich und groß.
  * Bildet aus den Karten einen Cluster an der Tafel.
  * Jeder wählt nun mindestens eine Karte aus und schreibt hierzu einen eigenen Tagebucheintrag über eine erlebte oder erfundene Situation.

Streit, Ärger, Rumgenerve zu Hause

An die Eltern
KLAUS KONJETZKY

Ihr sprecht
von der Verantwortung, die ihr für mich habt –
aber ihr wollt nur,
dass ich so werde wie ihr.

5

Ihr sagt,
ich sollte mich mehr für Kultur interessieren –
aber euch interessieren nicht
die Lieder der Rolling Stones.

10 Ihr behauptet,
Fernsehen macht träge –
aber ihr sitzt regelmäßig
vor Dalli Dalli[1].

Ihr sagt,
es komme auf den Menschen an –
15 aber ihr verlangt,
dass ich mir die Haare schneiden lasse.

Ihr sprecht
von den Erfahrungen, die ihr gemacht habt –
aber ihr wollt nicht,
20 dass ich in eine Diskothek gehe.

Ihr fordert
Vertrauen und Offenheit –
aber ihr sperrt, wenn ihr geht,
das Telefon ab.

---
[1] Dalli Dalli: beliebte Quiz-Show der 70er- und 80er-Jahre

1 Habt ihr ähnliche Situationen schon einmal selbst erlebt? Erzählt davon.

2 Schreibt das Gedicht um. Geht hierzu folgendermaßen vor:
  * Entscheidet, ob ihr allein, zu zweit oder in Gruppen arbeiten wollt.
  * Betrachtet die <u>sprachliche</u> Struktur des Gedichts. Achtet dabei auf die grün gedruckten Wörter.
  * Überlegt euch Situationen, in denen eure Eltern etwas von euch verlangen, das sie selbst nicht einhalten. Notiert es in Stichwörtern.
  * Übernehmt für euer eigenes Gedicht die grün gedruckten Wörter und füllt dann die Strophe auf.

M Lernt euer selbst geschriebenes Gedicht auswendig und tragt es vor.
  * Lasst euch dabei mit Video aufnehmen.
  * Prüft beim Anschauen des Videos, ob ihr euren Vortrag durch Mimik, Gestik und eure Körperhaltung unterstützt habt.
  * Achtet auch auf eure Aussprache. Ist sie gut verständlich, betont ihr an den passenden Stellen?
  * Nehmt eure verbesserte Fassung noch einmal auf.

Immer dieser Stress mit den Kindern

Klar, Eltern können ganz schön anstrengend sein. Aber wie ist das mit dem Stress eigentlich für die Eltern? Darüber hat sich eine Gruppe von Jugendlichen Gedanken gemacht. Gemeinsam mit Senioren haben sie das Märchen „Hänsel und Gretel" in ein modernes Theaterstück umgeschrieben. Hier die ersten beiden Szenen:

Hänsel & Gretel. The Remake – 1. Szene: Die Eltern

Die Mutter kommt von der Arbeit nach Hause und trifft auf eine riesige Unordnung: Essensreste, Geschirr, Flaschen u.a. Während sie noch damit beschäftigt ist, das Chaos in den Griff zu bekommen, kommt der Vater nach Hause. Erschöpft setzen
5 *sich die Eltern an den Küchentisch. […] Es klingelt.*

VATER:	Bleib ruhig sitzen, Mutti, ich geh schon.
GRETEL:	Hi, bin wieder da. Was gibt's zum Essen?
MUTTER:	Ja, das würde ich auch gerne mal wissen.
GRETEL:	Ich hab aber Hunger!
10 VATER:	Du und dein Bruder habt es euch ja wohl heute Mittag gut gehen lassen. Könnt ihr denn eure Sauerei hier nicht wieder wegmachen, wenn ihr euch schon so aufführt?
GRETEL:	Das war ich nicht.

Es klingelt.

15	VATER:	Menschenskinder, wofür habt ihr denn Schlüssel?
	HÄNSEL:	Hallöchen – ich bin in meinem Zimmer …
	VATER:	Nein, stopp, du bleibst mal schön hier. Schau mal, wie es hier aussieht, hast du vielleicht 'ne Erklärung dafür?
	HÄNSEL:	Nö, ich war das nicht.
20	MUTTER:	Ja, jetzt war's mal wieder keiner!
	GRETEL:	Mama, ich brauch dringend 'ne neue Miss-Sixty-Hose. Meine ist schon voll out.
	MUTTER:	Ja, was heißt denn „out"? Die hast du doch erst letzten Monat gekauft?
	GRETEL:	Ich brauch aber eine mit Glitzer drauf, das haben alle anderen auch.
25	MUTTER:	Musst du denn alles nachmachen?
	GRETEL:	Ach komm, bitte Papa …
	VATER:	Du hast einen Schrank voller Hosen, das kommt nicht in Frage.
	GRETEL:	Ich brauch die aber dringend, gib mir das Geld.
	HÄNSEL:	Apropos[1] Geld … ich hab mir 'nen neuen Diskman gekauft, da bräuchte
30		ich auch noch so 120 Euro.
	VATER:	Ja, wo hast du den denn gekauft?
	HÄNSEL:	Bei 'nem Kumpel, voll billig. Und meine Handyrechnung ist auch wieder fällig.
	VATER:	Also die Handyrechnung bezahlt ihr von eurem Taschengeld, wie abge-
35		macht, und den Diskman gibst du gleich morgen zurück.
	HÄNSEL:	Ne, das geht nicht, von dem krieg ich eine aufs Maul, wenn ich dem das Geld nicht bringe.
	GRETEL:	Ich hab Hunger, Hänsel, wie wär's mit Pizza?
	HÄNSEL:	Au, geile Idee!

40 *Gretel ruft mit dem Handy den Pizzaexpress, die Eltern sind total verzweifelt. Der Vater nimmt Gretel das Handy weg.*

	VATER:	Das kommt überhaupt nicht in Frage.
	HÄNSEL:	Mann, was seid ihr denn für Spießer!
	VATER:	Ich erkläre euch jetzt mal Folgendes: Bei mir auf der Arbeit gibt es im
45		Moment ein paar Probleme und ich bekomme weniger Geld. Deswegen wird euer Taschengeld auch etwas gekürzt, es geht nicht anders.
	GRETEL:	Wir brauchen aber das Geld! Wovon soll ich mir sonst meine Marken- klamotten kaufen?
	HÄNSEL:	Genau, außerdem bekommt ihr ja auch Kindergeld.
50	MUTTER:	Das müsst ihr schon mal einsehen, dann könnt ihr eben eine Zeit lang nicht mehr so oft ausgehen!
	GRETEL:	Wir machen aber eh, was wir wollen, da könnt ihr uns gar nichts mehr sagen.
	VATER:	Also, solange ihr eure Füße noch unter meinen Tisch streckt …

---

[1] apropos (französisch): nebenbei bemerkt, übrigens

'55 *Die beiden legen ihre Beine demonstrativ auf den Tisch.*

MUTTER: Also, diese Frechheiten lass ich mir nicht länger von euch bieten. Macht, dass ihr auf euer Zimmer kommt!

GRETEL: Gib uns aber noch schnell das Geld.

VATER: RAAUUSS !

60 *Ziehen schnippisch ab.*

1 Lest die Szene in verteilten Rollen.

2 Untersucht die Szene unter folgenden Fragestellungen:
* Worüber regen sich die Eltern von Hänsel und Gretel auf?
* Kommen bei euch zu Hause ähnliche Streitsituationen vor?
* Wie beurteilt ihr das Verhalten von Hänsel und Gretel?
* Kennt ihr ähnliche Verhaltensweisen von euch selbst?

3 Streitthema *Taschengeld:* Wer kennt das nicht?
* Wie ist das bei euch geregelt? Was müsst ihr von eurem Taschengeld bezahlen? Verdient ihr selbst etwas dazu?
* Sammelt die verschiedenen „Taschengeld-Modelle" an der Tafel und diskutiert über Vor- und Nachteile.

4 Was könnten die Eltern von Hänsel und Gretel tun, um die Probleme zu lösen? Entwickelt Vorschläge und schreibt daraus eigene Szenen.
▶ Anregungen und Infos zum Thema *Kommunikation* findet ihr im Kapitel *7 Miteinander sprechen, sich mitteilen...* ab ☞ Seite 174.

M Legt schriftlich dar, welches Taschengeld-Modell ihr am besten findet.

2. Szene: Wir schicken sie fort

Hänsel & Gretel belauschen eine Unterhaltung ihrer Eltern.

MUTTER: Ich weiß nicht, wo soll das bloß hinführen?

VATER: Die tanzen uns ja dermaßen auf der Nase rum, das ist doch nicht zu fassen.

5 MUTTER: Meinst du, dass wir dem Rat der Beratungsstelle folgen sollten?

VATER: Ich weiß auch nicht, sie sind ja noch so jung. Andererseits haben die schon Recht, auf der verbalen[1] Schiene läuft nichts mehr.

MUTTER: Ich denke, es wäre das Richtige, wenn wir sie erst mal vor die Tür setzen. So kann es jedenfalls nicht weitergehen.

10 *Hänsel und Gretel sind entsetzt.*

VATER: Außerdem prahlen die beiden doch immer, dass sie schon so erwachsen wären.

---
[1] verbal: mündlich, im Gespräch

MUTTER:	Genau, dann könnten sie das mal beweisen.
VATER:	Aber wo sollen sie denn hin? Sie können ja schlecht unter der Brücke schlafen.
MUTTER:	Gretel könnte doch zu ihrem Freund und Hänsel zu seinem Kumpel.
VATER:	Ja, stimmt, das könnte funktionieren. Dann ziehen die Kinder morgen aus. Wenn das bloß mal gut geht ...
MUTTER:	Mach dir keine Sorgen, die schaffen das schon. Ich denke, sie brauchen diese Erfahrung jetzt.

5 Lest die Szene in verteilten Rollen und nehmt sie auf Video oder Kassette auf. Besprecht eure Aufnahmen und verbessert den Vortrag.

6 Habt ihr mit einer derartigen Reaktion der Eltern gerechnet? Diskutiert.

7 Wählt einen der Textanfänge aus und schreibt ihn weiter.

A Hänsel <u>oder</u> Gretel (einen Rucksack auf den Schultern):
Klar hab ich immer mal an Abhauen gedacht, wenn mich zu Hause alles mal wieder so richtig angenervt hat, aber ...

B Mutter <u>oder</u> Vater (abends im Bett):
Wo die beiden jetzt wohl sind? Ich mache mir Sorgen, ... wie ... Aber ...

C *Hänsel und Gretel packen selbstbewusst ihre Sachen und verlassen die elterliche Wohnung. Unten auf der Straße ...*

D *Inzwischen sind fünf Wochen vergangen. Gretel hat ...*

8 Überarbeitet eure Texte in einer Schreibkonferenz.

▶ Wie eine Schreibkonferenz funktioniert, könnt ihr auf ☞ Seite 60 nachlesen.

M Vielleicht habt ihr Lust, aus den ersten Szenen ein Hörspiel zu machen?

* Bildet dazu Gruppen und verteilt die Rollen. Vergesst nicht, den Erzähler zu bestimmen und jemanden, der für die Geräusche (z. B. Türklingel) zuständig ist. Gut ist es auch, wenn ein/e Regisseur/in eure Proben überwacht.

* Überlegt, welche Musik ihr zwischen den Szenen einspielen könnt.

* Erstellt eine Hörspielskript in Form einer Tabelle, in die ihr die Sprecher mit Redeteilen, Geräuschen und Musik eintragt.

* Probt euer Hörspiel einige Male. Nehmt es anschließend auf.

* Hört euch die verschiedenen Gruppenergebnisse an und überlegt, was euch bei den einzelnen Aufnahmen gut oder nicht so gut gefällt.

INFO
Eine Kritik ist jegliche Form der bewertenden, interpretierenden und vergleichenden Auseinandersetzung mit einer Sache. Eine Kritik bringt sowohl die negativen Seiten zur Sprache, als auch die positiven Seiten.

„Ein einziges großes Fadensuchen"

1 Informiert euch im Autorenlexikon (am Ende dieses Buches) über Benjamin Lebert. Sein Leben verlief außergewöhnlich.

Crazy
BENJAMIN LEBERT

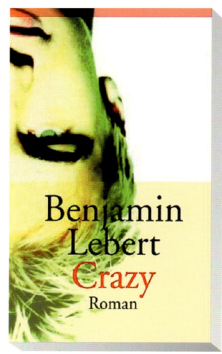

Benjamin hat massive Probleme in Mathematik. Deshalb muss er des Öfteren die Schule wechseln. Diesmal geben ihn die Eltern in ein Internat.
Dort schließt er Freundschaft mit vier anderen Jungen, dem dünnen Felix (dem Philosophen), dem dicken Felix (auch „Kugli" genannt), Florian (den alle nur „Mädchen" nennen) und Janosch, seinem Zimmernachbarn und Anführer der Gruppe.
In Benjamins zweiter Nacht im Internat machen sich die fünf Jungen auf, die Mädchen Malen, Anna und Marie zu besuchen. Hierzu müssen sie über die Feuerleiter in das obere Stockwerk des Internats klettern. Ein Kraftakt für Benjamin, der halbseitig gelähmt ist, aber mit der Hilfe der anderen schafft er es.

„Ich habe eine Frage", sagt der dünne Felix, als wir ihn in den Mädchengang ziehen. Er schlottert ein wenig. Malen hin oder her. Vielleicht hätte er sich doch ein wenig mehr anziehen sollen.

5 „Frag!", sagt Janosch auffordernd. Dabei schiebt er seine Brille auf die Nase zurück. Sie ist ihm beim Klettern ins Gesicht gerutscht.
„Meint ihr, irgendjemand hat diese Aktion verfolgt? Und wenn? Lobt er uns später vielleicht, weil wir so tapfer waren?"
Der dünne Felix meint es ernst. Seine Stimme klingt belegt. Vielleicht schwingt auch
10 ein bisschen Skepsis mit. Aber im Grunde auch viel Wahres. Felix ist klug. Selten höre ich ihn spaßen. Kugli sagt, er sei unser Philosoph. Ich glaube, damit hat er Recht.
„An wen denkst du da zum Beispiel?", fragt Florian, den alle nur *Mädchen* nennen.
„An Gott vielleicht", antwortet Felix. „Meint ihr, jemand von da oben sieht uns?"
„Niemand sieht uns", antwortet Florian.
15 „Aber warum machen wir dann die ganze Scheiße?", will Felix wissen.
„Vielleicht gerade, weil niemand uns sieht", gibt das *Mädchen* zur Antwort.
„Aber müssten wir dann nicht alle tierische Angst vor dem Leben haben?", erkundigt sich Felix.
„Haben wir doch auch", antwortet Janosch. „Jeder Schritt ist schwierig."
20 „Dafür hingst du vorhin aber ziemlich lässig an der Leiter", antwortet Kugli.

„Ich werde nicht alles erreichen, was ich will, aber ich werde alles probieren, was ich kann", entgegnet Janosch.

„Was hat das mit der Angst vorm Leben zu tun?", erwidert Kugli.

„Das hat viel mit der Angst vorm Leben zu tun", antwortet Janosch. „Ich weiß auch
25 nicht, warum. Das dauernde Gefühl, etwas erreichen zu wollen vielleicht."

„Hast du denn schon etwas erreicht?", frage ich.

„Also hör mal!", antwortet Janosch. „Ich bin gerade mit Kugli und dir die Feuerleiter raufgeklettert. Und du sagst, ich hätte noch nichts erreicht."

„Das meinte ich doch gar nicht", erwidere ich.

30 „Was meintest du dann?"

„Ob im Leben noch etwas auf dich wartet!", antworte ich streng.

„Lebert – ich bin sechzehn Jahre alt. Nicht dreihundertvier. Auf mich wartet noch vieles. Siehst du dieses Zimmer dort vorne mit der Aufschrift: *Malen Sabel, Anna März und Marie Hangerl?*"

35 „Ja", erwidere ich.

„Das wartet als Nächstes auf mich! Und morgen wartet wieder etwas anderes. Französisch zum Beispiel. Oder Mathe. So ist die Jugend."

„Die Jugend ist scheiße", antwortet Kugli. „Man hat viel zu wenig Zeit. Immer muss man etwas machen. Warum eigentlich?"

40 „Weil man es sonst auf morgen verschieben würde", antwortet der dünne Felix. „Man kann das zu Erledigende aber nicht auf morgen verschieben. Während man es aufschiebt, geht das Leben vorüber."

„Wo steht so etwas?", fragt Florian.

45 „In Büchern, denke ich", antwortet Felix.

„In Büchern?", fragt Florian. „Ich dachte, in Büchern steht, wann der Zweite Weltkrieg war oder so. Oder was der Unterschied zwischen einem Haupt- und einem Nebensatz ist."

„Ja", antwortet Felix. „Das steht auch in Büchern. Aber in manchen Büchern steht ein-
50 fach, wie das Leben so ist, glaube ich."

„Und wie ist das Leben?", fragt Kugli.

„Anspruchsvoll", antwortet Felix.

Ein großes Grinsen macht die Runde.

„Sind wir auch anspruchsvoll?", will Janosch wissen. „Das weiß ich nicht", erwidert
55 Felix. „Ich glaube, wir befinden uns gerade in der Phase, wo wir noch den Faden finden müssen. Und wenn wir den Faden gefunden haben, sind wir auch anspruchsvoll."

„Das verstehe ich nicht", bemerkt Florian entrüstet. „Was sind wir denn, bevor wir anspruchsvoll sind?"

„Vorher sind wir, so glaube ich, Fadensuchende. Die ganze Jugend ist ein einziges
60 großes Fadensuchen."

„Die Jugend ist trotzdem scheiße", antwortet Janosch. „Obwohl … Ich glaube, ich suche noch lieber den Faden, als dass ich anspruchsvoll sein will. Das Leben ist zu kompliziert."

„Ja", antwortet Florian. „Aber Mädchen sind geil."

kompliziert ·	dick
die Mathematik ·	dünn
schlottern ·	massiv
Französisch ·	probieren
erreichen ·	morgen

📖 8, 11, 12, 19, 21

65 „Stimmt", wirft Janosch ein. „Mädchen sind geil. Aber manchmal sind sie noch komplizierter als das Leben an sich."

„Sind Mädchen nicht das Leben?", fragt Kugli.

„Bestimmt ein Teil davon", antwortet Florian.

„Welcher Teil denn?", fragt Kugli.

70 „Der vom Hals bis zum Bauchnabel", gibt Florian zur Antwort.

„Ist das Leben weiblich?", fragt der dünne Felix.

„Aber sicher doch", entgegnet Kugli.

2 Bildet Fünfer-Gruppen und lest das Gespräch in verteilten Rollen.

3 Stellt die fünf Jungen mithilfe der jeweiligen Redepassagen vor.
Zum Beispiel: *Kugli: Ihm gefällt die Jugend nicht, weil man zu wenig Zeit hat. Mädchen sind ihm wichtig. ...*

4 Welchen der fünf Jungen könnt ihr am besten verstehen?

```
                st Angst Angst Angst A
              . Angst Angst Angst Angst Angst ,
            st Angst Angst Angst Angst Angst Ang
          ngst Angst Angst Angst Angst Angst Angst
         Angst Angst Angst Angst Angst Angst Angst A
        t Angst Angst Angst Angst Angst Angst Angst Ar
       st Angst Angst Angst Angst Angst Angst Angst An
      gst Angst Angst Angst Angst Angst Angst Angst Anç
      gst Angst Angst Hoffnung Angst Angst Angst .
      st Angst Angst Angst Angst Angst Angst Angst Ang
      ngst Angst Angst Angst Angst Angst Angst Angst Ang
      Angst Angst Angst Angst Angst Angst Angst Angst Anç
      st Angst Angst Angst Angst Angst Angst Angst Angst Anr
      gst Angst Angst Angst Angst Angst Angst Angst Angst An
      nst Angst Angst Angst Angst Angst Angst Angst Angst Ar
       ngst Angst Angst Angst Angst Angst Angst Angst /
        gst Angst Angst Angst Angst Angst Angst Angst
        ngst Angst Angst Angst Angst Angst Angst Ang
        gst Angst Angst Angst Angst Angst Angst Ar
         gst Angst Angst Angst Angst Angst Angst /
         st Angst Angst Angst Angst Angst Angs
         gst Angst Angst Angst Angst Angst Anr
         gst Angst Angst Angst Angst Angst An
          st Angst Angst Angst Angst Angst Ar
           t Angst Angst Angst Ar
           Angst Angst Angst Ar
           ngst Angst Angst An
           ngst Angst Angst An
```

Kai Engelke: Angst

5 Betrachtet das „Gedicht" von Kai Engelke. Diskutiert, zu welchem der fünf Jungen aus „Crazy" dieser Kopf gehören könnte.

6 Wie könnte Janoschs Kopf aussehen? Findet zwei gegensätzliche Gefühle, die zu ihm passen, und gestaltet seinen Kopf.

1 Erwachsen werden

7 Gestaltet nun eure eigenen Köpfe. Geht hierzu folgendermaßen vor:
   * Geht paarweise zusammen und zeichnet gegenseitig eure Kopfumrisse.
     TIPP: Das geht sehr gut über Schattenbilder: Setzt euch hierzu dicht an
     eine Wand, an der ihr ein Blatt Papier befestigt habt. Strahlt den Kopf
     mit dem Overhead-Projektor oder einer Lampe an.
   * Sucht zwei gegensätzliche Gefühle, die zu euch passen und gestaltet
     euren Kopfumriss mit diesen zwei Wörtern.

„Was wollt ihr von mir?"

Bloß nicht unter die Räder kommen

1 Beschreibt die Abbildung. Was bedeutet es,
  unter die Räder zu kommen?

2 Der folgende Textauszug ist einem berühmten Buch von Hermann Hesse mit dem Titel
  „Unterm Rad" entnommen. Lest ihn mit Papier und Bleistift. Notiert, was ihr über die Lage und die Gefühle von Hans erfahrt.

Unterm Rad*
HERMANN HESSE

*Hans Giebenrath ist der Sohn eines einfachen,
schwäbischen Kaufmanns. Er ist sehr begabt und
deshalb der ganze Stolz seines Vaters und der
Stadt Calw. Hans soll im Kloster Maulbronn
zum Pfarrer ausgebildet werden. Für die
Aufnahme in das Kloster muss er aber das
Stuttgarter Landexamen bestehen, eine Prüfung,
an der Jungen aus dem ganzen Land teilnehmen.
Deshalb wird er jeden Nachmittag von seinem
Lateinlehrer, seinem Rektor und dem
Stadtpfarrer zusätzlich unterrichtet. Auch am
Wochenende lernt er bis spät in die Nacht hinein,
sodass er keine Zeit mehr für seine Hobbys und
seine Freunde hat. Der Vater sieht den Fleiß und Ehrgeiz seines Sohnes mit Wohlwollen und
Stolz; Hans ist etwas Besonderes, aus ihm soll etwas Besseres werden. Nach einem
anstrengenden Jahr ist es nun endlich so weit, das Landexamen steht vor der Tür.*

---

* Der Text ist nicht der neuen Rechtschreibung angepasst.

„Was halten Sie von Giebenrath; er wird doch durchkommen?" sagte der Klassenlehrer einmal zum Rektor.

„Er wird, er wird", jauchzte der Rektor. „Das ist einer von den ganz Gescheiten; sehen Sie ihn nur an, er sieht ja direkt vergeistigt aus."

5 In den letzten acht Tagen war die Vergeistigung eklatant[1] geworden. In dem hübschen, zarten Knabengesicht brannten tiefliegende, unruhige Augen mit trüber Glut, auf der schönen Stirn zuckten feine, Geist verratende Falten, und die ohnehin dünnen und hageren Arme und Hände hingen mit einer müden Grazie[2] herab, die an Botticelli[3] erinnerte.

10 Es war nun soweit. Morgen früh sollte er mit seinem Vater nach Stuttgart fahren und dort im Landexamen zeigen, ob er würdig sei, durch die schmale Klosterpforte des Seminars einzugehen. Eben hatte er seinen Abschiedsbesuch beim Rektor gemacht. „Heute abend", sagte zum Schluß der gefürchtete Herrscher mit ungewöhnlicher Milde, „darfst du nichts mehr arbeiten. Versprich es mir. Du mußt morgen absolut

15 frisch in Stuttgart antreten. Geh noch eine Stunde spazieren und nachher beizeiten zu Bett. Junge Leute müssen ihren Schlaf haben." Hans war erstaunt, statt der gefürchteten Menge von Ratschlägen so viel Wohlwollen zu erleben, und trat aufatmend aus dem Schulhaus. […]

Zwar hatte er Kopfweh, aber heute brauchte er ja nichts mehr zu lernen.

20 Langsam schlenderte er über den Marktplatz, am alten Rathaus vorüber, durch die Marktgasse und an der Messerschmiede vorbei zur alten Brücke. Dort bummelte er eine Weile auf und ab und setzte sich schließlich auf die breite Brüstung[4]. Wochen- und monatelang war er Tag für Tag seine viermal hier vorbeigegangen und hatte keinen Blick für die kleine gotische[5] Brückenkapelle gehabt, noch für den Fluß, noch

25 für die Stellfalle[6], Wehr[7] und Mühle, nicht einmal für die Badewiese und für die weidenbestandenen Ufer, an denen ein Gerberplatz[8] neben dem anderen lag, wo der Fluß tief, grün und still wie ein See stand und wo die gebogenen, spitzen Weidenäste bis ins Wasser hinabhingen.

Nun fiel ihm wieder ein, wieviel halbe und ganze Tage er hier verbracht, wie oft er

30 hier geschwommen und getaucht und gerudert und geangelt hatte. Ach, das Angeln! Das hatte er nun auch fast verlernt und vergessen, und im vergangenen Jahr hatte er so bitterlich geheult, als es ihm verboten worden war, der Examensarbeit wegen. Das Angeln! Das war doch das Schönste in all den langen Schuljahren gewesen. Das Stehen im dünnen Weidenschatten, das nahe Rauschen der Mühlenwehre, das tiefe,

35 ruhige Wasser! Und das Lichterspiel auf dem Fluß, das sanfte Schwanken der langen Angelrute, die Aufregung beim Anbeißen und Ziehen und die eigentümliche Freude,

---

[1] eklatant: auffallend, offenkundig
[2] die Grazie: Schönheit
[3] Botticelli: italienischer Maler (1444-1510), malte vorwiegend religiöse Themen, zum Beispiel Maria mit Kind
[4] die Brüstung: eine Art Mauer, die an Balkonen oder Brücken angebracht ist
[5] gotisch: Baustil im Mittelalter
[6] die Stellfalle: eine Art Staudamm
[7] das Wehr: Mauer, mit der das Wasser in einem Bach oder Fluss gestaut wird
[8] der Gerberplatz: benannt nach dem Beruf des Gerbers; früher gab es in jeder Stadt Gerber, die aus Tierhäuten Leder herstellten

1 Erwachsen werden

wenn man einen kühlen, feisten, schwänzelnden Fisch in der Hand hielt! [...] Lange blickte er über das Wasser, und beim Anblick des ganzen grünen Flußwinkels wurde er nachdenklich und traurig und fühlte die schönen, freien, verwilderten Knaben-
40 freuden so weit dahinten liegen. [...]

Vom trägfließenden Wasser kam ein feuchtwarmer Duft herauf, ein paar helle Wolken spiegelten sich undeutlich in der grünen Fläche, in der Mühle ächzte die Kreissäge, und beide Wehre rauschten kühl und tieftönig ineinander. Der Knabe dachte an den Konfirmationssonntag, der kürzlich gewesen war und an dem er sich dabei ertappt
45 hatte, daß er mitten in der Feierlichkeit und Rührung innerlich ein griechisches Verbum[9] memorierte[10]. Auch sonst war es ihm in letzter Zeit oft so gegangen, daß er seine Gedanken untereinander brachte und auch in der Schule statt an die vor ihm liegende Arbeit stets an die vorhergegangene oder an eine spätere dachte.

Das Examen konnte ja gut werden!
50 Zerstreut erhob er sich von seinem Sitz und war unschlüssig, wohin er gehen sollte. Er erschrak heftig, als eine kräftige Hand ihn an der Schulter faßte und eine freundliche Männerstimme ihn anredete.

„Grüß Gott, Hans, gehst ein Stück mit mir?"

Das war der Schuhmachermeister Flaig, bei dem er früher zuweilen eine Abend-
55 stunde verbracht hatte, jetzt aber schon lange keine mehr. Hans ging mit und hörte dem frommen Pietisten[11] ohne rechte Aufmerksamkeit zu. Flaig sprach vom Examen, wünschte dem Jungen Glück und sprach ihm Mut zu, der Endzweck seiner Rede war aber, darauf hinzuweisen, daß so ein Examen doch etwas Äußerliches und Zufälliges sei. Durchzufallen sei keine Schande, das könne dem Besten passieren, und falls es
60 ihm so gehen sollte, möge er bedenken, daß Gott mit jeder Seele seine besondern Absichten habe und eigene Wege führe. [...]

In der Kronengasse begegneten sie dem Stadtpfarrer. Der Schuster grüßte gemessen und kühl und hatte es plötzlich eilig, denn der Stadtpfarrer war ein Neumodischer

---

[9] das Verbum (lateinisch): Verb (Tunwort)
[10] memorieren: sich erinnern, hier: auswendig lernen
[11] der Pietist: Christ, dem Frömmigkeit und Nächstenliebe wichtig sind

und stand im Ruf, er glaube nicht einmal an die Auferstehung. Dieser nahm den Kna-
65 ben mit sich.

„Wie geht's?" fragte er. „Du wirst froh sein, daß es jetzt soweit ist."

„Ja, 's ist mir schon recht."

„Nun, halte dich gut! Du weißt, daß wir alle Hoffnungen auf dich setzen. Im Latein
erwarte ich eine besondere Leistung von dir."

70 „Wenn ich aber durchfalle", meinte Hans schüchtern.

„Durchfallen?!" Der Geistliche blieb erschrocken stehen. „Durchfallen ist einfach unmöglich. Einfach unmöglich! Sind das Gedanken!"

„Ich meinte ja nur, es könnte ja doch sein …"

„Es kann nicht, Hans, es kann nicht; darüber sei ganz beruhigt. Und nun grüß mir
75 deinen Papa, und sei mutig!"

Hans sah ihm nach; dann schaute er sich nach dem
Schuhmacher um. Was hatte er doch gesagt? Aufs
Latein käme es nicht so sehr an, wenn man nur das
Herz aufm rechten Fleck habe und Gott fürchte. Der
80 hatte gut reden. Und nun noch der Stadtpfarrer! Vor
dem konnte er sich überhaupt nimmer sehen lassen,
wenn er durchfiel.

> *der Pfarrer · hübsch*
> *der Fleiß · der Ehrgeiz*
> *grüßen · die Brücke*
> *die Mühle · verbieten*
> *spitz · durchfallen*
> 3, 6, 9, 12, 14, 21

3 Klärt Textstellen, die ihr nicht versteht.

4 Beschreibt, wie sich Hans auf den Zeichnungen auf ☞ Seite 25 fühlt.
Sucht anschließend passende Textstellen zu den Zeichnungen.

5 In Zeile 3 bis 9 wird Hans beschrieben. Welche Gefühle könnt ihr aus
dieser Beschreibung „herauslesen"?

6 An Hans werden hohe Erwartungen gestellt. Ergänzt die Sprechblasen.

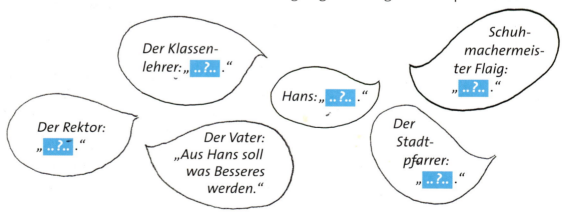

7 Fertigt mithilfe der folgenden Stichwörter eine Art Steckbrief von Hans an.
Vielleicht fallen euch noch weitere Stichwörter ein.
*Name / Aussehen / Hobbys / Berufsziel / Wie ihn andere sehen / Wie er sich
sieht / Wie er sich fühlt / …*

8 Durchzufallen sei keine Schande, sagt der Schuster Flaig zu Hans (vergleiche Zeile 59). Der Stadtpfarrer sieht das offensichtlich anders. Diskutiert über die beiden Positionen.

9 Wie könnte die Geschichte enden? Verfasst einen eigenen Schluss.

10 Auch an euch stellen verschiedene Personen Erwartungen: Eltern, Verwandte, Bekannte, Freunde, Trainer, Lehrer, ... Fertigt für euch selbst Sprechblasen nach dem Muster von Aufgabe 6 an.

M Überlegt euch, wie ihr mit den Erwartungen umgehen könnt, die an euch gestellt werden. Welche könnt ihr erfüllen? Bei welchen fällt es euch schwer? Schreibt eure Gedanken in einem kurzen Text auf.

Unterm Rad

Sicher interessiert es euch, wie die Geschichte von Hans in Hesses Buch endet. Hier eine kurze Zusammenfassung:

Hans besteht das Landexamen und kommt nach Maulbronn in das Kloster. Anfangs ist er sehr fleißig und gilt als Primus (der Klassenbeste). Freunde im Kloster zu finden fällt ihm allerdings schwer. Erst nach einigen Wochen schließt er Freundschaft mit Hermann Heilner. Weil dieser als aufmüpfig gilt, sehen die Lehrer
5 diese Freundschaft nicht gerne. Hans' Treue zu Hermann wird immer wieder auf eine harte Probe gestellt. Auf der einen Seite ist ihm der neue Freund wichtig, auf der anderen Seite fordert der ihm viel Zeit ab, die Hans zum Lernen fehlt. Seine Leistungen werden immer schlechter. Als Hermann schließlich aus dem Kloster flieht und seine Rückkehr von den Lehrern auch gar nicht mehr erwünscht ist, wird Hans
10 schwer krank und zieht wieder – in seinem Ehrgeiz gebrochen – zu seinem Vater. Von vornherein ist klar, dass er nicht mehr in das Kloster Maulbronn zurückkehren wird: Seine Leistungen sind zu schlecht geworden, auch hat er zu viel versäumt.
Als er wieder gesund ist, beginnt er eine Ausbildung als Mechaniker. Die Scham, auf dem eingeschlagenen Weg zum Pfarrer versagt zu haben, kann er jedoch nicht über-
15 winden. Er weiß, wie viele Hoffnungen von verschiedenen Seiten in ihn gesetzt worden waren. Deshalb ist er mit seinem neuen Berufsziel nicht wirklich glücklich. Als sein Schulkamerad, der bereits das zweite Lehrjahr in der gleichen Mechanikerwerkstatt beendet hat, ihn und andere Kollegen aus der Werkstatt zu einem Sonntagsausflug einlädt, ist Hans das erste Mal in seinem Leben betrunken. Überwältigt von der
20 Scham über sich selbst und sein aus dem Ruder gelaufenes Leben, geht er ins Wasser. Am nächsten Tag wird er tot am Ufer des Flusses aufgefunden.

11 Wie kommt es dazu, dass Hans Selbstmord begeht? Welche Möglichkeiten hätte er gehabt, mit seiner Situation besser fertig zu werden?

M Bestimmt könnt ihr jetzt erklären, warum Hesse den Titel „Unterm Rad" für seine Erzählung gewählt hat.

Erwachsen werden oder Kind bleiben?

Zur Fotografie eines Konfirmanden

ERICH KÄSTNER

Da steht er nun, als Mann verkleidet,
und kommt sich nicht geheuer vor.
Fast sieht er aus, als ob er leidet.
Er ahnt vielleicht, was er verlor.

5 Er trägt die erste lange Hose.
Er spürt das erste steife Hemd.
Er macht die erste falsche Pose.
Zum ersten Mal ist er sich fremd.

Er hört sein Herz mit Hämmern pochen.
10 Er steht und fühlt, dass gar nichts sitzt.
Die Zukunft liegt ihm in den Knochen.
Er sieht so aus, als hätt's geblitzt.

Womöglich kann man noch genauer
erklären, was den Jungen quält:
15 Die Kindheit starb, nun trägt er Trauer
und hat den Anzug schwarz gewählt.

Er steht dazwischen und daneben.
Er ist nicht groß. Er ist nicht klein.
Was nun beginnt, nennt man das Leben.
20 Und morgen früh tritt er hinein.

1 Fertigt eine Charakterisierung des Konfirmanden an, der auf dem Foto abgebildet ist. Erstellt zunächst einen Cluster zu seinem Aussehen, z. B.: Wie ist er gekleidet?
  * Schließt aus diesen äußeren Merkmalen auf seine Gefühle.
  * Der GRUNDWISSEN-Kasten auf der gegenüberliegenden Seite gibt Hinweise.

2 Erklärt, was mit dem Vers *Die Kindheit starb, nun trägt er Trauer* gemeint sein könnte.

3 *Was nun beginnt, nennt man das Leben.* Was heißt für euch *Leben*? Gibt es Dinge, vor denen ihr Angst habt? Gibt es Dinge, auf die ihr euch freut? Legt im Heft eine Tabelle mit zwei Spalten an und notiert.

4 Vereinbart einen Tag, an dem ihr euch ganz „erwachsen" (z. B. Anzug, Krawatte, Rock) anzieht. Lasst euch so von eurem Klassenlehrer fotografieren.

* Fühlt ihr euch anders als in eurer „Alltagskleidung"? Notiert, wie ihr euch mit dieser Kleidung fühlt.
* Vergleicht euer Bild und eure Gefühle mit dem Bild und den angenommenen Gefühlen des Konfirmanden.

Es ist geil, jung zu sein
JULIAN WITZEL

Leute, alles klar? Ja? – Gut!
Dann werden wir jetzt darüber sprechen, was so jeder von uns tut
Worum sich die Dinge dreh'n, werd ich euch jetzt beschreiben
Wie wir leben, lieben, leiden und uns die Zeit vertreiben
5 In unserem Alter ist man in der Pubertät
Er steht auf sie, und sie auf Diät
Der eine kriegt seine Pickel, die andere ihre Tage
Entwickeln nennt man sowas, keine schöne Lebenslage
Doch lieber jung und verpickelt, als alt und unterentwickelt
10 Lieber Mädels nachgaffen, als in Mathe abzuschlaffen
[...]
Lieber süße Jugend schmecken, als am Zahn der Zeit zu lecken
Lieber für die Lust da sein, sich vom Frust befrei'n
Denn alt kann ich den Rest des Lebens sein

15 Es ist geil, jung zu sein
Es ist geil, jung zu sein ...

5 *Es ist geil, jung zu sein ...* – Schreibt eigene Fortsetzungen zu diesem Satzanfang. Tragt sie der Reihe nach vor. Vielleicht entsteht ein Klassenrap.

Charakterisierung

Bei einer Charakterisierung wird die Person zunächst anhand ihrer äußeren Merkmale beschrieben, zum Beispiel Aussehen, Kleidung, Haltung und Körpersprache, Handlungen, Sprache. Man kann auch die Umgebung der Person (Möbel, Bilder, Speisen, heller Sommertag oder dunkle Dachkammer, …) beschreiben. Von all diesen äußeren Merkmalen kann auf Inneres geschlossen werden. Darüber hinaus wird dargestellt, in welcher Beziehung die Person zu den anderen steht.
Zum Beispiel: *Er hat tiefe Falten im Gesicht und geht in gebeugter Haltung.* ⇨ *Er muss sehr enttäuscht und traurig sein.*

Lyrische, epische und dramatische Texte

In diesem Kapitel sind euch verschiedene Texte, Szenen aus einem Theaterstück und Gedichte begegnet. Bislang habt ihr euch vor allem mit den Inhalten beschäftigt. Im Folgenden nehmt ihr diese verschiedenen Textsorten genauer unter die Lupe und achtet mehr auf die Form.

> **1** Vergleicht die folgenden drei Textstellen miteinander.
> * Welche Unterschiede erkennt ihr im Schriftbild?
> * Warum gibt es solche Unterschiede? Welcher Zweck wird jeweils verfolgt?
> * Wie wirken die drei Textstellen jeweils auf euch? Vergleicht.

A Ihr sprecht
von der Verantwortung, die ihr für mich habt –
aber ihr wollt nur,
dass ich so werde wie ihr.

Ihr sagt,
ich sollte mich mehr für Kultur interessieren –
aber euch interessieren nicht
die Lieder der Rolling Stones.

B *Sonntag, 23. August*
In meinem Zimmer/Regen
10:00 Dad hatte Besuch von Onkel Eddie und natürlich sind sie reingekommen und mussten hier rumschnüffeln und rausfinden, was ich mache. Wenn Onkel Eddie (der kahl ist wie 'ne Billardkugel) noch ein einziges Mal zu mir sagt: „Muss die Glatze mal wieder gewienert werden?", dann bring ich mich echt um. Er rafft es wohl einfach nicht, dass ich nicht mehr im Spielanzug stecke. Am liebsten würde ich ihn anschreien: „Ich bin vierzehn, Onkel Eddie! Ich platze vor Fraulichkeit, ich trag schon einen BH! Na gut, er sitzt noch ein bisschen locker und rutscht mir zum Hals rauf, wenn ich zum Bus laufe ... aber das Potenzial ist da, du Kahlkopf!" [...]

C VATER: Bleib ruhig sitzen, Mutti, ich geh schon.
GRETEL: Hi, bin wieder da. Was gibt's zum Essen?
MUTTER: Ja, das würde ich auch gerne mal wissen.
GRETEL: Ich hab aber Hunger!
VATER: Du und dein Bruder habt es euch ja wohl heute Mittag gut gehen lassen.
Könnt ihr denn eure Sauerei hier nicht wieder wegmachen, wenn ihr euch schon so aufführt?
GRETEL: Das war ich nicht.

2 In der Literatur werden drei Gattungen unterschieden: Lyrik, Epik und Drama. Lest die Merkmale der drei Gattungen gründlich durch.

LYRISCHE TEXTE oder kurz LYRIK:

Lyrische Texte erkennt man daran, dass sie besonders angeordnet sind: in der Regel in Versen und Strophen, wobei sich die Verse oft reimen. Manchmal ergibt der Text auch eine Form, zum Beispiel einen Kopf, einen Apfel, …

Zur Lyrik gehören unter anderem Gedichte, Balladen und Lieder.

Besonders häufig kommen folgende Reimformen vor:

Paarreim	Kreuzreim	umschließender Reim
a Haus	a Haus	a Haus
a Maus	b Fest	b Fest
b Fest	a Maus	b Nest
b Nest	b Nest	a Maus

EPISCHE TEXTE oder kurz EPIK:

Epische Texte sind fortlaufend geschrieben (Fließtext). In ihnen wird von Menschen und ihren Erlebnissen erzählt, deshalb nennt man sie auch erzählende Texte. Zur Epik gehören zum Beispiel Romane, Kurzgeschichten, Märchen, Fabeln, Sagen.

DRAMATISCHE TEXTE oder kurz DRAMA:

Dramatische Texte sind für Theateraufführungen vorgesehen, deshalb sind sie nach Rollen angeordnet: Es wird geschrieben, was jemand auf der Theaterbühne sagt. Es kommen auch Anweisungen vor, wie etwas gespielt oder gesprochen werden soll.

Zum Drama gehören zum Beispiel Komödien und Tragödien (lustige und traurige Stücke).

3 Zu welcher Gattung gehören jeweils die verschiedenen Texte aus dem Kapitel?

4 Führt eine Rallye durch den DEUTSCHPROFI durch: Wer findet am schnellsten je fünf weitere lyrische und epische Texte?

Jetzt seid ihr erwachsen genug, um diese Fragen zu beantworten!

1 Wählt vier Gefühle aus und formuliert je zwei Sätze, in denen das Gefühl ausgedrückt wird, zum Beispiel: *Trauer: Sie stand wie versteinert da. Ihr rannen Tränen über die Wangen*.

2 Was hält man in einem Tagebuch fest?

3 Nennt zwei sprachliche Besonderheiten der Textsorte *Tagebuch*.

4 In diesem Kapitel kommen Auszüge aus drei Büchern vor. Wie heißen die Autoren und wie die Bücher?

5 Schreibt eine kurze Charakterisierung zu Georgia als „Olive".

6 Welche Folgen ergaben sich aus den hohen Erwartungen, die an Hans Giebenrath gestellt wurden?

7 Wie heißt der Autor des Gedichts *Zur Fotografie eines Konfirmanden*? Welche Bücher kennt ihr von diesem Autor?

8 Formuliert in eigenen Worten, wie man lyrische, dramatische und epische Texte voneinander unterscheiden kann.

9 Wisst ihr Bescheid? Überlegt und nennt die richtige Antwort:

Lyrische Texte ...
1a) ... sind Fließtexte, b) ... bestehen aus Zeilen,
  c) ... bestehen häufig aus Strophen und Versen
2a) ... reimen sich immer, b) ... reimen sich häufig, c) ... reimen sich nie

Erzählende Texte ...
1a) ... berichten sachlich, b) ... erzählen Geschichten,
  c) ... sind besonders angeordnet
2a) ... bestehen aus Regieanweisungen, b) ... sind als Fließtext geschrieben, c) ... enthalten nur Monologe und Dialoge

Dramatische Texte ...
1a) ... werden vorgelesen, b) ... sind für Theateraufführungen bestimmt,
  c) ... werden mündlich weitererzählt

Zum Drama zählen ...
2a) ... Lieder, b) ... Märchen, c) ... Theaterstücke

Auf den Spuren von „Unterm Rad"

1 Habt ihr manchmal Schwierigkeiten, literarische Texte zu verstehen? Erinnert ihr euch an Erzählungen, Romane oder Gedichte, die euch Probleme bereitet haben?

INFO

Manchmal sind literarische Texte nicht leicht zu verstehen. Sie müssen interpretiert, also gedeutet, werden. Hintergrundinformationen können hierbei hilfreich sein. Deshalb gibt es Autoren, die sich mit Büchern, Erzählungen oder Gedichten besonders intensiv beschäftigen und ihre Gedanken und Meinungen dazu schriftlich festhalten. Man bezeichnet solche Texte als **Sekundärliteratur.**

2 Lest den Ausschnitt aus einer Interpretation von „Unterm Rad".

Hermann Hesse stellt in seinem Roman immer wieder den ehrgeizigen Stadtpfarrer und den einfachen und warmherzigen Schuster Flaig gegenüber. So versucht Flaig dem Jungen die Angst vor dem bevorstehenden Examen zu nehmen, indem er die Bedeutung dieser Prüfung relativiert. Der Stadtpfarrer dagegen macht keinen Hehl
5 daraus, dass er das Landesexamen als existentielle Bewährungsprobe betrachtet. Und während der Schuster mit seiner Familie für den Examenskadidaten betet, spekuliert der Stadtpfarrer bereits auf den Glanz, der von Hans' künftigem Ruhm auf ihn, seinen Förderer, abfallen wird.
Der Autor möchte mit der Gegenüberstellung der beiden Personen verdeutlichen,
10 dass oft ein Widerspruch besteht zwischen der Entfaltung des Einzelnen und den gesellschaftlichen Zwängen und Erwartungen, die eine Person deformieren können.

* Klärt Fremdwörter und unbekannte Begriffe.
* Gebt den Text mit eigenen Worten wieder.
* Findet in dem Text „Unterm Rad" (☞ Seite 23 – 26) Textstellen, welche die Behauptungen über den Schuster und den Pfarrer belegen.

3 Um einen Text richtig zu verstehen, ist es manchmal hilfreich, Informationen über den Autor und die Zeit, in der er gelebt hat, einzuholen.
Informiert euch im Internet oder in einer Literaturgeschichte über Hermann Hesse und beantwortet folgende Fragen:
* Wann entstand die Erzählung „Unterm Rad"?
* Welchen Einfluss hatte Hesses Leben auf dieses Werk?
* Welche anderen Texte, die ein ähnliches Thema behandeln, entstanden zu dieser Zeit?

4 Was haltet ihr von dem Ausschnitt aus Hesses „Unterm Rad"? Interessiert euch das Thema des Buches? Ist das Buch auch für Jugendliche in der heutigen Zeit von Bedeutung?

In Bildern sprechen –
Redensarten und Sprichwörter

Auf ☞ Seite 23 habt ihr die Redewendung *unter die Räder kommen* kennengelernt. Im Folgenden findet ihr weitere Beispiele für Ausdrücke, die ihr nicht wörtlich nehmen dürft.

Redensarten

Da hat dir unsere Tochter aber einen Bären aufgebunden!

Kannst du mir das nochmals erklären, ich stehe mal wieder auf der Leitung!

Sie kann nicht immer, wenn es Ärger gibt, ihren Kopf in den Sand stecken.

1 Was möchte der Vater mit seinen Sätzen wirklich sagen?

2 Übertragt die Tabelle in euer Heft. Schreibt die folgenden Redensarten in die Tabelle und erklärt sie.
Auf den Putz hauen – Immer am Ball sein – In die Röhre gucken – Staub aufwirbeln – Jemanden auf den Zahn fühlen – Etwas an die große Glocke hängen

Redensart	übertragene Bedeutung
auf den Putz hauen	

3 Redensarten laden zum Spielen ein. Sammelt weitere Redensarten an der Tafel. Sucht euch zu zweit eine aus und stellt sie vor der Klasse als Pantomime dar. Eure Mitschüler können sie nun erraten. Anstelle von Pantomimen könnt ihr auch Zeichnungen anfertigen.

Redensarten

Redensarten sind sprachliche Bilder, die etwas anderes bedeuten, als sie, wörtlich genommen, ausdrücken. Ihnen liegen Erfahrungen aus früherer Zeit zugrunde.
Beispiel: *Auf glühenden Kohlen sitzen*
Erklärung: Wer im Mittelalter angeblich mit dem Teufel im Bunde war, wurde manchmal als Strafe auf glühende Kohlen gesetzt.
Aktuelle Bedeutung: Etwas ist jemandem sehr unangenehm.
Redensarten lassen sich in Sätze einbauen: *Peter sitzt wie auf glühenden Kohlen und wartet auf seine Testergebnisse.*

Sprichwörter

4 Jeweils zwei der folgenden Sprichwörter drücken ähnliche Lebenserfahrungen aus. Ordnet die Sprichwörter einander zu und erklärt deren Bedeutung.

| Übung macht den Meister. | Was man sich eingebrockt hat, muss man auch auslöffeln. |

| Wer nicht hören will, muss fühlen. | Ohne Fleiß keinen Preis. |

| Klug zu reden ist doch schwer, klug zu schweigen noch viel mehr. | Wie der Herr, so sein Gescherr. |

| Der Apfel fällt nicht weit vom Stamm. | Reden ist Silber, Schweigen ist Gold. |

5 Auch in anderen Ländern werden Sprichwörter gebraucht. Ordnet die englischen den deutschen Sprichwörtern zu und erklärt ihre Aussage.

Englische Sprichwörter	Deutsche Sprichwörter
When in Rome, do as the Romans do. (Wenn du in Rom bist, benehme dich wie es die Römer tun.)	Morgenstund hat Gold im Mund.
It never rains but it pours. (Es regnet nie, sondern es schüttet.)	Kommt Zeit, kommt Rat.
The early bird catches the worm. (Der frühe Vogel fängt den Wurm.)	Andere Länder, andere Sitten.
Time will tell. (Die Zeit wird es erzählen.)	Ein Unglück kommt selten allein.

6 Kennt ihr noch weitere Sprichwörter aus anderen Ländern – vielleicht von ausländischen Mitschülern aus deren Heimat? Erklärt die Bedeutung.

7 Hier stimmt doch was nicht? Verbessert die falschen Satzteile.
* Einem geschenkten Hund schaut man nicht ins Maul.
* Wer im Glashaus sitzt, fällt selbst hinein.
* Auch ein blindes Huhn trinkt mal einen Korn.

Erfindet nun selbst solche fehlerhaften Sprichwörter und tragt sie der Klasse vor. Wer kann sie richtig stellen?

8 Ihr kennt nun viele Sprichwörter. Wählt euch eines aus und schreibt zu diesem eine Erzählung. Euer gewähltes Sprichwort soll darin eine wichtige Rolle spielen. Tragt euch im Anschluss eure Geschichten vor.

INFO

Sprichwörter

Sprichwörter sind ebenfalls sprachliche Bilder, die Lebenserfahrungen wiedergeben. Man muss ihre wortwörtliche Bedeutung auf die neue Situation übertragen.
Beispiel: *Was Hänschen nicht lernt, lernt Hans nimmermehr.*
Erklärung: Als Erwachsener lernst du nicht mehr, was du als Kind versäumt hast.
Ein Sprichwort ist ein vollständiger Satz in fester Formulierung.

2 Zeitungsleser wissen mehr!

Sicher habt ihr schon einmal Erwachsene beim Zeitunglesen beobachtet: eure Eltern zu Hause oder Pendler in der Bahn. Schon allein das Aufschlagen einer Zeitung sieht schrecklich kompliziert aus – oder nicht? Diese riesigen, unhandlichen Seiten und dann sind die nicht einmal zusammengeheftet, sodass immer wieder mal ein Teil herunterfällt …

Alles halb so wild. In diesem Kapitel wird euch zwar nicht die geschickteste Halte- und Aufschlagetechnik einer Zeitung erklärt, aber ihr erfahrt einiges rund um die Zeitung.

Dabei werdet ihr bestimmt feststellen, dass Zeitungen auch für Jugendliche interessant sind!

Ihr erfahrt,

- wie ihr euch in einer Zeitung zurechtfindet und
- welche verschiedenen Zeitungstextsorten es gibt.

Dabei übt ihr,

- Wörter zu trennen,
- die Wortarten zu erkennen,
- Zeitangaben richtig zu schreiben,
- Berichte im passenden Stil zu verfassen und
- Konjunktionen und Pronomen häufiger zu gebrauchen.

Kompass für Zeitungsleser

Problemloser Überblick

Habt ihr in der Zeitung schon einmal nach einem Artikel über euer Fußballturnier oder eine Schulveranstaltung gesucht? Das dauert manchmal ziemlich lange und ist ganz schön schwierig. Aber wenn man den richtigen Kniff kennt, kann man in der Zeitung schnell etwas finden. Denn jede Zeitung ist in **Rubriken** aufgeteilt. Mithilfe dieser Rubriken kann man sich leicht einen Überblick verschaffen. Und genau das sollt ihr jetzt tun!

> **INFO** **Artikel und Rubrik**
>
> **Artikel** ist der Fachbegriff für Texte, die in einer Zeitung stehen.
> Eine **Rubrik** ist ein Teil der Zeitung, in dem **Artikel** zu einem Thema stehen.

Los geht's: Besorgt euch – immer zu zweit – eine **regionale Zeitung**. Am besten nehmt ihr die Zeitungen vom Samstag. Natürlich könnt ihr in der Klasse auch mit verschiedenen Zeitungen arbeiten.

> **INFO** Es gibt **regionale** und **überregionale** Zeitungen.
> Die **regionalen** Zeitungen kann man nur innerhalb eines bestimmten Gebietes kaufen. Sie berichten über Vorgänge in der ganzen Welt, aber auch über die Ereignisse in den kleineren Städten oder Dörfern der Region. Oft gibt es in einer Region mehrere regionale Zeitungen.
> Die **überregionalen** Zeitungen kann man in ganz Deutschland kaufen.

2 Zeitungsleser wissen mehr!

1 Es sind vor allem sechs Rubriken, die üblicherweise in einer Zeitung vorkommen. Sucht diese Rubriken in den von euch mitgebrachten Zeitungen. Dabei helfen euch die **Tipps für Zeitungsprofis** (☞ erster Kasten). Wenn ihr damit noch nicht alle Rubriken gefunden habt, könnt ihr bei den **Tipps für Zeitungskenner** (☞ zweiter Kasten) nachschauen. Solltet ihr dann immer noch nach dem Namen einer Rubrik suchen, so werdet ihr bei den **Tipps für angehende Zeitungsleser** fündig (☞ dritter Kasten).

* Schreibt die Namen der Rubriken auf ein Blatt Papier.
* Wer braucht die wenigsten Tipps? Wer ist am schnellsten?

Tipps für Zeitungsprofis

Rubrik 1 Man sagt, dafür interessieren sich vor allem Jungen.

Rubrik 2 …gibt es immer in regionalen Zeitungen.

Rubrik 3 …hat mit Geld zu tun.

Rubrik 4 …wird oft mit einem schwierigen Fremdwort bezeichnet.

Rubrik 5 Dort findet man keine Berichte, sondern Kleinanzeigen.

Rubrik 6 Das finden Jugendliche meist langweilig und kompliziert.

Tipps für Zeitungskenner

Rubrik 1 …kommt in regionalen Zeitungen oft zweimal vor, einmal im überregionalen Teil und dann im regionalen Teil.

Rubrik 2 Hier wird über örtliche Veranstaltungen sowie über die Ereignisse in den Dörfern und Städten berichtet.

Rubrik 3 Manche verstehen darunter ein Haus, in das man geht, um etwas zu essen.

Rubrik 4 In dieser Rubrik wird von Veranstaltungen berichtet.

Rubrik 5 Die Menschen, die hier etwas veröffentlichen, müssen dafür bezahlen.

Rubrik 6 Die ersten Seiten der Zeitung handeln davon.

Habt ihr die Rubriken noch nicht erraten? Dann schaut die **Tipps für angehende Zeitungsleser** auf der ☞ nächsten Seite an.

Tipps für angehende Zeitungsleser

💡 **Rubrik 1** Dazu gehören Artikel über Fußball, Formel 1, Leichtathletik, Boxen und viele andere ..?..arten!

🎤 **Rubrik 2** Der Name der Rubrik kommt so ähnlich in den Begriffen *regionale Zeitungen* beziehungsweise *Lokalzeitung* vor.

✏️ **Rubrik 3** In der Zeitung stehen unter dieser Rubrik Berichte über Firmen, Banken oder Versicherungen und über die Börse.

📷 **Rubrik 4** Hier werden Berichte über Bücher, Filme, Theaterstücke und Konzerte abgedruckt.

📓 **Rubrik 5** In dieser Rubrik findet ihr zum Beispiel Werbung, Stellenangebote, Kaufgesuche, Verkaufsangebote und Partnerschaftsanzeigen.

🔍 **Rubrik 6** Dort kann man lesen, was zum Beispiel das Parlament beschlossen hat.

2 Habt ihr alle Namen gefunden? Dann erstellt gemeinsam eine Übersicht in Tabellenform. Ihr könnt auch noch andere Rubriken ergänzen, die ihr in eurer Zeitung gefunden habt. Beispiel:

Name der Rubrik	Wie erkenne ich sie?
Sport	• *Dazu gehören Artikel über Fußball, Formel 1, Leichtathletik, Boxen und andere Sportarten* • *Kommt in einigen Zeitungen zweimal vor (in regionalen und im überregionalen Teil)* • *...*

Die erste Hemmschwelle – eine Zeitung überhaupt in die Hand zu nehmen – habt ihr überwunden. Inzwischen seid ihr mit der Zeitung etwas vertraut. Auf den nächsten Seiten sollt ihr eure mitgebrachten Zeitungen genauer untersuchen. Dafür braucht ihr eine Zeitungsseite aus dem regionalen beziehungsweise lokalen Teil eurer Zeitung.

3 Schaut euch die ganze Zeitungsseite an:
* Welche Einteilung könnt ihr erkennen?
* Was findet man – außer Zeitungsartikeln – noch auf einer Zeitungsseite?

4 Vergleicht die Überschriften miteinander. Welche Artikel haben nur eine, welche haben zwei Überschriften?

5 Was fällt euch am Aufbau eines Artikels auf?

6 Unten findet ihr fünf Fachbegriffe und ihre Erklärungen für den Aufbau eines Artikels. Ordnet sie einander richtig zu. Schreibt beides in euer Heft: links die Fachbegriffe, rechts die Erklärungen.

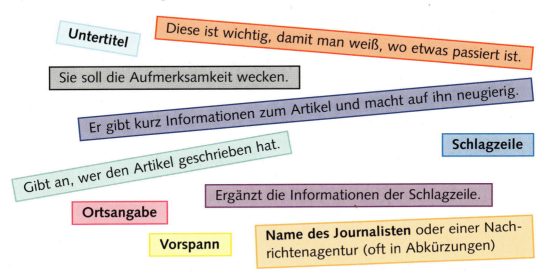

Untertitel

Diese ist wichtig, damit man weiß, wo etwas passiert ist.

Sie soll die Aufmerksamkeit wecken.

Er gibt kurz Informationen zum Artikel und macht auf ihn neugierig.

Schlagzeile

Gibt an, wer den Artikel geschrieben hat.

Ergänzt die Informationen der Schlagzeile.

Ortsangabe

Name des Journalisten oder einer Nachrichtenagentur (oft in Abkürzungen)

Vorspann

7 Schneidet aus eurer Zeitung einen Artikel heraus, der alle Merkmale aufweist. Klebt ihn ins Heft und beschriftet ihn mit den Fachbegriffen, die ihr in Aufgabe 6 kennen gelernt habt. Arbeitet hierfür mit Farbe!

Zeilenende – was tun?

Beim Durchblättern der Zeitung habt ihr bestimmt bemerkt, dass die Zeitungsbe-
5 richte anders aussehen als eine Buchseite: In der Zeitung wird in Spalten geschrieben und natür-
10 lich auch gedruckt. An diese Spalten muss man sich beim Lesen erst gewöhnen. Je nach Anzahl der
15 Spalten wird ein Bericht auch als Ein-, Zwei- oder Dreispalter bezeichnet. Die Anzahl der Spal-
20 ten richtet sich dabei nach der Länge des Artikels. Einen kurzen Artikel wird man in der Zei-
25 tung nie über drei Spalten drucken. Genauso wird man einen langen Artikel nie in nur einer Spalte
30 schreiben.

1 Lest den Text. In welcher Form ist er geschrieben?
TIPP: Der Fachbegriff hierfür steht im Text.

2 Schaut euch die Zeilenenden an. Was könnt ihr dort entdecken?

3 ∗ Sucht in eurer Zeitung einen Dreispalter und zählt nach, wie oft am Ende einer Spalte Wörter getrennt wurden.
∗ Vergleicht mit der Häufigkeit der Worttrennungen auf ☞ Seite 41 eures DEUTSCHPROFIS. Was fällt euch auf? Wie könnt ihr euch das erklären?

4 Welche Trennungsregeln kennt ihr schon?

GRUNDWISSEN

Zur Erinnerung: **Silbentrennung**

1) Wörter trennt man in der Regel nach ihren Sprechsilben. Die Silbe hört man, wenn man langsam spricht. Beispiele: *Sei-te, Be-richt*

2) Wenn mehrere Konsonanten in einem Wort aufeinanderfolgen, wird der letzte Konsonant einer Sprechsilbe in die nächste Zeile geschrieben. Beispiele: *Kas-ten, Was-ser*

3) *Ch, ck, sch, th* und *ph* gelten als ein Buchstabe. Sie werden nicht getrennt. Beispiele: *Bü-cher, Bä-cker, Fla-sche*

4) Zusammengesetzte Wörter und Wörter mit Vorsilben werden nach ihren Bestandteilen getrennt. Die einzelnen Bestandteile trennt man nach den voranstehenden Regeln. Beispiele: *Zei-len-en-de, Sport-be-richt-er-stat-ter, vor-schla-gen*

5) Bei Fremdwörtern kann man die gleichen Regeln anwenden: *Ar-ti-kel, The-ma, Kon-so-nant*

5 Wie trennt man folgende Wörter? Welche Regel wird angewendet?
a) *Angstschrei, Missverständnis, Löschblatt, weglaufen, abfahren*
b) *fleckig, schleichen, schmecken, Tische, Schwäche, Zecke, Dackel*
c) *Uhr, stehen, Hund, baden, heute*
d) *Fensterbild, Geburtstag, platzen, flüstern, Radiergummi, Städter*

6 Löst folgendes Zeitungssilbenrätsel. Schreibt die Lösungswörter in euer Heft.

> *Be – brief – Com – for – ges – In – In – Le – le – ma – Nach – pu – richt – richt – Schlag – ser – Ta – ter – ter – tion – tung – view – zei – zei*

∗ erscheint jeden Tag
∗ das steht in der Zeitung
∗ ein wichtiges Hilfsmittel zum Schreiben
∗ steht über einem Artikel
∗ Befragung durch einen Journalisten
∗ den schreiben diejenigen, für die eine Zeitung gemacht wird
∗ das bekommt man durch die Zeitung
∗ die meistverwendete Artikelart in einer Zeitung

7 Erfindet selbst ein Silbenrätsel mit mindestens fünf Lösungswörtern. Tauscht die Rätsel aus und löst sie.

8 Sucht euch einen beliebigen Text aus dem DEUTSCHPROFI heraus. Schreibt aus diesem Text zehn Zeilen ab und trennt dabei die Wörter so oft wie möglich. Beispiel: *Ich konn-te es nicht fas-sen. „Wenn ich ge-hen muss, wa-rum ge-hen Jas und ich dann nicht ge-mein-sam und ver-ges-sen das Au-to?"*

Zeitungsartikel-Experten gesucht!

Ganz am Anfang steht die Nachricht: Eine Nachricht ist eine Information über einen Sachverhalt oder ein Ereignis, die sich auf die Tatsachen beschränkt. Doch was die Journalisten dann daraus machen, kann sehr unterschiedlich ausfallen.
Die Zeitung hat nicht nur verschiedene Rubriken, sondern auch ganz verschiedene Sorten von Artikeln, auch wenn diese auf den ersten Blick gleich aussehen. So wie Gedichte, Märchen oder Fabeln verschiedene Textsorten mit ganz verschiedenen Kennzeichen sind, so haben auch die verschiedenen Sorten von Artikeln bestimmte Merkmale. Jetzt werdet ihr Experten für die Artikel und ihre Merkmale.

die Zeitung · der Journalist
das Fremdwort · die Erklärung
ziemlich · die Region
trennen · die Rubrik
der Konsonant · kompliziert
2, 5, 7, 10, 19

Expertengruppen – wisst ihr noch, wie es geht?

Schritt 1: Bildet fünf **Expertengruppen.** Jede Gruppe sucht sich eine Art von Artikel aus, also entweder *Bericht, Reportage, Interview, Kommentar* oder *Leserbrief* und löst die entsprechenden Aufgaben dazu.

Schritt 2: Nachdem ihr euch mit eurem Thema beschäftigt habt, veranstaltet ihr eine **Infostunde.** In dieser Infostunde werden **Lerngruppen** gebildet, die aus je einem Mitglied der Expertengruppen bestehen. Jeder Experte hält in seiner Lerngruppe einen kurzen Vortrag über seine Artikelart, sodass am Schluss jeder über jede Artikelsorte Bescheid weiß.

Schritt 3: Bearbeitet die Gemeinschaftsaufgaben, sucht weitere Artikel in Zeitungen, ordnet sie zu und präsentiert die Ergebnisse.

Alles klar? Dann kann es losgehen!

Flüsse außer Rand und Band

Rettungskräfte im Werdenfelser Land, im Allgäu und im Oberland kämpfen bis zur Erschöpfung

Sechs Jahre nach der Pfingstflut von 1999 sind große Teile Südbayerns am Dienstag erneut von einem verheerenden Hochwasser heimgesucht worden. In mehreren Landkreisen und Städten des Voralpenraumes wurde Katastrophenalarm ausgelöst. In zahlreichen Orten mussten die Bürger mit Hubschraubern und Booten in Sicherheit gebracht werden. Polizei und mehrere tausend Helfer von Feuerwehr, Rotem Kreuz, Bundeswehr und anderen Hilfsorganisationen waren die halbe Nacht und den ganzen Tag pausenlos im Einsatz.

Die seit Tagen anhaltenden Regenfälle hatten aus den Gewässern des Voralpenraums reißende Flüsse gemacht. Nach Angaben des Landesamtes für Wasserwirtschaft lagen die Pegelstände von Loisach und Iller zum Teil noch über den Werten des Jahrhunderthochwassers von 1999. Und auch die Isar schwoll im Verlauf des Tages im bayerischen Oberland immer bedrohlicher an. Im Sylvensteinspeicher, mit dessen Hilfe der Wasserstand der Isar reguliert werden soll, stieg der Pegel innerhalb von nur zwölf Stunden um sechs Meter an. Am Nachmittag war der Speicher schließlich so voll gelaufen, dass sich die Behörden zum Öffnen der Schleusen entschlossen. Bayerns Ministerpräsident Edmund Stoiber und der für den Hochwasserschutz zuständige Umweltminister Werner Schnappauf überflogen mit einem Hubschrauber das Hochwassergebiet. „Die Hochwasserlage ist ernster als an Pfingsten 1999", sagte Schnappauf der SZ. Am Abend entspannte sich bei nachlassenden Regenfällen die Lage. In Füssen oder Rosenheim spitzte sie sich jedoch zu. Auch in Wasserburg am Inn wurden Teile überflutet.

Das Ablassen des Sylvensteinspeichers bedeutete höchste Alarmstufe für die Stadt Bad Tölz, wo am Nachmittag der Stadtteil Gries evakuiert wurde. Für den Abend wurde ein Durchfluss der Isar mit 650 bis 700 Kubikmeter pro Sekunde ausgelegt. Fieberhaft versuchten deshalb die Helfer die Dämme in der Stadt zu erhöhen. Abends schwappte die Isar trotzdem über die Kaimauern, doch blieb die befürchtete Monsterwelle aus.

In Garmisch-Partenkirchen sorgten der Wildbach Kanker und die Partnach für eine Flutung der Hauptstraßen des Ortes. Der Katastrophenstab verhängte deshalb ein Fahrverbot und forderte Bewohner und Touristen auf, Häuser und Unterkünfte nicht zu verlassen. Von Mittag an war Garmisch-Partenkirchen durch die Wassermassen komplett von der Außenwelt abgeschnitten. Am Nachmittag entspannte sich die Situation, der Regen hörte auf und die Kanker zog sich – wenn auch mit hohem Pegelstand – in ihr Bachbett zurück und zumindest eine Straße konnte freigegeben werden.

Im nahe gelegenen Eschenlohe, das bereits 1999 ein Brennpunkt des Hochwassergeschehens war, nutzte auch der Einsatz Hunderter von Hilfskräften nichts, die die ganze Nacht über versucht hatten, mit Barrieren und Sandsäcken die Loisach in ihrem natürlichen Bett zu halten. Am Dienstagvormittag brachen auf beiden Seiten des Flusses die Dämme. Dabei wirkte eine mitten im Ort liegende Brücke, die schon 1999 mit ihrem Mittelpfeiler den Durchfluss stark behindert hatte, erneut „wie ein Damm", wie ein Experte des Wasserwirtschaftsamtes sagte. Nach der Flut von 1999 sollte der Überweg durch einen höheren und pfeilerlosen Brückenbogen ersetzt werden. Doch Bürger und Wasserwirtschaftsamt konnten sich jahrelang nicht auf eine gemeinsame Lösung verständigen. [...]

Krisengebiet war auch wieder der Vorlauf der Iller im Oberallgäu, wo noch am Vormittag Katastrophenalarm ausgelöst wurde. Südlich von Sonthofen brach auf einer Länge von 30 Metern ein Damm und die Wassermassen strömten auf die Kreisstadt zu. Daraufhin waren Hunderte von Einsatzkräften beschäftigt, die Bewohner eines Altenheims und die Patienten des Krankenhauses in Sonthofen zu evakuieren. [...]

1 Lest den Text sorgfältig durch.

2 Wovon handelt der Text?

3 Wo im Text werden die W-Fragen beantwortet?

4 Woran erkennt man die wichtigsten Informationen?

5 In welcher Zeitform ist er geschrieben?

6 Werden in dem Text persönliche Gefühle und Eindrücke geschildert oder ist er eher objektiv geschrieben? Begründet eure Meinung mithilfe geeigneter Textstellen.

7 Sucht in einer Zeitung ein Beispiel für einen Bericht und bringt es in den Unterricht mit.

8 Fasst die wichtigsten Ergebnisse in ca. drei Sätzen zusammen. Fangt so an: *Ein Bericht...*

Wenn das Wasser unberechenbar wird

Wie Erich Winner und Natalie Stahl unter den Kapriolen des Wetters den Sylvensteinspeicher gestaut haben

Von Michael Ruhland

Lenggries – Eigentlich ist Natalie Stahl ganz froh darüber, dass sich die Hochwasservorhersage-Zentrale Isar noch im Stadium des Aufbaus befindet. Sonst hätte sich die Sachgebietsleiterin am Wasserwirtschaftsamt Weilheim wahrscheinlich den unbändigen Zorn etlicher Bürger zugezogen, die sich sonst im Internet über die voraussichtlichen Pegelstände und damit die Gefahr für ihr Hab und Gut informiert hätten. „Es wäre ein ziemliches Auf und Ab geworden", sagt Stahl. So aber war es vor allem ein Auf und Ab der Gefühle für die Diplom-Umweltwissenschaftlerin, der die sprunghaften und letztlich doch ungenauen Prognosen des Deutschen Wetterdienstes die Schweißperlen auf die Stirn trieben.

Denn Natalie Stahls Hauptaufgabe ist es, mithilfe komplizierter Berechnungen die Basis dafür zu legen, dass der Sylvensteinspeicher südlich von Lenggries optimal gesteuert werden kann. Das heißt konkret: Einerseits so viel Wasser zurückhalten, dass die Isar an der ersten Engstelle in Bad Tölz – gut 20 Kilometer flussabwärts – keine Verwüstungen anrichtet. Und andererseits so viel Wasser abzugeben, dass im Speicher Platz bleibt, wenn der Himmel die Schleusen weiter öffnet. „Es war eine extrem schwierige und bedrohliche Situation, weil wir keine verlässliche Wetterprognose hatten", sagt Stahl. Zwar habe man angesichts der erwarteten Niederschläge schon am vergangenen Wochenende begonnen, mehr Wasser aus dem noch recht vollen Speichersee an die Isar abzugeben.

Doch dann saß man bereits der ersten Fehleinschätzung der Meteorologen auf: Für Montagabend war für den Isarwinkel „Starkregen" angekündigt, sodass sich Natalie Stahl und ihr Chef Erwin Winner, Betriebsbeauftragter des Sylvensteinsees, entschlossen, den Speicher dicht zu machen. „Es hätte mich jeder für verrückt erklärt, wenn wir einen leeren Speicher gehabt hätten, und in Bad Tölz zur gleichen Zeit die kritische Grenze bereits überschritten worden wäre", rechtfertigt Winner die Entscheidung. [...] Die Sintflut kam dann mit sechs Stunden Verspätung, ab 2 Uhr morgens. 14 Liter pro Quadratmeter und Stunde gingen im Einzugsbereich der oberen Isar nieder – „ein absoluter Spitzenwert", sagt Winner.

Die Schleusen des Speichers blieben in dieser Zeit weiter geschlossen – zum Schutz für die Isargemeinden. „Wir haben Bad Tölz gerettet, und keiner hat's gemerkt", sagt Natalie Stahl. Denn die Nacht war verglichen mit dem, was am Dienstagmorgen folgte, nur ein Vorgeplänkel. Über zehn Stunden flossen dem Sylvensteinsee kontinuierlich mehr als 900 Kubikmeter Wasser pro Sekunde zu, in den Spitzenwerten bis zu 1100 Kubikmeter. Erich Winner, Herr über den Speichersee, kann die Zahlen immer noch gar nicht richtig glauben. „Das gab's noch nie." [...] „Uns haben die Wetterereignisse überrollt", bilanziert Winner. Der Speicher war am Dienstagnachmittag an den Rand der Kapazität gekommen und musste Wasser abgeben – mit unangenehmen Folgen vor allem für Bad Tölz. Dort musste die Feuerwehr einen Stadtteil evakuieren. [...] „Das war purer Wahnsinn", sagt Natalie Stahl. Die Schwelle zum „Jahrhunderthochwasser" sei zehnmal überschritten worden. Die gefürchtete V b-Wetterlage, ein Adriatief voll gesogen mit feuchtwarmer Luft, die in nordöstlicher Richtung über Mitteleuropa wandert und sich schließlich in und an den Alpen abregnet, erreichte eine neue Dimension. „Ich musste die Prognose des Deutschen Wetterdienstes um 160 Prozent erhöhen", hadert die Umweltwissenschaftlerin mit den Vorhersagen. Doch selbst im Falle genauer Prognosen hätte es ihrer Ansicht nach nicht viel gebracht, den Wasserspiegel des Speichers vorher noch weiter abzusenken. „Wir hätten dadurch vielleicht 20 Minuten länger einen Puffer gehabt." Fest steht aber, dass der Stausee die Isaranrainer vor der größten Flut seit Menschengedenken bewahrt hat.

Der Sylvensteinspeicher dient zum Schutz vor Hochwasser

1 Lest den Text sorgfältig durch.

2 Wovon handelt der Text?

3 Wo im Text werden die W-Fragen beantwortet?

4 Welche sprachlichen Mittel werden verwendet, um den Text interessant zu machen?

5 In welcher Zeitform ist er geschrieben?

6 Werden in dem Text persönliche Gefühle und Eindrücke geschildert oder ist er eher objektiv geschrieben? Begründet eure Meinung mithilfe geeigneter Textstellen.

7 Sucht in einer Zeitung ein Beispiel für eine Reportage und bringt es in den Unterricht mit. (Wenn ihr in eurer regionalen Zeitung keine findet, schaut in einer überregionalen Zeitung nach!)

8 Fasst die wichtigsten Ergebnisse in ca. drei Sätzen zusammen. Fangt so an: *Eine Reportage...*

Interview mit dem Präsidenten des Landesamtes für Umweltschutz

„Wir haben frühzeitig vorgewarnt"

Nach den Überflutungen will Albert Göttle aber manche Schutz-
maßnahmen noch einmal überprüfen lassen

[...] Auch im Landesamt für Umweltschutz (LfU), dem seit kurzem die
Wasserwirtschaftsämter unterstehen,
will man sich in einer internen Manö-
5 verkritik mit der Frage beschäftigen,
welche Lehren aus den Überschwem-
mungen gezogen werden müssen. Wir
sprachen darüber mit dem neuen Präsidenten der LfU, Albert Göttle.

10 **SZ:** *Die Staatsregierung hat für den
Hochwasserschutz schon viel Geld ausge-
geben. In den nächsten zwei Jahren allerdings sollen die Mittel dafür gestreckt –
die Opposition sagt gekürzt – werden.*

15 **Göttle:** Ich denke, dass wir mit den Erfahrungen aus dem aktuellen Hochwasser eine neue Entscheidungsgrund-
lage haben und manche Dinge noch
einmal auf den Prüfstand müssen.

20 **SZ:** *Es hat viel Kritik am Krisenmanage-
ment Ihrer Behörde gegeben. Die Voraussagen seien zu ungenau, zu widersprüch-
lich und zu spät gekommen. Kann man es
nicht besser machen?*

25 **Göttle:** Es gibt nichts, was man nicht
noch besser machen kann. Wir nutzen
schon jetzt alle Möglichkeiten – etwa
Wetter-Radar, Beobachtungssatelliten
und Ähnliches. Das ist ein umfangrei-
30 ches Instrumentarium, das aber entsprechend dem technischen Fortschritt
kontinuierlich weiterentwickelt werden muss. [...]

SZ: *Auch diesmal hat die berühmtberüch-*
35 *tigte V b-Wetterlage[1] eine Rolle gespielt.
Spätestens seit dem Pfingsthochwasser*

[1] V b-Wetterlage: ein Adriatief voll gesogen mit
feuchtwarmer Luft, die in nordöstlicher Richtung über
Mitteleuropa wandert und sich schließlich in und an
den Alpen abregnet

Kloster Weltenburg am 25.08.2005

von 1999 weiß man doch, was das für den Alpenraum bedeutet.

Göttle: Richtig, es hat ja entsprechen-
40 de Unwetterwarnungen gegeben. Wir haben frühzeitig vorgewarnt und alle Informationen weitergegeben an die Landratsämter und die Wasserwirtschaftsämter.

45 **SZ:** *Dort sind sie dann hängen geblieben, die Bürger blieben im Unklaren.*

Göttle: Nein, unser unmittelbarer Verantwortungsbereich endet zwar bei den Ämtern, aber der Vorwurf ist ja
50 nicht neu. Wir haben das überprüft, uns ist kein einziger konkreter Fall bekannt, wo die Informationen nicht an die Kommunen weitergegeben worden wären und diese deswegen nicht
55 Bescheid gewusst hätten.

SZ: *Trotzdem sprach die Polizei in ihren ersten Meldungen aus Garmisch-Partenkirchen von einem Chaos. Das heißt doch, man war überrascht und niemand wusste,*
55 *was zu tun ist.*

Göttle: Die Gemeinden haben ihre Einsatzpläne und natürlich war die V b-Wetterlage bekannt – aber das flächige Ausmaß der Niederschläge
60 konnte niemand voraussagen. Bei derart extremen Hochwasserverhältnissen gibt es natürlich manchmal Anlaufschwierigkeiten, bis sich die Bevölkerung und die Einsatzkräfte auf die ge-
65 fährliche Situation eingestellt haben.

SZ: *Das Beispiel Kloster Weltenburg zeigt aber, dass die Rechte oft nicht weiß, was die Linke tut. Die ersten Pegel-Voraussagen haben nicht gestimmt, weil zwischen-*
70 *zeitlich in Ingolstadt ein Wehr geöffnet worden war, was aber nicht weiter gemeldet wurde.*

Göttle: Die Zusammenarbeit war insgesamt gut. Es ist trotzdem ein Punkt,
75 an dem wir noch arbeiten müssen. Die Kommunikation und gegenseitige Information sind das A und O des Krisenmanagements.

---

1 Lest den Text sorgfältig durch.

2 Wovon handelt der Text?

3 Was ist das Besondere an diesem Text?

4 Es gibt zwei Arten von Interviews: Frage-Antwort-Interviews und beschreibende Interviews. Zu welcher Art gehört das vorliegende?

5 In welcher Zeitform ist der Text geschrieben?

6 Werden in dem Text persönliche Gefühle und Eindrücke geschildert oder ist er eher objektiv geschrieben? Begründet eure Meinung mithilfe geeigneter Textstellen.

7 Sucht in einer Zeitung ein Beispiel für ein Interview und bringt es in den Unterricht mit. (Wenn ihr in eurer regionalen Zeitung keines findet, schaut in einer überregionalen Zeitung nach!)

8 Fasst die wichtigsten Ergebnisse in ca. drei Sätzen zusammen. Fangt so an: *Ein Interview …*

Das Klima hält sich nicht an Etatpläne

Bayern versinkt im Regen und die Staatsregierung tut so, als ob sie von der Situation völlig überrascht worden sei. Dabei weiß man in der Staats-
5 kanzlei spätestens seit dem schlimmen Pfingsthochwasser des Jahres 1999, dass mit solchen Ereignissen jederzeit wieder gerechnet werden muss. Umweltminister Schnappauf hat dazu auf-
10 schlussreiche Grafiken und umfangreiche Studien anfertigen lassen. Die wurden, kaum dass sie auf dem Tisch lagen, nachhaltig bestätigt durch ein neuerliches Hochwasser 2002. Und
15 jetzt steigen die Pegel der Flüsse mehr noch als 1999.
Dabei tat die Staatsregierung zunächst alles, um sich auf diese schlimmen Folgen des Klimawandels – nämlich
20 mehr und intensivere Regenfälle – so gut wie möglich einzustellen. Mit großen Reden und viel Eigenlob wurde ein „Aktionsprogramm" in Szene gesetzt, in dessen Rahmen die Staats-
25 regierung bis zum Jahr 2020 gut 2,3 Milliarden Euro für den Hochwasserschutz ausgeben wollte. Tatsächlich sind auch schon einige Dämme erhöht und neue Rückhaltspeicher angelegt
30 worden. Doch dann kam man in der Staatskanzlei wohl zu der Überzeugung, dass es mit dem Hochwasser im Freistaat vielleicht doch gar nicht so schlimm kommen werde, wie vom
35 Umweltministerium prophezeit. Und so wurden die Mittel für den Hochwasserschutz gekürzt, damit Ministerpräsident Edmund Stoiber und Finanzminister Kurt Faltlhauser ihren
40 rigiden Sparkurs fortsetzen konnten.
Doch seit gestern muss der Ministerrat erkennen, dass sich das Klima eben nicht nach den Haushaltsplänen der Staatsregierung richtet. [...]

Christian Schneider

1 Lest den Text sorgfältig durch.

2 Wovon handelt der Text?

3 Was ist das Besondere an diesem Text?

4 Der Text drückt eine Meinung aus. Wessen Meinung ist es?

5 In welcher Zeitform ist der Text geschrieben?

6 Werden in dem Text persönliche Eindrücke geschildert oder ist er eher objektiv? Begründet eure Meinung mithilfe geeigneter Textstellen.

7 Sucht in einer Zeitung ein Beispiel für einen Kommentar und bringt es in den Unterricht mit.

8 Fasst die wichtigsten Ergebnisse in ca. drei Sätzen zusammen. Fangt so an: *Ein Kommentar…*

Folgen des Sparkurses

Wer auf kahl geschlagenen Pisten (die als Regenfänger dienen) auch im Sommer Spaß haben will, mit Bullcarts abwärts rasen will, der sollte von den
5 Gemeinden zur Kasse gebeten werden. 5 Euro Hochwasserabgabe, vergleichbar einer Kurkarte, ist nicht zu viel verlangt. So tragen alle dazu bei, dass wenigstens die Schäden finanzi-
10 ell gemildert werden.

Werner Gugetzer, München

Das Landesamt für Wasserwirtschaft gibt es seit dem 1. August 2005 nicht mehr. Im Zuge der Verwaltungs-„Reform" 21 wurde das Amt mit dem
5 Geologischen Landesamt und dem Landesamt für Umweltschutz zum neuen Bayerischen Landesamt für Umwelt fusioniert. Als Bürger des Freistaates Bayern kann man sich
10 schon die Frage stellen, ob es in einer Zeit, in der die „Jahrhundert"-Hochwasser im Drei- bis Vierjahresrhythmus auftreten, nicht sinnvoller gewesen wäre, eine kompetente und
15 effiziente wasserwirtschaftliche Fachbehörde zu erhalten und zu stärken.

Max Grad, München

Die Hochwasserkatastrophe in Bayern zeigt sehr drastisch und für die Betroffenen sehr leidvoll die Folgen des übertriebenen Sparkurses des bayeri-
5 schen Ministerpräsidenten. An Hochwasserschutzmaßnahmen wie Dammerneuerung oder Pegelausbau und Forschung zur besseren Hochwasservorhersage wurde gespart. Aber Mil-
10 lionen werden verschwendet für eine Verwaltungsreform, bei der die Behörden kreuz und quer in Bayern verschoben werden.

Ulrich Kaul, Fürstenfeldbruck

1 Lest die Texte sorgfältig durch.

2 Wovon handeln die Texte?

3 Was ist das Besondere an diesen Texten?

4 Die Texte drücken Meinungen aus. Wessen Meinungen sind es?

5 In welcher Zeitform sind die Texte geschrieben?

6 Werden in den Texten persönliche Eindrücke geschildert oder sind sie eher objektiv? Begründet eure Meinung mithilfe geeigneter Textstellen.

7 Sucht in einer Zeitung ein Beispiel für einen Leserbrief und bringt es in den Unterricht mit.

8 Fasst die wichtigsten Ergebnisse in ca. drei Sätzen zusammen. Fangt so an: *Ein Leserbrief…*

Schritt 2: Durchführen der Infostunde

In der Infostunde bilden sich die Lerngruppen. Die Gruppen verteilen sich im Klassenzimmer.

In jeder Lerngruppe fängt nun der Experte der Gruppe 1 (Bericht) an, die anderen zu informieren.

Wenn jeder in der Gruppe Bescheid weiß, hält der nächste Experte seinen Vortrag (Reportage). So geht es weiter, bis alle Experten berichtet haben.

Schritt 3: Das Expertenwissen anwenden

Nachdem ihr jetzt Experten seid, fällt es euch sicher nicht schwer, folgende Aufgaben zu lösen:

1 Ordnet jedem Zeitungsartikel die passenden Fachbegriffe (A-E, ☞ Seite 53) zu. ACHTUNG! Nicht alle Zeitungstextsorten sind vertreten!

Ratzinger-Golf ist nun verkauft – Er ist 188.938 Euro wert

Heute um 19:30 Uhr wurde der Golf von Josef Kardinal Ratzinger versteigert. Er kam für 188.938 Euro unter den Auktions-Hammer. Käufer des Golfes ist ein Internetkasino. Diese Auktion geht in die Geschichte ein – als am meisten angeklickte Auktion aller Zeiten.

Verkäufer: 189.000 Euro für Papst-Auto zu wenig

Berlin (rpo). Der frühere Privatwagen von Papst Benedikt XVI. hat bei einem Online-Auktionshaus für 188.938,88 Euro den
5 Besitzer gewechselt. Damit ist der 1999 zugelassene Wagen, den der damalige Kardinal Joseph Ratzinger für Privatfahrten nutzte, mehr wert als so manche
10 Luxuskarosse. Dennoch stellt der erzielte Preis den Verkäufer nicht zufrieden. Er erwägt rechtliche Schritte gegen das Online-Auktionshaus.

Unersättlich!

Bei einer derart großen Summe, die der Verkäufer für den Privatwagen Ratzingers bekommen hat, wundert man sich doch sehr über die Unzufriedenheit des Ver-
5 käufers. Ich an seiner Stelle würde das Geld einsacken und mich darüber freuen, dass ich so einen Glücksfall hatte. Denn womöglich geht das Ganze vor Gericht und die Versteigerung geht von neuem los.
10 Möglicherweise ist dann der Rummel um den Papst abgeflaut und der jetzige Käufer merkt, dass es trotz allem nur ein Auto ist. Am Ende kauft ihn vielleicht keiner mehr für das Geld, dann bekommt er unter Um-
15 ständen „nur noch" 30.000 Euro, wenn überhaupt: Wer giert, verliert!

H. Kohler, Heilbronn

Alles Banane!

Wahnsinn aller Orten! Man sollte so etwas wie die „verrückteste Internet-Auktion des Tages" einführen. Mit einem verderblichen Nahrungsmittel, angesagten Schlagworten wie „Papst", „Ratzinger" und einem offensichtlich hohen Schwachsinnigkeitsfaktor hat die Internet-Auktion des „Papst-Obs-tes" wahrscheinlich beste Chancen, wirklich Geld zu bringen. Geht doch bei Internet-Auktionen seit der Wahl Kardinal Ratzingers zum Kirchenober-haupt der galoppierende Papst-Wahn-sinn um – wie armselig sind wir denn?

Anna Fromm

Leserbrief

Wie der Name schon sagt, schreiben hier Leser Briefe an die Zeitung. Hierin sagen sie zu einem Thema ihre Meinung. Oft bezieht sich ein Leserbrief auf einen Artikel aus der Zeitung. Die Redaktion entscheidet, welche Leserbriefe gedruckt werden. In der Zeitung steht unter dem Leserbrief der Name des Schreibers. **A**

Reportage

Eine Reportage schildert ein Ereignis oder ein Erlebnis spannend und anschaulich. Sie ist meist viel länger als der Bericht. Eine Reportage soll den Lesern die **Stimmung vermitteln,** die bei dem Ereignis herrschte. Anders als im Bericht wird in der Reportage das Ereignis mit vielen Einzelheiten und persönlichen Eindrücken erzählt. Es werden zum Beispiel Geräusche, Gerüche und Gefühle beschrieben. **B**

Bericht

In einem Bericht wird über ein vergangenes Ereignis möglichst kurz und knapp informiert. Er ist sachlich und wahrheitsgetreu. **C**

Kommentar

Bei einem Kommentar schreibt ein Journalist die eigene Meinung zu einem bestimmten Thema. Weil der Kommentar eine **persönliche** Meinung ist, wird der Name des Journalisten genannt. **D**

Nachricht

Eine Nachricht ist eine Information über einen Sachverhalt oder ein Ereignis, die sich auf die Tatsachen beschränkt. **E**

2 Entwerft zu jeder Artikelsorte ein Plakat mit den wichtigsten Informationen und selbst gefundenen Beispielen.

3 Hier ist eine besondere Aufgabe für euch, die ihr während des ganzen Schuljahres bearbeiten sollt: Jede Woche übernimmt ein/e andere/r Schüler/in die Aufgabe, die Nachrichten zu verfolgen und die wichtigsten Nachrichten zu sammeln. Am Ende der Woche hält der/die Schüler/in ein Kurzreferat vor der Klasse darüber. So seid ihr immer auf dem Laufenden.

M Schreibt einen Leserbrief zu einem aktuellen Thema.

Die Wortarten – wichtig beim Schreiben

Kennt ihr euch noch mit den Wortarten aus? Dann könnt ihr das Rätsel lösen.

1 Schreibt die Begriffe für die Wortarten in der vorgegebenen Reihenfolge in euer Heft und ordnet ihnen jeweils einen Buchstaben zu. Das Lösungswort hat etwas mit diesem Kapitel zu tun!

Nomen

Verben

Adjektive

Konjunktionen

Präpositionen

Artikel

Pronomen

stehen meist vor einem Nomen oder Pronomen und legen das Verhältnis dieses Wortes zum Rest des Satzes fest **C**

bezeichnen Personen und andere Lebewesen, greifbare und abstrakte Dinge **B**

beschreiben Dinge, Personen, Lebewesen und Tätigkeiten genauer, sind veränderbar und können meist gesteigert werden **R**

verknüpfen Sätze, Wortgruppen und Wörter **I**

bezeichnen Tätigkeiten, Vorgänge oder Zustände, sind veränderbar und man kann sie in verschiedene Zeitformen setzen **E**

stehen für oder bei einem Nomen **T**

sind Begleiter des Nomens und kennzeichnen das Genus, es gibt bestimmte und unbestimmte **H**

2 Habt ihr die Begriffe für die Wortarten richtig zuordnen können? Dann erstellt eine Übersichtstabelle. Das *Profiwissen* hinten in eurem DEUTSCHPROFI und die Übersicht auf ☞ Seite 231 hilft euch dabei! Sucht zu jeder Wortart drei Beispiele.

Wortart	Aufgabe	Merkmale	Beispiele
Nomen	..?..	..?..	..?..

3 Ordnet die Wörter im Trichter der Wörtersortiermaschine den passenden Behältern zu.

Gewusst wie: Zeitangaben richtig schreiben

1 In Berichten und Reportagen kommen häufig **Zeitangaben** vor. Schließlich muss die Frage *Wann?* beantwortet werden. Aber es ist nicht immer einfach zu wissen, ob man eine Zeitangabe groß- oder kleinschreibt. Lest die folgenden Beispiele im Kasten. Könnt ihr Regeln für die Schreibung erkennen?

am Abend	morgens
der Dienstag	nachmittags
am Morgen	dienstags
der Nachmittag	abends

der Alarm · die Katastrophe
der Einsatz · die Unterkunft
die Prognose · aktuell
prophezeien · die Auktion
die Chance
📖 1, 7, 10, 12, 14

Schreibung von Zeitangaben

* Zeitangaben, vor denen ein **Artikel** oder eine **Präposition** steht, werden großgeschrieben. Beispiele: *am Abend, am Morgen, am Dienstag*
* Zeitangaben mit einem *-s* am Ende werden kleingeschrieben. Beispiele: *nachmittags, abends*
* Folgende Zeitangaben werden immer kleingeschrieben: *heute, gestern, morgen, übermorgen, vorgestern*
* Nach folgenden Zeitangaben werden Tageszeiten großgeschrieben: *heute, morgen, übermorgen, gestern, vorgestern*. Beispiele: *gestern Abend, heute Morgen*
  ACHTUNG AUSNAHME: *morgen früh*

2 Schreibt zu jeder Zeitangabe aus Aufgabe 1 einen Beispielsatz auf.

3 Hier fehlen die Zeitangaben. Schreibt die Sätze in euer Heft und findet passende und genaue Angaben.
   a) *Am* ..?.. *schlafe ich aus, weil Wochenende ist.*
   b) *Der Tag nach morgen heißt* ..?.. .
   c) ..?.. *und* ..?.. *ist Fußballtraining.*
   d) *Am* ..?.. *lege ich mich schlafen,* ..?.. *stehe ich wieder auf.*

4 Sucht aus dem Zeitungsartikel „Flüsse außer Rand und Band" (☞ Seite 44 f.) alle Zeitangaben heraus.

5 Notiert folgende Zeitangaben in der richtigen Schreibweise ins Heft:
   ÜBERMORGEN, DIENSTAGMORGEN, NACHTS, VORGESTERN, HEUTE, AM MONTAGABEND, MORGENABEND, SONNTAGABENDS, AMMORGEN, MITTAGS, GESTERN, SAMSTAGS, AMNACHMITTAG, HEUTEMORGEN

Schreibt selbst einen Bericht!

Jemand wurde in einem Kaufhaus auf frischer Tat ertappt. Sie stellten ihn. Sie hatten beobachtet, was er tun wollte. Sie sahen, wie er es tat. Als Begründung dafür gab er irgendetwas an.

1 Der nebenstehende Bericht würde so niemals in der Zeitung stehen. Welche Fragen stellt man sich beim Lesen dieses Berichts? Schreibt diese Fragen auf. Sechs Fragen sollten euch zu diesem Bericht einfallen.
   TIPP: Einige Fragen sind im Text versteckt.

2 Denkt euch zu diesen Fragen passende Informationen aus, sodass die Fragen beantwortet werden. Beispiel: *Wer ist „jemand"?* ⇨ *ein 25-jähriger Mann*

3 Lest den kurzen Bericht noch einmal. Ersetzt dabei die ungenauen Informationen durch eure ausgedachten.

Besonders bei regionalen Zeitungen schicken Vereine oft Berichte über ihre Veranstaltungen an die Redaktion. Diese überarbeitet die Berichte meistens, bevor sie in den Druck gegeben werden. Der folgende Bericht über einen Triathlon wurde in einer Redaktion abgegeben:

Triathlon war echt cool

Letztens fand ein Triathlon statt. 1534 Männer und Frauen haben teilgenommen. Zum Glück war das Wetter superschön und keine Regenwolke zu se-
5 hen, als kurz nach 14.30 Uhr der Startschuss fiel. Als erste Disziplin mussten die Sportler 500 Meter schwimmen, danach 20 Kilometer Rad fahren und zum Abschluss 5 Kilometer laufen.
10 Dabei wurden die Leistungen der Männer und Frauen getrennt gewertet. Obwohl der meiner Meinung nach sehr chaotische Hans Schmidt den Triathlon organisiert hatte, verlief der
15 Wettkampf ohne Zwischenfälle.

Als Preise erhielt der erste Sieger (Renate Kuhn und Sergej Zahn) eine coole Digitalkamera, der zweite Sieger (Verena Maas und Albert Probst) ein
20 Fotohandy und der dritte (Olga Metzger und Janick Klein) ein normales Handy. Die Sieger hatten vermutlich ganz schön lang für den Triathlon trainiert. Unglücklicher Vierter ist Horst Kramp
25 geworden. Kurz vor dem Ziel wurde er plötzlich langsamer, sodass ihn die anderen überholen konnten. Nach dem Lauf erklärte er: „Ich bekam auf einmal heftiges Seitenstechen, sodass ich
30 nicht mehr schneller laufen konnte."

4 Wiederholt, welche Merkmale ein Bericht hat. Wenn ihr euch nicht mehr erinnern könnt, lest im *Profiwissen* nach.

5 Überprüft mithilfe der W-Fragen, ob dieser Bericht vollständig ist. Erfindet fehlende Angaben. Schreibt euch hierzu Stichwörter auf:

Wann? `..?..`   *Wo?* `..?..`   `..?..`

6 Der Bericht muss in der Redaktion gründlich überarbeitet werden. Beachtet dazu den INFO-Kasten und sucht gezielt nach Stellen im Bericht, die nicht sachlich, wahrheitsgetreu oder neutral sind.

INFO

Der passende Stil beim Bericht

Im *Profiwissen* habt ihr gelesen, dass ein Bericht sachlich, wahrheitsgetreu und neutral sein soll. Hierzu einige Beispiele, was zu beachten ist: Ein Bericht soll

* **sachlich** sein,
  ⇨ also keine Ausschmückungen enthalten, wie zum Beispiel: *Plötzlich wurde der Erste überholt und wurde schließlich nur noch Dritter.*

* **wahrheitsgetreu** sein,
  ⇒ also keine Vermutungen enthalten, wie zum Beispiel: *Der Erste wurde ver-mutlich deswegen überholt, weil er Seitenstechen hatte*.
* **neutral** sein, also keine
  ⇒ Gefühle enthalten, wie zum Beispiel: *Das hat mir gut gefallen*.
  ⇒ Meinungen enthalten, wie zum Beispiel: *Ich finde das gut gelungen*.
  ⇒ Wertungen enthalten, wie zum Beispiel: *schön, cool*.

7 Überprüft die Schlagzeile des Berichts. Sammelt eure Ideen an der Tafel und entscheidet euch für die beste Schlagzeile.

8 Jetzt seid ihr dran: Schreibt einen Bericht über den Triathlon. Berücksichtigt dabei die W-Fragen, die richtige Zeitform und den passenden Stil eines Berichts.

TIPP

Ihr könnt eure Berichte auch am Computer in Spalten schreiben. Schreibt zuerst die Überschrift und euren Text. Markiert den Text – aber nicht die Überschrift. Sucht auf eurer Task-Leiste dieses Symbol: ▦. Wenn ihr einmal darauf klickt, könnt ihr wählen, wie viele Spalten euer Text haben soll.

9 Überarbeitet eure Berichte in einer Schreibkonferenz. Bildet Vierergruppen (☞ Seite 60) und verteilt untereinander die Aufgaben. Jeder liest jeden Bericht und erfüllt dabei seine Aufgabe.

Den eigenen Stil verbessern

Auch dieser Bericht wurde in der Redaktion abgegeben.

> ... Am Freitag lag der Stürmer Andreas Henri noch krank im Bett. Der Stürmer hatte sich eine Erkältung eingefangen. Der Stürmer hatte hohes Fieber.
> Andreas Henri war krank. Am Samstag stand Andreas Henri auf dem Platz. Andreas Henri spielte. Der Stürmer schoss sogar das entscheidende Tor. Der Stürmer wurde vorher eingewech-selt. Das Tor schoss der Stürmer mit dem Kopf. Der Stürmer hatte Kopfschmerzen. Die Mannschaft von Andreas Henri feier-te den Torjäger, der wegen der Krankheit, die Andreas Henri noch in den Knochen steckte, ganz erschöpft war ...

1 Lest den Text durch. Würde er so in einer Zeitung abgedruckt werden? Begründet eure Meinung.

Und so wurde er abgedruckt:

> ... Am Freitag lag der Stürmer Andreas Henri noch krank im Bett. Er hatte sich eine Erkältung eingefangen und hatte hohes Fieber.
> Andreas Henri war krank, trotzdem stand er auf dem Platz. Er spielte und schoss sogar das entscheidende Tor, nachdem er eingewechselt worden war. Er schoss es mit dem Kopf, obwohl er Kopfschmerzen hatte. Die Mannschaft feierte ihren Torjäger, der wegen seiner Krankheit, die ihm noch in den Knochen steckte, ganz erschöpft war ...

2 Vergleicht die beiden Texte miteinander. Welche Unterschiede könnt ihr feststellen?

3 Schreibt den Text in euer Heft und unterstreicht die Änderungen.

4 Wie heißen die Wortarten, mit denen der zweite Bericht verbessert wurde?

5 Was wisst ihr über diese Wortarten?

GRUNDWISSEN

Zur Erinnerung: **Konjunktionen**

Konjunktionen verbinden zwei Sätze miteinander.
* **Hauptsatz und Hauptsatz**   Beispiel: *Samstags spielte er Fußball oder er half seiner Mutter im Garten.*
* **Hauptsatz und Nebensatz**   Beispiel: *Samstags spielte er Fußball, obwohl er seiner Mutter in Garten half.*

GRUNDWISSEN

Zur Erinnerung: **Pronomen**

Pronomen sind Wörter, die für ein Nomen oder bei einem Nomen stehen.
Personalpronomen stehen als Stellvertreter für Nomen.
Possessivpronomen geben an, wem etwas gehört.

---

6 Verbessert folgenden Text mithilfe von Konjunktionen und Pronomen. Schreibt ihn dann ihn euer Heft und unterstreicht die Konjunktionen rot und die Pronomen grün.

Peter freut sich auf das Wochenende. Er kann dann ausschlafen. Nach dem Aufstehen frühstückt Peter erst einmal in Ruhe. Er liest Zeitung. Besonders der Sportteil interessiert Peter. Peter spielt selbst Fußball. Die Mannschaft von Peter ist in der Klasse, in der die Mannschaft spielt, Tabellenführer. Peter hat schon viele Tore geschossen. Peter ist aber kein Stürmer. Jeden Sonntag steht Peter auf dem Platz. Er spielt. Auch darauf freut sich Peter.

TIPP

Achtet beim Überarbeiten eurer Texte immer darauf, ob ihr Konjunktionen und Pronomen verwendet habt. Die Texte werden dadurch interessanter. Aber: Verwendet nicht nur Pronomen, auch der Name muss ab und zu genannt werden.

M Schreibt einen Bericht für die Schülerzeitung über ein Ereignis aus eurem Schulalltag. Überarbeitet ihn dann in einer Schreibkonferenz.

der Leserbrief · die Redaktion
die Reportage · verlaufen
der Kommentar · chaotisch
organisieren · trainieren
der Bericht · erhalten
📖 1, 5, 16, 18, 20

Erste/r Schüler/in:
Korrektur des Inhalts
Kontrolliert, ob alle W-Fragen beantwortet wurden.
Wurde dabei auch eine logische Reihenfolge berücksichtigt?

Zweite/r Schüler/in:
Korrektur der Grammatik
Überprüft, ob alle Verben im Präteritum stehen und ob das Präteritum richtig gebildet wurde.

Vierte/r Schüler/in:
Korrektur der Rechtschreibung
Verbessert die Rechtschreibfehler.
Nehmt ein Wörterbuch zu Hilfe.

Dritte/r Schüler/in:
Korrektur der Wortwahl
Prüft, ob die Berichte im passenden Stil geschrieben wurden.

Darüber kann ich jetzt berichten

Was wisst ihr über Zeitung?

1 Erinnert ihr euch noch an die Rubriken einer Zeitung? Führt sie auf.

2 Trennt folgende Wörter richtig. Denkt dabei an die Regeln zur Worttrennung am Zeilenende.
Kirschen, weglaufen, Fahrrad, glücklich, abschreiben, Bücherregal, vergessen, Kirchturmglocke, Schreibtischschublade

3 Ihr habt fünf Arten von Zeitungsartikeln kennengelernt. Nennt die Fachbegriffe und die typischen Merkmale.

Wortarten und Zeitangaben

4 Welche Wortarten kennt ihr und wie erkennt man sie?

5 Wie schreibt man folgende Zeitangaben?
MITTAGS, MONTAGMORGEN, VORGESTERN, DONNERSTAG, HEUTE, AM VOR-MITTAG, ABEND, ABENDS, GESTERN ABEND

Bericht

6 Welche W-Fragen müssen in einem Bericht beantwortet werden?

7 In welcher Zeitform wird ein Bericht geschrieben?

8 In welchem Stil wird ein Bericht geschrieben?

9 * Gebt folgendem Artikel eine Überschrift.
* Schreibt die Antworten auf die W-Fragen als Stichpunkte heraus:
Wann? ..?.. – *Wo?* ..?.. – ..?..

Am vergangenen Samstag fand in Oberhausen ein Fußballturnier statt, in dessen Folge es zu einer Schlägerei auf dem Sportplatz kam. Beteil-
5 igt waren die Fans der Mannschaften, die im Finale standen, also Unterdorf und Oberhausen. Die Fans von Oberhausen warfen einem Spieler aus Unterdorf vor, den entscheidenden El-
10 fmeter aufgrund einer Schwalbe beko-
mmen zu haben. Die Fans dieses Spielers ließen sich den Vorwurf nicht gefallen und wurden handgreiflich. Nachdem Umstehende die Betroffen-
15 en getrennt hatten, erhielten sie vom Veranstalter Platzverbot. Die Siegerehrung und die anschließende Disco fand also ohne sie statt und verlief friedlich.

10 Schreibt die falsch getrennten Wörter noch einmal richtig getrennt auf.

Ist alles so, wie es berichtet wird?

Eine Nachricht – zwei Berichte

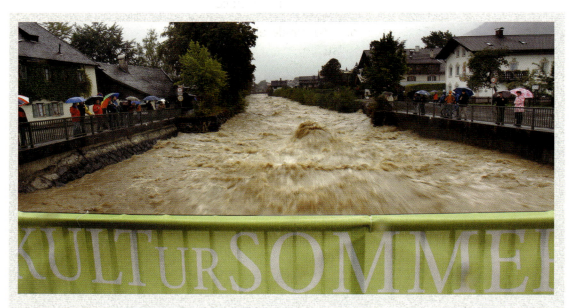

Mehr als 100 Liter pro Quadratmeter, 36 Stunden Dauerregen

Bayern ertrinkt in der Flut

Garmisch-Partenkirchen – **Droht jetzt die nächste Horrorflut? Der Süden säuft ab!**

HOCHWASSER-KATASTROPHEN-
5 **ALARM!**

Am Alpenrand fielen mehr als 100 Liter pro Quadratmeter – 36 Stunden Dauerregen. In sechs Städten und Landkreisen in Bayern wurde Katas-
10 trophenalarm ausgelöst.
Entlang der Loisach und Iller brachen gestern die ersten Dämme, der Forggensee lief voll, Alarm in Füssen. Tausende Helfer sind im Einsatz. Der klei-
15 ne Ort Eschenlohe bei Garmisch-Partenkirchen steht fast vollständig unter Wasser. Bewohner wurden mit Bundeswehrhubschraubern aus ihren Häusern geholt. Der 1700-Einwohner-
20 Ort war in zwei Hälften geteilt. Ministerpräsident Edmund Stoiber sagte den Betroffenen bei einem Besuch rasche Hilfe zu. „Wir lassen die Leute nicht allein", sagte der CSU-Chef.
25 Das flussaufwärts gelegene Garmisch-Partenkirchen war praktisch von der Außenwelt abgeschlossen. Die Hauptstraße wurde zu einem provisorischen Kanal erklärt. Bei Augsburg musste
30 die A 8 gesperrt werden – zwei Brücken drohten einzustürzen.

1 Lest euch diesen Text genau durch. Welches Thema wird behandelt?

2 Lest den Text „Flüsse außer Rand und Band" auf ☞ Seite 44 f. noch einmal durch und vergleicht die Texte.

* Welche Informationen bekommt ihr jeweils?
* Welche Unterschiede könnt ihr feststellen? Achtet dabei zum Beispiel auf die Wortwahl, die Art der Informationen, den Aufbau des Textes. TIPP: Legt für den Vergleich eine Tabelle an.

3 Welcher Text erfüllt die Merkmale eines Berichtes besser? Warum? Belegt eure Aussagen mit Textstellen.

4 Welche Überschrift verleitet eher zum Weiterlesen? Warum?

INFO
Boulevardzeitungen – das sind Zeitungen, die man auf dem Boulevard (= Straße) kaufen kann (sie werden nur in geringem Umfang abonniert) – müssen im Gegensatz zu Abonnementzeitungen jeden Tag ihre Kunden neu gewinnen. Deshalb versuchen sie, mit möglichst reißerischen Schlagzeilen und großen Bildern die Leser anzulocken.

Anweisung für Zeitungsleser
HORST BIENEK

Prüft jedes Wort
prüft jede Zeile
vergesst niemals
man kann
5 mit einem Satz
auch den Gegen-Satz ausdrücken

Misstraut den Überschriften
den fettgedruckten
sie verbergen das Wichtigste
10 Misstraut den Leitartikeln
den Inseraten
den Kurstabellen
den Leserbriefen
und den Interviews am Wochenende
15 auch die Umfragen der Meinungsforscher
sind manipuliert
die Vermischten Nachrichten von findigen
Redakteuren erdacht
Misstraut dem Feuilleton
20 den Theaterkritikern die Bücher
sind meist besser als ihre Rezensenten

lest das was sie verschwiegen haben
Misstraut auch den Dichtern
bei ihnen hört sich alles
25 schöner an auch zeitloser
aber es wird nicht wahrer nicht gerechter

Übernehmt nichts ohne es geprüft zu haben
nicht das Wort und nicht die Dinge
nicht die Rechnung und nicht das Fahrrad
30 nicht die Milch und nicht das Fleisch
nicht die Traube und nicht den Schnee
fasst es an schmeckt es dreht es nach allen Seiten
nehmt es wie eine Münze zwischen die Zähne
hält es stand? seid ihr zufrieden?

35 Ist Feuer noch Feuer und Laub noch Laub
ist Flugzeug Flugzeug und Aufstand Aufstand
ist eine Rose noch eine Rose?
Hört nicht auf
euren Zeitungen zu misstrauen
40 auch wenn die Redakteure
oder die Regierungen wechseln

1   Lest das Gedicht, klärt unbekannte Wörter und fasst den Inhalt mit eigenen Worten zusammen.

2   Warum kann man, wenn man dieser Anweisung folgt, den Zeitungen nicht vertrauen?

3   Welche anderen Medien vermitteln Informationen? Kann man diesen trauen? Begründet eure Meinung.

4   Sucht euch eine aktuelle Nachricht aus und verfolgt die Berichterstattung in den verschiedenen Medien (Zeitung, Radio, Fernsehen, Internet). Wie unterscheidet sie sich?

5   Bildet Gruppen zu den einzelnen Medien und sammelt Argumente für und gegen das Medium. Diskutiert anschließend über Vor- und Nachteile der einzelnen Medien.

Online oder Papier?

Die meisten Tages- und Wochenzeitungen, egal ob regional oder überregional, haben eine Online-Ausgabe. Hier seht ihr ein Beispiel:

1 **Adressfeld** für die Homepage, die man aufrufen möchte

2 **Navigationsleiste:** Per Mausklick lässt sich die Rubrik wechseln.

3 **Archiv- und Profi-Suche:** Hier kommt man zu einer Suchmaske, mit der man Artikel zu bestimmten Themen finden kann.

4 **Link:** Ein Klick, und man bekommt den gesamten Text zu sehen.

1 Besorgt euch eine aktuelle Tageszeitung (eventuell verschiedene), die eine Online-Ausgabe besitzt. Vergleicht die Papier- mit der Online-Ausgabe:
   * Welche Rubriken kommen vor?
   * Welche Artikel sind in beiden Ausgaben vorhanden?
   * Gibt es Artikel, die nur in einer Ausgabe erscheinen? Warum?
   * Sind in der Online-Ausgabe nur aktuelle Artikel (vom selben Tag)?
   * Was bietet die Online-Ausgabe außer den Artikeln an?

2 Welche Vor- und Nachteile hat jede dieser Ausgaben?

3 Warum gibt es eine Online-Ausgabe und wer liest sie?

Es gibt auch reine Online-Zeitungen. Das sind Zeitungen, die nie gedruckt und ausgetragen werden. Die meisten sind für Erwachsene gedacht. Manche sind auf bestimmte Themenbereiche spezialisiert. Euch werden Online-Zeitungen für Kids und Teens interessieren. Eine dieser Online-Zeitungen heißt *sowieso*. Ihr findet sie auf der Internetseite *www.sowieso.de*. Die erste Seite von *sowieso* sieht folgendermaßen aus:

Hier findet ihr verständliche Berichte über die wichtigsten Ereignisse in der Welt.

Erstaunliches und Lustiges kann man hier lesen.

Wenn ihr einen Beitrag zu einem bestimmten Thema sucht, gebt ihr hier den Begriff ein und drückt dann die Enter-Taste.

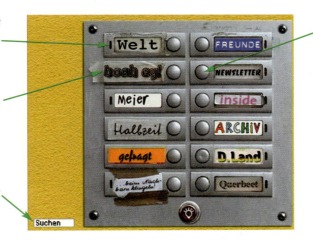

Klickt auf den Klingelknopf, wenn ihr eine Seite aufrufen wollt.

4 Ruft die Internetseite einer Online-Zeitung, zum Beispiel *sowieso*, auf und schaut euch die verschiedenen Rubriken an.

5 Überprüft, ob die Online-Zeitung auch politische Rubriken hat.

6 Verteilt die Artikel über Politik in der Klasse. Ihr könnt auch einen Artikel an mehrere Schüler vergeben – gearbeitet wird aber trotzdem alleine!

7 Fasst euren Artikel mithilfe der W-Fragen zusammen (schaut im *Profiwissen* unter dem Stichwort ⇨ *Bericht* nach). Schreibt dazu auf einen Stichwortzettel untereinander die W-Fragen und rechts daneben die Antworten aus dem Text. Zum Beispiel: *Wer? Bundeskanzlerin. Wo? Berlin, im Parlament.*

8 Stellt euch gegenseitig vor, was ihr gelesen habt.

3 Wichtige Entscheidungen treffen?
Aber nur gut informiert!

Traumjob – Lebensaufgabe – Berufung? Soll ein Beruf diesen Ansprüchen genügen oder dient er nur als Broterwerb?
Kann man vom Idealberuf träumen oder muss man heute nehmen, was man bekommt?
Ihr seid auf der Suche nach dem passenden Beruf. Einige Berufe habt ihr bei der Arbeitsplatzerkundung kennengelernt, über andere wisst ihr vielleicht durch eure Eltern und Freunde schon einiges. Von eurem späteren Beruf habt ihr sicherlich bestimmte Vorstellungen. Es lohnt sich jedenfalls, über ungewöhnliche Berufsziele nachzudenken. So erweitern sich eure Möglichkeiten und Aussichten.

In diesem Kapitel geht es um

- die Vorbereitung eines Berufsinformationstags,
- typische Männer- und Frauenberufe sowie deren Entstehung und
- eure Meinung zum Thema *Männer- und Frauenberufe*.

Nicht nur für die Schule, sondern für den späteren Beruf helfen euch folgende Methoden:

- Notizen machen und Protokolle schreiben,
- Anfragen formulieren,
- informative Interviews führen,
- gezielt Informationen einem Text oder einem Schaubild entnehmen und
- Vorwissen zu einem Sachgebiet mit einem Brainstorming sammeln und mit einer Mindmap strukturieren.

Außerdem wiederholt ihr wichtige Kommaregeln.

Auch einmal aus der Reihe tanzen?

Welche Möglichkeiten der Berufswahl gibt es?

Ich weiß immer noch nicht, für welchen Beruf ich mich jetzt bewerben soll!

Klar! Ich werde Koch, das hat mir schon im Praktikum gut gefallen.

Hoffentlich bekomme ich die Lehrstelle als Kfz-Mechatronikerin. Der Meister da hat gemeint, es sieht gut aus für mich!

Habt ihr schon Bewerbungen losgeschickt?

Habt ihr schon eure Berufswahl getroffen? Klar, es ist schwierig, eine Lehrstelle zu bekommen, und dass ihr das vielleicht in eurem Wunsch- oder Traumberuf schafft, erscheint noch unwahrscheinlicher. Aber wisst ihr über alle Möglichkeiten, die euch offen stehen, Bescheid? Welche Berufe interessieren euch und eure Mitschülerinnen und Mitschüler? Nutzt das Wissen über Berufe in eurer Klasse und macht eine kleine Umfrage.

1 Jeder schreibt seinen Traum- oder Wunschberuf, den sie oder er nach Abschluss der Schule gerne ausüben möchte, auf einen Zettel. Die Farben der Zettel sollen sich für Jungen und Mädchen unterscheiden. Sammelt die Zettel ein und heftet sie an die Tafel.

2 Gibt es Berufe, die besonders häufig genannt werden? Erstellt eine Berufs-hitliste.

3 Ist vielleicht auch ein besonders seltener oder ausgefallener Beruf dabei? Fragt doch einmal nach, wie der Berufswunsch entstanden ist. Woher hat diejenige/derjenige ihre/seine Informationen? Was kann sie/er über diesen Beruf berichten?

4 Erstellt eine Berufswunschliste, die nach den Wünschen der Mädchen und denen der Jungen getrennt ist. Gibt es Berufe, die nur von Mädchen oder nur von Jungen genannt wurden?

5 Betrachtet folgende Grafik über Bewerber in ausgewählten Ausbildungsberufen: Was fällt euch auf den ersten Blick auf?

Das Verhältnis von Männern und Frauen in Ausbildungsberufen

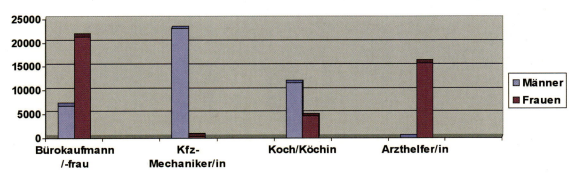

Stand 31. 12. 2000

6 Welche der hier aufgeführten Berufe haben bei eurer Umfrage eine Rolle gespielt? War die Verteilung zwischen Mädchen und Jungen in eurer Klasse ähnlich wie hier?

7 Sucht nach Gründen dafür, warum viele Männer Kfz-Mechaniker sind und so wenige Arzthelfer – und umgekehrt viele Frauen Arzthelferin und wenige Kfz-Mechanikerin.

8 Welche weiteren Berufe wurden von euch genannt, bei denen ein sehr ungleiches und rollentypisches Verhältnis zwischen Mädchen und Jungen besteht? Sucht auch bei diesen Berufen nach Gründen.

9 Sucht im Stellenmarkt eurer Tageszeitung und im Internet nach ungewöhnlichen Berufen. Schreibt euch eher unbekannte Berufe auf eine Liste, die ihr im Klassenzimmer aufhängt.

Oft sprechen gewichtige Gründe dafür, einen Beruf zu wählen – zum Beispiel, wenn es in der Nähe gute Ausbildungsplätze für diesen Beruf gibt. Manchmal sind es Freunde, Eltern oder Bekannte, die euch zu dem Beruf raten, den sie selbst gelernt haben, den sie persönlich gut finden oder für den es besonders gute Zukunftsaussichten gibt.
Bei einer so wichtigen Entscheidung wie der Berufswahl solltet ihr euch nicht auf zufällig aufgeschnappte Information beschränken, sondern alle Möglichkeiten ausschöpfen, die euch zur Verfügung stehen.

10 Was könntet ihr tun, um euch umfassend zu informieren? Sammelt an der Tafel Möglichkeiten.

Wie bekomme ich Informationen?

Wer kann mir darüber etwas sagen?

Ist der Beruf für mich geeignet?

Was muss ich da überhaupt den ganzen Tag machen? So genau weiß ich das auch noch nicht.

Wenn euch noch nicht klar ist, in welche Richtung ihr gehen wollt oder ob ihr für einen Beruf geeignet seid, hilft nur eines: Informationen müssen gesammelt, ausgewertet und diskutiert werden. Habt ihr bei eurer Ideensammlung auf ☞ Seite 69 (Aufgabe 10) auch in Erwägung gezogen, einen Infotag zu veranstalten? Hierzu findet ihr im Folgenden einige Tipps. Sollte für euch ein solcher Infotag aber nicht möglich oder zu aufwendig sein, dann könnten euch auch einzelne Hinweise in den folgenden Abschnitten helfen, eine gute Informationsgrundlage für eure weiteren Schritte und Entscheidungen zu erwerben.

Wenn ihr einen Infotag planen wollt, solltet ihr euch erst einmal Gedanken über Ablauf und Gestaltung machen.

* Wie soll der Tag ablaufen?
* Wer kann Informationen liefern? Wer sind die Ansprechpartner beim Arbeitsamt oder bei der Handwerkskammer?
* Können Vertreter weiterführender Schulen kommen?
* Welche Räume und Präsentationsgeräte werden benötigt?
* Welche Berufe könnt ihr selbst vorstellen, weil ihr schon viel darüber wisst?
* Wer wird eingeladen?
* Wie bitten wir um Informationen?
* Wer kümmert sich um die Gäste?
* Soll es auch etwas zu essen geben?

Gute Planung ist die halbe Vorbereitung – das Protokoll

Die Klassensprecher der 8. Klasse der HS am Blumenweg, die Klassenlehrer, die AWT-Lehrer, der Beratungslehrer und der Schulleiter treffen sich zu einem Gespräch, in dem ein solcher Berufsinformationstag genauer geplant werden soll. Tim aus der 8b schreibt mit, was auf der Versammlung beschlossen wurde.

Leute einladen (8c)

Termin für Berufsinformationstag: 15. Dezember

Schulleitung stellt nach einigem Hin und Her den Stundenplan um, damit wir in alle Medienräume kommen

Stellwände für Plakate, Hausmeister fragen, aber ja nicht seine Frau, die könnte sauer sein

Interviews sollen aufgezeichnet werden, damit sie allen gezeigt werden können (Das könnte die AG Medien machen)

Ehemalige Schüler einladen, die befragt werden können (Martin findet das blöd, aber Susi macht das)

Herr Engel meinte, wir können bei Betrieben in der Umgebung fragen, ob die Ausbilder kommen könnten

Vielleicht könnten die Eltern belegte Brötchen und Kuchen machen, damit es an dem Tag etwas zu essen gibt? Mona sagt, dass ihre Mutter keinen Kuchen backen würde

Vorab Interviews und Schnuppertage in Betrieben (alle Klassen)

Pl. über verschiedene Berufe gestalten (in AWT, alle Klassen), Abstimmung in den Klassen

Einen Lehrer als Ansprechpartner für die G. und Berater suchen

1 Was meint ihr zu Tims Mitschrift der Sitzung? Überlegt, was er hätte besser machen können.

Sinnvolles Mitschreiben

Wenn ihr Informationen aus einem Gespräch, einer Unterrichtsstunde oder bei einer Betriebserkundung mitnotieren wollt, solltet ihr gut vorbereitet und konzentriert arbeiten.

* Unterteilt das Blatt, auf dem ihr die Notizen macht, in **drei Spalten.**
  - In die linke, schmalere Spalte schreibt ihr, um welchen **Inhalt** es gerade geht.
  - In die mittlere, breiteste Spalte schreibt ihr **wichtige Einzelheiten.**
  - Die rechte, schmale Spalte lasst ihr zunächst frei. Hier könnt ihr **Ergänzungen** einfügen, wenn im Verlauf der Sitzung/Besprechung zu einem früher behandelten Punkt noch etwas gesagt wird.
* Notiert nur das Wichtigste und lasst **Unnötiges** weg.
* Schreibt in **Stichpunkten**, d. h., ihr braucht keine vollständigen Sätze zu schreiben, denn sonst könnten euch wichtige Einzelheiten entgehen. Hilfsverben, Artikel und Konjunktionen könnt ihr weglassen.
* Verwendet **Abkürzungen.** Beispiele: *u., o., z. B., u. a., o. Ä., ...*
* Arbeitet mit **Symbolen.** Beispiele: Folgepfeile (→), Einkreisungen und Unterstreichungen können euch helfen, Wichtiges schnell wiederzufinden und einen Ablauf zu verdeutlichen.

2 Was bedeuten die im METHODEN-Kasten genannten Abkürzungen? Welche anderen gebräuchlichen Abkürzungen kennt ihr außerdem?

3 Überlegt euch sinnvolle Symbole, die ihr während der Mitschrift verwenden könnt.

4 Arbeitet Tims Notizen in eine übersichtliche Mitschrift um.

5 Euer Lehrer kann sicher einen Film über einen eurer bevorzugten Ausbildungsberufe besorgen. Wendet die Tipps zum Mitschreiben an und notiert euch so die wichtigsten Informationen.

Wenn solche Mitschriften nicht nur für euch selbst, sondern auch für andere bestimmt sind, ist es wichtig, dass ihr sie geordnet und übersichtlich weitergebt. Eine solche Form der Informationsweitergabe nennt man **Protokoll.**

Da an der Planung des Berufsinformationstags viele Lehrer, Schüler und Eltern beteiligt sind, formuliert Tim seine Notizen in ein Protokoll um.

Sitzung zur Planung des Berufsinformationstages

Sitzung am 21. 09. 2...
Protokollant: Tim Bauer
Anwesend: Klassensprecher der 8. Klassen, Klassenlehrer der 8. Klassen, AWT-Lehrer, Schulleiter
Abwesend: Herr Schlier (Klassenlehrer der 8c) erkrankt
Zeit: 8:30 Uhr bis 9:30 Uhr

1. Termin
15. Dezember 2...

2. Vorbereitung in den Klassen
• Plakate über verschiedene Berufe gestalten (AWT!)
• Einladungen (Berufsberater, ehemalige Schüler, ...) schreiben
• Berichte über Schnuppertage in Betrieben schreiben
• Interviews führen und aufzeichnen

3. Organisation
• Schulleitung stellt Stundenplan um, damit Medienräume zur Verfügung stehen
• Hausmeister: Stellwände für Plakate aufstellen
• Lehrer als Ansprechpartner für Gäste und Berater bestimmen (Herr Engel?)
• Eltern um Unterstützung bitten (Verpflegung der Schüler und Gäste)

Es wurde beschlossen, dass sich die Klassleiter um die Verteilung der Aufgaben in den Klassen kümmern!

4. Nächste Planungssitzung
30. September 2..., 8:00 Uhr

Schriftführer: Leiterin

....
Tim Bauer   Maria Maier

Sitzung zur Planung des Berufsinformationstages

Sitzung am 21. 09. 2...
Protokollant: Tim Bauer
Anwesend: Klassensprecher der 8. Klassen, Klassenlehrer der 8. Klassen, AWT-Lehrer,
                 Schulleiter
Abwesend: Herr Schlier (Klassenlehrer der 8c) erkrankt
Zeit: 8:30 Uhr bis 9:30 Uhr

1. Termin

Als Termin wurde der 15. Dezember 2... festgelegt. Der Berufsinformationstag soll um 9 Uhr beginnen und bis 16 Uhr dauern.

2. Vorbereitung in den Klassen

Die einzelnen Klassen übernehmen die Vorbereitung. In AWT werden Plakate über verschiedene Berufe gestaltet. Die einzelnen Klassen sollen sich untereinander abstimmen. Einladungen an Berufsberater und ehemalige Schüler werden im Deutschunterricht geschrieben, von den Deutschlehrern korrigiert und anschließend abgeschickt. Die Schülerinnen und Schüler werden gebeten, ihre Berichte über Schnuppertage in den Betrieben sauber abzuschreiben und zur Verfügung zu stellen. Außerdem soll Kontakt zu Auszubildenden mit ungewöhnlichen Berufswegen aufgenommen werden. Einzelne Schülergruppen werden Interviews mit ihnen vorbereiten, durchführen und aufzeichnen. Die erarbeiteten Materialien werden vor und während des Berufsinformationstags allen Beteiligten zugänglich gemacht. Die Schüler sollen aufgefordert werden, sich schon vor dem Berufsinformationstag möglichst viele Fragen zu überlegen.
Die Klassleiter kümmern sich um die Verteilung der Aufgaben in den Klassen und stimmen sich untereinander ab.

3. Organisation

Die Schulleitung stellt den Stundenplan so um, dass alle Medienräume für den Berufsinformationstag genutzt werden können. Der Hausmeister soll alle im Schulhaus vorhandenen Stellwände für Plakate aufstellen, damit die von den Schülerinnen und Schülern erarbeiteten Informationen für alle leicht zugänglich präsentiert werden können. Herr Engel wird gebeten, dass er als Ansprechpartner für Gäste und Berater zur Verfügung steht.
Für das leibliche Wohl sollen die Eltern um Unterstützung gebeten werden. Vielleicht erklärt sich eine Mutter oder ein Vater bereit, das zu organisieren.

4. Nächste Planungssitzung

Die nächste Planungssitzung wird am 30. September 2... um 8:00 Uhr stattfinden.

Schriftführer: Leiterin

....
Tim Bauer   Maria Maier

6   Auf dieser Doppelseite findet ihr Tims Protokoll in zwei Formen.
    * Wie unterscheiden sie sich?
    * Welche findet ihr für den gegebenen Zweck sinnvoller?
    * Überlegt euch (weitere) Situationen, in denen die erste Form, und
      Situationen, in denen die zweite Form sinnvoll ist.

7 Tragt zusammen, was sich gegenüber den Notizen verändert hat.

Protokoll

Ein Protokoll zur **Informationsweitergabe** schreibt man,

* um andere über **Inhalte und Beschlüsse aus Gesprächen** zu informieren,
* um für einen Bericht (zum Beispiel einen Praktikumsbericht) **genau zu beschreiben,** was man gemacht hat,
* um bei **Versuchen** hinterher zu wissen, welche Schritte welches Ergebnis lieferten,
* um für erkrankte Mitschüler wichtige **Unterrichtsergebnisse** verfügbar zu machen.

Ein Protokoll braucht eine übersichtliche **äußere Form.**

* Jedes Protokoll hat einen **Kopf,** in dem Angaben über Anlass, Ort, anwesende Personen, Zeiten, ... gemacht werden.
* Die Informationen (Tätigkeiten, Zeiten, Beschlüsse, Abstimmungsergebnisse) werden dann übersichtlich gegliedert (evtl. als Tabelle) aufgeschrieben.
* Am Ende des Protokolls unterschreibt diejenige/derjenige, die/der das Protokoll geschrieben hat, sowie die/der Leiter/in der Besprechung/Sitzung, nachdem sie/er den Text kontrolliert und gegebenenfalls verbessert hat. Zusätzlich können noch Materialien angefügt werden – zum Beispiel Tafelbilder, Skizzen von Versuchsaufbauten, Arbeitsplatzskizzen, Bilder aus dem Praktikum, ...

8 Wechselt euch ab und schreibt zur Übung Protokolle über die nächsten Deutschstunden. Sammelt eure Protokolle in einem Ordner. Dann könnt ihr später nachlesen, was im Unterricht besprochen wurde.

Ihr bewahrt eure Protokolle sicher ordentlicher auf!

9 Haltet die Planungen zu einem Projekt, das ihr in diesem Schuljahr durchführt, in sauberen Protokollen fest.

In der Hauptschule am Blumenweg steht die Planung für den Berufsinformationstag. Nun geht es darum, dass die im Protokoll festgehaltenen Beschlüsse in die Tat umgesetzt werden. Die folgenden Seiten liefern euch einige Anregungen dazu.

Wir laden Experten in die Schule ein

Informationen über Berufe bekommt ihr vor allem dort, wo Experten für dieses Thema arbeiten – beim Arbeitsamt oder, genauer, bei den Berufsinformationszentren (BIZ). Sie halten ausführliche Informationsmaterialien für euch bereit. Dort könnt ihr mit Berufsberatern sprechen, die euch weiterhelfen. Berufsberater kommen aber auch gerne zu euch in die Schule, um bei der Entscheidung für einen Beruf zu helfen. Aber dazu müsst ihr sie/ihn einladen.

1 Überlegt, welche Informationen der Berufsberater über die Klasse braucht. Die Stichpunkte unten helfen euch. Ergänzt sie durch eigene Ideen und fasst die wichtigsten Dinge in Stichpunkten auf einem Notizzettel zusammen.

Namen der Schüler?

Anschrift der Schule?

Fragen der Schüler?

Betriebe in unmittelbarer Nähe der Schule?

Berufswünsche?

Termin und Ort der Informationsveranstaltung?

Gibt es etwas zu essen?

Ausstattung der Schule mit Geräten?

Größe des Zimmers?

Kommen auch Eltern?

die Ausstattung · darüber
die Entscheidung · erwerben
kümmern · vollständig
wiederfinden · das Protokoll
die Skizze · die Stellwand
der Ansprechpartner

1, 4, 10, 12, 14, 15

2 Tragt zusammen, was ihr aus der 7. Klasse über den sachlichen Brief wisst. Macht euch kleine Kärtchen mit den wichtigsten Briefbestandteilen und ordnet Sie auf einem Blatt Papier richtig an. Anhand des Musterbriefs auf ☞ Seite 76 könnt ihr kontrollieren.

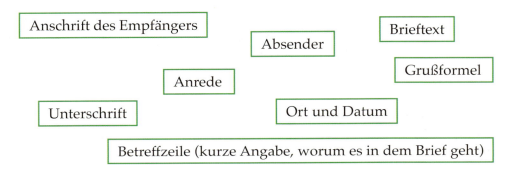

Anschrift des Empfängers

Absender

Brieftext

Grußformel

Anrede

Unterschrift

Ort und Datum

Betreffzeile (kurze Angabe, worum es in dem Brief geht)

3 Entwerft in Partnerarbeit eine Anfrage an euren Berufsberater oder bittet im BIZ um Informationsmaterial. Der Muster-
brief und der GRUNDWISSEN-Kasten helfen euch weiter.

TIPP

Fragt zuerst telefonisch nach, wer euer/eure Ansprechpart-
ner/in ist. Dann könnt ihr ihn/sie direkt ansprechen.

Hauptschule Blumenweg   Augsburg, den 6. Oktober 2...
Klasse 8c
Blumenweg 16
88888 Gernsdorf
Tel. (08764)53210

BIZ Augsburg
z. Hd. Herrn Brettner
Wertachstr. 28
86153 Augsburg

Einladung zum Berufsinformationstag der Klasse 8c

Sehr geehrter Herr Brettner,

am 15. 12. 2... veranstalten wir, die Klasse 8c der HS am Blumenweg, einen Berufsinfor-
mationstag, zu dem wir Sie gerne einladen möchten.
Zu diesem Berufsinformationstag erwarten wir etwa 70 Schüler aus unseren 8. Klassen und
zusätzlich noch viele Eltern, die sich über das Thema Berufswahl informieren wollen. Da
vielen Schülern ihre eigene Berufswahl noch nicht klar ist, würden wir uns wünschen, dass
Sie uns Informationsmaterial über die für uns möglichen Ausbildungsberufe mitbringen.
Besonderes Interesse hätten wir aber an Ausbildungsberufen, die nicht so häufig als
Wunschberuf gewählt werden, denn wir haben in der Klasse darüber gesprochen, dass vor
allem die Nischenberufe für uns gute Ausbildungschancen bieten. Es wäre sehr nett, wenn
Sie uns solche Berufe genauer vorstellen könnten.
Der Infotag soll um 9 Uhr beginnen und den ganzen Tag über dauern. Könnten Sie uns mit-
teilen, für welche Zeitspanne wir Sie einplanen dürfen? Brauchen Sie für die Berufsvorstellung
besondere Materialien? Tageslichtprojektoren, Computer und Beamer wären in der Schule
vorhanden. Bitte informieren Sie uns über Ihre Wünsche.

Wir freuen uns, dass Sie unseren Informationstag unterstützen wollen.

Mit freundlichen Grüßen

Klasse 8c der HS Blumenweg

Sachlicher Brief

Wenn man ein **Anliegen** in einem sachlichen Brief vorbringen möchte, müssen sowohl der Inhalt, als auch die **äußere Form** entsprechend gestaltet sein.

* Das Anliegen des Briefes sollte **knapp** und **sinnvoll gegliedert** dargelegt werden. (W-Fragen beachten: *Wer will etwas? Was? Von wem? Warum? Wann?*)

* Beim Schreiben solltet ihr immer an den **Adressaten** denken. Wählt die korrekte Anrede zu Beginn des Briefes und schreibt im Brief die Höflichkeitsanreden *Sie/Ihr…* groß.

  ▶ Weitere Hinweise zum sachlichen Brief erhaltet ihr in Kapitel *6 Schritt für Schritt ins Berufsleben* auf ☞ Seite 155 ff.

* Formuliert Anträge und Bitten **höflich** und **freundlich** und vergesst nicht, euch zu **bedanken.**

Für sachliche Briefe ist es Standard, dass sie mit dem Computer geschrieben werden und auf Rechtschreib- und Grammatikfehler hin durchgesehen werden. Wenn ihr den Brief mit der Hand schreibt, achtet auf eine saubere Schrift!

Training: Kommasetzung

Korrekte Rechtschreibung und Zeichensetzung ist bei allen euren Texten wichtig, aber ganz besonders darauf achten müsst ihr bei Texten, die ihr an andere Leute schickt. Wenn ihr euch noch nicht sicher seid, könnt ihr in der folgenden Sequenz noch einmal die wichtigsten Regeln zur Kommasetzung wiederholen.

▶ Wichtige Regeln zur (Wiederholung der) Rechtschreibung findet ihr im Kapitel *6 Schritt für Schritt ins Berufsleben* auf ☞ Seite 158 ff.

1 Wiederholt mithilfe der folgenden Sätze die Kommasetzung

1) bei Aufzählungen:

   a) *Am Berufsinformationstag nehmen Schüler, Eltern und Lehrer teil.*

   b) *Zu unserem Berufsinformationstag erwarten wir 70 Schüler aus unseren 8. Klassen, die in diesen Klassen unterrichtenden Lehrer, zusätzlich noch viele Eltern.*

   c) *Die Schulleitung kümmert sich um die Räume, die Klassenlehrer verteilen die Aufgaben.*

2) in Satzreihen und Satzgefügen:

   a) *Wir möchten Sie einladen, weil wir uns umfassend informieren wollen.*

   b) *Wir möchten Sie einladen, denn wir wollen uns umfassend informieren.*

c) Die Schulleitung kümmert sich um die Räume und die Klassenlehrer verteilen die Aufgaben.

d) Informationsbroschüren, die Sie mitbringen, können wir auf einem Info-Tisch auslegen.

2 Schreibt folgende Sätze ab, setzt die Kommas und erklärt jeweils, weshalb ihr ein Komma gesetzt habt.

a) Wenn du eine so wichtige Entscheidung wie die Berufswahl triffst musst du dich gut informieren.

b) Es gibt viele Möglichkeiten wie du dir ein Bild das alle Aspekte umfasst erwerben kannst.

c) Sicher können Verwandte Freunde und Bekannte dir sinnvolle Tipps Hinweise und Infos geben.

d) Erste Einblicke in einen Beruf bieten Tage der offenen Tür Betriebserkundungen Praktika.

e) Auch solltest du zum Arbeitsamt gehen denn dort halten Berufsberater Informationen die du genau anschauen solltest für dich bereit.

3 Wichtige Entscheidungen treffen?

Fragen über Fragen

Damit ihr den Besuch des Berufsberater auch wirklich nutzen könnt, solltet ihr euch möglichst umfassend im Vorfeld vorbereiten und euch Fragen überlegen, die ihr stellen könnt. Versucht in verschiedene Richtungen zu denken, alle Möglichkeiten sind für euch wichtig.

In dem Brief an den Berufberater wurde erwähnt, dass für euch Nischenberufe interessant sein könnten, oder vielleicht gibt es einige von euch, die den Rollenklischees entkommen wollen und als Mädchen einen so genannten Männerberuf oder als Junge einen so genannten Frauenberuf ergreifen wollen. Auch hierüber könntet ihr euch Gedanken machen.

1 Erste Gedanken zum Thema *Männer- und Frauenberufe* habt ihr euch schon zu Beginn des Kapitels gemacht. Sammelt nun alles, was euch einfällt, in Form eines Brainstormings und schreibt eure Ideen gut leserlich auf einzelne Zettel, die ihr an die Tafel hängt. Kontrolliert gemeinsam, ob alle Begriffe zum Thema passen.

2 Ordnet die Begriffe in Form einer Mindmap an: Sucht Oberbegriffe, schreibt diese an die Tafel und hängt die Zettel passend um.
Ihr könnt so anfangen:

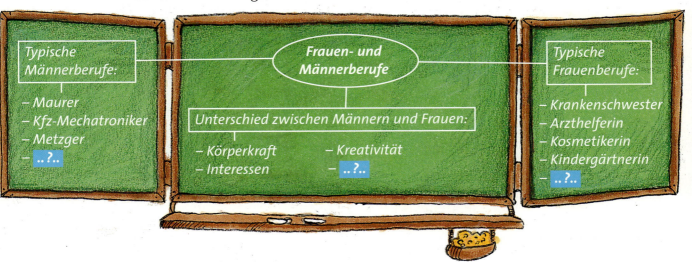

Typische Männerberufe:
– Maurer
– Kfz-Mechatroniker
– Metzger
– ..?..

Frauen- und Männerberufe

Unterschied zwischen Männern und Frauen:
– Körperkraft
– Interessen
– Kreativität
– ..?..

Typische Frauenberufe:
– Krankenschwester
– Arzthelferin
– Kosmetikerin
– Kindergärtnerin
– ..?..

Der folgende Text gibt euch einen Überblick über die Herausbildung und Entwicklung von typischen Männer- und Frauenberufen.

Berufe für Männer und Frauen

Ein typischer Männer- oder Frauenberuf ist ein Beruf, der überwiegend von dem betreffenden Geschlecht ausgeübt wird. In den Köpfen der Menschen wird er oft mit „männlich" oder „weiblich" verbunden. Arbeiten Menschen des anderen Geschlechts in solchen Berufen, sind sie in der Minderheit.

5 Allerdings gibt es keine Berufe, die „von Natur aus" nur von einem Geschlecht ausgeübt werden können. Wenn der Vater gestorben oder abwesend war, arbeiteten Frauen in allen Jahrhunderten neben der Kindererziehung und dem Haushalt, um die Familie zu versorgen. Wenn die Mutter ausfiel, sorgten Männer für die Kinder.

In wissenschaftlichen Untersuchungen bemühte man sich schon früher, das Besonde10 re von Männer- und Frauenberufen herauszufinden. Es gibt biologische Unterschiede – zum Beispiel die Fähigkeit der Frauen, Kinder auszutragen und zu stillen –, die typische geschlechtsbezogene Berufe hervorbrachten. Heute wird darüber hinaus untersucht, welche unterschiedlichen Gründe bei Frauen und bei Männern die Berufsentscheidung beeinflussen. Man fragt, wie sich die Schulausbildung auf die Berufs15 wahl auswirkt. Man will wissen, wie wichtig Männern und Frauen ein hohes Gehalt oder Aufstiegsmöglichkeiten sind. Und man versucht herauszufinden, wie sich die Berufsentscheidungen von Frauen und Männern im Laufe der Zeit verändern.

Frauentypische Berufe sind jene, die mit der Pflege anderer Menschen oder mit der Erziehung kleiner Kinder zu tun haben. Auch in Büros, Friseursalons oder in Biblio20 theken arbeiten kaum Männer. Die entsprechenden Berufe werden als besonders „weiblich" eingestuft.

Männer, die diese Berufe ausüben, erleben manchmal einen Verlust an Ansehen, sie werden häufig als weibisch oder homosexuell angesehen und gelten als Verlierer. Männliche Freunde und Verwandte verstehen eine solche Berufswahl oft nicht. Man25 che Männer versuchen in diesen Berufen ihre Arbeit von der Arbeit der Kolleginnen abzugrenzen. Sie suchen sich einen Teilbereich, der als „männlich" gilt.

Frauen in Männerberufen haben solche Probleme oft weniger. Sie werden nicht als besonders „männlich" bezeichnet, wenn sie in einem Männerberuf arbeiten. Allerdings wird es häufig als nicht normal betrachtet, wenn Frauen sich für Männerberufe 30 interessieren und in die Welt der Männer eindringen. Männerberufe haben oft ein höheres Ansehen und auch ein höheres Einkommen als Frauenberufe.

Für Frauen kann die Arbeit in einem Männerberuf sehr schwierig werden, zum Beispiel, wenn ein hoher zeitlicher Aufwand oder große körperliche Kraft gefordert wird und sie außerdem noch ihre Rolle als Mutter und Familienmanagerin erfüllen müssen.

35 Trotzdem kann man seit den 70er Jahren des vorigen Jahrhunderts einen Anstieg der Frauen in Männerberufen beobachten. So waren zum Beispiel 1977 nur 1,1 % der auszubildenden Maler und Lackierer Frauen, während im Jahr 2002 der Anteil der Frauen 8,4 % betrug. Im Bereich des Schriftsetzers und Druckformenherstellers stieg der Anteil der Frauen sogar auf über 50 % an. Auffällig ist die Zunahme bei den 40 Bäckern und Konditoren. In einigen Berufen, wie Chemie- und Biologielaboranten, bilden junge Frauen heute die Mehrheit.

1 Erschließt den Text mit der Fünf-Gang-Lesetechnik (vgl. ☞ *Profiwissen*).

2 Schreibt einen Gedanken aus dem Text auf einen Zettel.
   * Sammelt die Zettel ein und bildet Gruppen.
   * Jede Gruppe zieht einen Zettel und diskutiert den Gedanken.

* Nach etwa fünf Minuten berichtet ihr der Klasse über die Ergebnisse eurer Diskussion.

▶ Zum Argumentieren und Diskutieren findet ihr zahlreiche Hilfestellungen im Kapitel *5 Zur eigenen Meinung stehen* ... auf ☞ Seite 116 ff.

3 Schreibt einen kurzen Text, in dem ihr darlegt, ob ihr euch als Mädchen vorstellen könnt, in einem Männerberuf bzw. als Junge in einem Frauenberuf zu arbeiten.

4 In Aufgabe 9 auf ☞ Seite 69 habt ihr ungewöhnliche Berufe zusammengetragen. Gibt es dabei Berufe, die euch besonders interessieren?
* Sammelt arbeitsteilig Informationen im Internet, in berufskundlichen Lexika, ...
* Fasst Wichtiges zu diesen Berufen auf einer DIN-A-4-Seite zusammen und hängt diese Seiten aus.
* Notiert Fragen zu diesen Berufen, die ihr dem Berufsberater an eurem Infotag stellen könnt.

Nachgefragt: Interviews zur Informationsgewinnung

Einige Schüler der Klasse 8c haben sich aufgemacht und frühere Schüler befragt, die nicht ganz übliche Berufsentscheidungen getroffen haben.

Beispiel 1: Bernd und Aitsan befragen Svenja (Schreinerin im 3. Ausbildungsjahr)

BERND / AITSAN:	Hier ist ja ganz schön was los. Geht es bei euch immer so zu?
SVENJA:	Ja, vor dem Wochenende ist das immer so.
5 BERND / AITSAN:	Gefällt dir dein Beruf als Schreinerin?
SVENJA:	Ja, sehr, ich wollte unbedingt etwas Handwerkliches machen.
BERND / AITSAN:	War deine Ausbildung zur Schreinerin bisher so wie die der männlichen Schreiner oder konntest du Unterschiede feststellen?
SVENJA:	Nein, der Ablauf war der Gleiche. Ich habe die gleichen Stationen durchlaufen und muss auch die gleichen Prüfungen bestehen.
15 BERND / AITSAN:	Ist es für Frauen schwerer, in diesem Beruf zu arbeiten? Holz ist ja oft nicht ganz leicht.

SVENJA:	Das stimmt, aber beim Heben großer Holzstücke helfen jetzt überall Maschinen. Ich denke, es ist für Frauen nicht unbedingt schwerer.
BERND / AITSAN:	Wirst du von den Männern anerkannt?
20 SVENJA:	Ja, hier im Betrieb schon. Draußen auf der Baustelle gucken die Leute schon manchmal etwas komisch.
BERND / AITSAN:	Aber du denkst, dass jeder den Beruf ergreifen könnte?
SVENJA:	Naja, nicht jeder. Geschickt sollte man schon sein und sich für die Herstellung von Dingen aus Holz interessieren. Aber wenn ihr meint, ob es egal ist, ob ein Junge oder ein Mädchen sich bewirbt – das sollte kein Problem sein.
BERND / AITSAN:	Vielen Dank für das Gespräch!

Beispiel 2: Ina und Laura befragen Jörg (Kinderkrankenpfleger im 2. Ausbildungsjahr)

INA / LAURA:	Hallo Jörg, wir würden dich heute gerne etwas zu deiner Berufswahl befragen.
JÖRG:	Na, dann legt mal los mit euren Fragen.
INA / LAURA:	Es arbeiten sehr wenig Männer hier auf der Kinderstation als Pfleger. Wie bist du auf die Idee gekommen, diesen Beruf zu lernen?
JÖRG:	Eigentlich wollte ich Arzthelfer werden, aber ich konnte als Mann keinen Ausbildungsplatz finden. Dann habe ich vom Arbeitsamt erfahren, dass es den Beruf des Kinderkrankenpflegers gibt. In diesem hat man größere Chancen, als Mann eine Lehrstelle zu finden, und arbeitet auch ganz nah am Menschen.
INA / LAURA:	Kannst du uns beschreiben, wie du zu dem Ausbildungsplatz gekommen bist?
JÖRG:	Ich besuchte nach meiner Hauptschulzeit eine 2-jährige Pflegevorschule und bewarb mich anschließend bei verschiedenen Krankenhäusern. Schon bei der ersten Bewerbung hatte ich Glück.
INA / LAURA:	Was musst du als Kinderkrankenpfleger machen?
JÖRG:	Zu meinen Aufgaben gehört die Pflege von Säuglingen und kranken Kindern. Man muss sich um die kleinen Patienten kümmern, sie waschen, füttern und bewegen. Ich wechsle Verbände, teile Medikamente aus und assistiere den Ärzten, wenn es nötig ist. Aber auch Verwaltungsarbeit gehört dazu.
INA / LAURA:	Welche Verwaltungsarbeit meinst du?
JÖRG:	Na, ich muss alles, was mit einem Patienten passiert, genau aufschreiben – zum Beispiel wann welche Medikamente gegeben wurden, welche Untersuchungen durchgeführt wurden ...
INA / LAURA:	Was magst du an deinem Beruf besonders?
JÖRG:	Ich finde es toll, dass jeder Tag anders ist und ich hier voll akzeptiert werde. Ich arbeite eng am Menschen und mit Menschen zusammen,

*Ob auf einer Kinder- oder einer Säuglingsstation –
Kinderkrankenpfleger und -schwestern durchlaufen
verschiedene Krankenhausstationen*

30 und das war mir wichtig. Außerdem habe ich hier das Gefühl, wirklich nützlich zu sein, wenn ich es schaffe, Kinder, die Angst oder Schmerzen haben, abzulenken und ihnen beim Gesundwerden zu helfen.

INA/LAURA: Was gefällt dir nicht so gut?

35 JÖRG: Manchmal ist es hart, Kinder so leiden zu sehen. Dann muss ich ganz stark bleiben, weil es nichts hilft, wenn ich mitheule.

INA/LAURA: Für wen ist der Beruf deiner Meinung nach besser geeignet – für Männer oder Frauen?

40 JÖRG: Ich denke nicht, dass es eine Rolle spielt, ob man als Mann oder als Frau hier arbeitet. Es kommt darauf an, ob man bereit ist, sich intensiv um andere zu kümmern, und ob man gerne mit Menschen zusammen ist. Man sollte einfach gut mit anderen Menschen – oder hier mit Kindern – klarkommen.

INA/LAURA: Vielen Dank für das Gespräch!

> der Termin · der Arzthelfer
> bemühen · beeinflussen
> das Gehalt · die Schreinerin
> geschickt · die Kinderstation
> anerkennen · die Baustelle
> draußen · die Chance
> ausüben · das Medikament
> 3, 10, 12, 16, 19, 21

1 Lest die beiden Interviews. Welche Informationen findet ihr interessant? Worüber würdet ihr gerne noch mehr erfahren?

2 Entscheidet: Welche Fragen eignen sich besser für ein Interview? Warum?

Gefällt dir dein Beruf?	*Was magst du besonders an deinem Beruf?*
Wirst du als Frau in einem Männerberuf anerkannt?	*Auf welche Schwierigkeiten stößt du als Frau in einem Männerberuf?*
Kannst du uns erklären, wie deine Ausbildung bisher ablief?	*Was musstest du bisher machen?*
Ist der Beruf für Männer geeignet?	*Welche Vor- und Nachteile hat dieser Beruf für Männer und Frauen?*

M Schreibt ein Interview in der indirekten Rede auf. Konzentriert euch dabei auf die wichtigsten Aussagen:

Ina und Laura erklärten, dass sie Jörg gerne zu seiner Berufswahl befragen würden, und wollten wissen, wie er auf die Idee gekommen sei, diesen Beruf zu lernen. ...

▶ Auf ☞ Seite 200 ff. könnt ihr euch über die Verwendung des Konjunktivs in der indirekten Rede informieren.

3 Bringt Interviews aus Zeitungen und Zeitschriften mit. Schneidet in Gruppen Fragen und Antworten aus und legt sie durcheinander auf den Tisch. Versucht, Fragen und Antworten einander zuzuordnen. Ein Schüler liest eine Antwort aus den Interviews vor. Die anderen versuchen, die dazugehörende Frage zu erraten/zu finden.

In drei Schritten zum Interview

Bereitet nun selbst ein Interview mit einer/m Auszubildenden vor, deren/dessen Beruf euch interessiert. Folgende Schritte helfen euch dabei:

Schritt 1: Das Interview vorbereiten

Wenn ihr in einem Gespräch Informationen bekommen wollt, müsst ihr euch vorab einiges überlegen:

* Was genau möchte ich wissen? Schreibt eure Fragen auf und legt eine sinnvolle Reihenfolge fest.
* Wie viel Zeit habe ich dafür? Achtet darauf, dass das Gespräch nicht zu lang und ausschweifend wird.
* Wie halte ich die Informationen fest? Schafft ihr es, in Stichpunkten mitzuschreiben, oder könnt ihr das Interview aufnehmen? Fragt euren Interviewpartner in jedem Fall um Erlaubnis.
* Wenn ihr das Interview aufnehmt, probiert vorher aus, ob die Technik funktioniert.

Schritt 2: Das Interview durchführen

Lasst eure Interviewpartner nicht im Unklaren darüber, wofür ihr die Informationen braucht und wie ihr sie verwenden wollt.

* Stellt euch eurem Interviewpartner vor.
* Verwendet eure vorbereiteten Fragen als Leitfaden, aber hört bei den Antworten genau zu. Fragt nach, wenn ihr etwas nicht versteht oder wenn ein Punkt besonders interessant ist.
* Haltet die Informationen fest (Notizen oder Aufnahme).
▶ Die Tipps zum sinnvollen Mitschreiben auf ☞ Seite 71 f. können euch hierbei helfen.
* Vergesst nicht, euch bei eurem Interviewpartner zu bedanken.

Schritt 3: Das Interview nachbereiten

Wenn ihr das Interview aufgenommen habt:
* Fertigt eine Niederschrift der Aufnahme an – bei einem sehr langen Interview eine Niederschrift der wichtigsten Antworten.
* Fasst die Informationen sinnvoll zusammen.

Wenn ihr während des Interviews mitgeschrieben habt:
* Schreibt eine Zusammenfassung der wichtigsten Informationen zu euren Fragen auf. Wenn ihr das gleich im Anschluss an das Interview macht, habt ihr alles noch gut im Gedächtnis. Manchmal möchte euer Interviewpartner das verschriftlichte Interview noch einmal gegenlesen.

Je nachdem, für wen die Informationen bestimmt sind, können sie auf Plakaten oder in Gesprächsprotokollen für andere zugänglich gemacht werden und an eurem Berufsinformationstag ausgehängt werden.

Berufsinformationstage – nicht nur an eurer Schule

Berufsinformationstage gibt es auch in größerem Rahmen – lest zum Beispiel den Bericht über einen BIT der Wirtschaftjunioren in Würzburg.

Wenn der Azubi Auskunft gibt

Von unserer Mitarbeiterin Verena Seufert

Würzburg – Es ist eine schwierige Zeit, die den jugendlichen Besuchern des Berufsinformationstags (BIT) be-
5 vorsteht: In Kürze machen sie ihren Schulabschluss und nun müssen sie sich für einen passenden Beruf entscheiden und sich auf die Suche nach einem der rar gewordenen Ausbil-
10 dungsplätze begeben. Der von den Würzburger Wirtschaftsjunioren veranstaltete dritte BIT, der am Samstag stattfand, sollte Orientierungsmöglichkeiten bieten.
15 „Wir haben zwei Zielrichtungen: Einmal, dass die Jugendlichen einen Überblick über die Berufsfelder bekommen. Und auch kleinere Firmen sollen sich präsentieren können", erklärt Dr.
20 Esther Knemeyer die Motivation der Wirtschaftsjunioren. Ungefähr 50 Firmen aus den unterschiedlichsten Branchen stellten auf dem BIT über 80 verschiedene Ausbildungsberufe vor:
25 vom Automobilkaufmann bis zum Altenpfleger. […]
Das Besondere am BIT: Alle Firmen bringen Auszubildende mit, die den Besuchern Rede und Antwort stehen.

30 „Ich glaube, es ist sehr wichtig, dass die Jugendlichen persönliche Fragen stellen können. Hier bekommt man kompakte Informationen über die ver-35 schiedenen Berufsfelder", sagt Sandra Hacker am Stand der Stadt Würzburg. Sie macht dort eine Ausbildung als Beamtin im gehobenen Dienst.

1 Wie unterscheidet sich dieser BIT von dem von euch geplanten Infotag. Gibt es in diesem Text Anregungen, die ihr übernehmen könnt?

2 Informiert euch, ob es in eurer Nähe ähnliche Veranstaltungen wie in Würzburg gibt – ein solcher BIT könnte euch helfen, die vielen Informationen, die ihr zu Berufswahl gewonnen habt, zu erweitern.

3 Wenn ihr einen Berufsinformationstag durchgeführt habt, schreibt einen Artikel für eure Schülerzeitung.

▶ Was ihr beim Bericht beachten müsst, findet ihr im Kapitel *2 Zeitungsleser wissen mehr!* auf ☞ Seite 56 ff.

Selbst etwas tun – eine Anzeige aufgeben

Konstantin hat auf dem BIT seinen Traumberuf gefunden – er möchte Elektroinstallateur werden. Weil er weiß, dass es schwierig ist, eine Ausbildungsstelle zu finden, ergreift er selbst die Initiative und gibt eine Anzeige auf.

> Suche Ausbildungsplatz als Elektroinstallateur. Bin 15 Jahre alt und 1,75 groß. Bitte melden unter Tel. 089/123456789.

1 Schaut euch die Anzeige genau an. Besprecht, ob Konstantin viele Zuschriften bekommen wird. Begründet eure Meinung.

2 Welche Informationen sollten in einer Anzeige enthalten sein?

3 Was könnte Konstantin verbessern? Welche Angaben sollte er auf jeden Fall machen? Verbessert seine Annonce.

INFO
In einer Anzeige sollten kurz die wichtigsten Informationen genannt werden. Oft werden allgemein gültige Abkürzungen verwendet.

4 Stellt euch vor, ihr sucht per Zeitungsanzeige einen Ausbildungsplatz. Entwerft diese Annoncen und besprecht die Ergebnisse in der Klasse. Vielleicht gibt einer/eine von euch die Anzeige tatsächlich auf?

M Sammelt Abkürzungen aus Zeitungsannoncen und schreibt sie mit der nicht abgekürzten Form auf. Zum Beispiel: *bzw. – beziehungsweise, …*

▶ Mehr Informationen zu Abkürzungen erhaltet ihr auf ☞ Seite 170.

Habt ihr alle Informationen gut sortiert und gespeichert?

Männerberufe – Frauenberufe

1 Welche typischen Männer- und Frauenberufe kennt ihr? Schreibt sie auf.

2 Fallen euch ein oder zwei Berufe ein, die wirklich nur von Männern oder nur von Frauen ausgeübt werden?

3 Wie kam es zur Herausbildung von typischen Männer- und Frauenberufen?

4 Nennt Berufe, in denen Frauen heute die Mehrheit bilden.

Notizen machen und Protokoll schreiben

5 Wozu dienen Protokolle?

6 Was solltet ihr beachten, wenn ihr während einer Sitzung oder einer Schulstunde Notizen für ein späteres Protokoll macht?

7 Was steht im Protokollkopf?

Sachlicher Brief

8 Welche Bestandteile enthält ein formaler Brief und was müsst ihr beim Schreiben beachten?

Interview

9 Bereitet ein Interview über die Hobbys eures Klassenlehrers vor. Überlegt, wie ihr Fragen stellt und wie ihr das Interview aufbereitet.

Zeichensetzung

10 Schreibt folgenden Text über Svenja in euer Heft, setzt die Kommas und erklärt jeweils, warum ihr ein Komma gesetzt habt.

Svenja ist im dritten Lehrjahr das ihr letztes Ausbildungsjahr ist. Für diese Ausbildung hat sie sich beworben als sie mit der neunten Klasse angefangen hat. Sie hat die Ausbildung begonnen nachdem sie die Hauptschulabschlussprüfung bestanden hat. Überrascht ist sie wie viel sie in ihrer Lehrzeit schon gelernt hat.

Das ist doch nichts für Männer – Indefinitpronomen

Vorgestellt: Viktor S., 18 Jahre, Erzieher

VIKTOR: Ich heiße Viktor, bin 18 Jahre alt und mache gerade eine Ausbildung zum Erzieher.

5 INTERVIEWER: Wie bist du auf diesen Beruf gekommen?

VIKTOR: Das war eigentlich Zufall. In der Schule hatten wir Besuch von einem Berufsberater. Dieser stellte verschiedene Ausbildungsberufe vor und da war dann auch der Beruf des Erziehers dabei. Einer meiner Klassenkameraden fragte, ob es denn auch „Kindergärtner" gäbe. Die ganze Klasse hat natürlich gelacht, es war auch mehr als Witz gedacht. Ich war dann überrascht, als der Berufsberater sagte, dass auch Männer diesen Beruf erlernen können.

INTERVIEWER: Wie hast du den Ausbildungsplatz bekommen? Wie lange dauert die Ausbildung?

20 VIKTOR: Vom BIZ bekam ich mögliche Adressen. Nach insgesamt sieben schriftlichen Bewerbungen bekam ich eine Einladung zum Vorstellungsgespräch und in diesem Kindergarten arbeite ich jetzt auch. Insgesamt dauert die Ausbildung drei Jahre.

INTERVIEWER: Was gefällt dir an diesem Beruf besonders? Sollte man bestimmte
25 Voraussetzungen mitbringen für die Arbeit im Kindergarten?

VIKTOR: Also, besonders gefällt mir, dass die Arbeit nie langweilig wird. Meine Gruppe besteht aus fünfzehn Kindern und da passiert jeden Tag etwas anderes. Wir gehen viel nach draußen, spielen, backen und basteln oder singen etwas . Grundvoraussetzung für diesen Job
30 ist meiner Ansicht nach, dass man gerne mit Kindern zusammen ist und ein gutes Einfühlungsvermögen hat. Außerdem braucht man jede Menge Geduld und Selbstbeherrschung, denn die kleinen Wesen können auch ganz schön anstrengend sein.

INTERVIEWER: Hast du schon etwas im Kindergarten erlebt, was für dich besonders
35 lustig oder schön war?

VIKTOR: Mein schönstes Erlebnis war, als ein Junge aus meiner Gruppe plötzlich beim Fußballspielen „Papa" zu mir sagte – es war ihm einfach so herausgerutscht. Da erst habe ich bemerkt, dass ich für manche Kinder eine Art Vater-Ersatz darstelle, und mir wurde bewusst, welche Verantwortung ich damit trage.

40

INTERVIEWER: Kannst du dir erklären, warum so wenige Männer diesen Job machen?

VIKTOR: Ich glaube, viele halten diese Art von Arbeit, also Arbeit mit kleinen Kindern, immer noch für eine „Frauensache". Sie meinen, weil Frauen die Kinder zur Welt bringen, könnten sie auch besser mit ihnen umgehen. Das ist wohl ein Grund. Ein anderer könnte sein, dass man in diesem Beruf auch nicht so sehr viel verdient. Doch mir macht das nichts aus, für mich war es wichtig, eine Arbeit zu finden, die ich gerne mache.

45

1 Im Text sind einige Wörter unterlegt. Beschreibt die Bedeutung dieser Wörter.

2 Welche Funktion hat das Wort *etwas* in den folgenden Sätzen:
* *Es passiert jeden Tag etwas anderes.*
* *Wir singen etwas.*

▶ Wenn ihr Probleme habt, das herauszufinden, könnt ihr auf ☞ Seite 223 und ☞ Seite 226 nachsehen.

GRUNDWISSEN

Indefinitpronomen

Indefinitpronomen (unbestimmte Fürwörter), wie *jemand, jeder, alle, kein, man, nichts, niemand, etwas, manch,* haben eine **allgemeine Bedeutung.** Indefinit heißt, dass keine genauen, sondern nur unbestimmte Angaben gemacht werden können. Indefinitpronomen werden verwendet, wenn man ein Lebewesen oder Dinge nicht näher bezeichnen kann oder will.

Manche Indefinitpronomen, zum Beispiel *man,* werden nur als **Satzglieder,** andere, zum Beispiel *keiner,* auch als **Attribut** verwendet.

Manche Indefinitivpronomen sind **unveränderbar,** zum Beispiel *etwas,* andere werden **dekliniert,** zum Beispiel *jeder.*

---

3 Schreibt die Tabelle ab und ergänzt sie.

	männlich	weiblich	sächlich	Plural
Nominativ	*jeder*	*jede*	..?..	..?..

4 Sucht aus dem Text weitere Sätze heraus, in denen ihr Indefinitpronomen findet. Schreibt sie in euer Heft und ersetzt das Indefinitpronomen durch eine genaue Angabe.

5 Sucht Sätze im Text, in denen ihr eine genaue Angabe durch ein Indefinitpronomen ersetzen könnt, und schreibt sie ebenfalls in euer Heft.

Einen Wunschberuf verwirklichen – um jeden Preis?

Viele Schüler haben klare Vorstellungen darüber, welchen Beruf sie ergreifen möchten. Doch der Verwirklichung des Wunschberufes können sich Hindernisse in den Weg stellen. Diese Erfahrung musste auch die 16-jährige Vera Weber, Schülerin einer M-Klasse in einer bayerischen Kleinstadt, machen. Eine Jugendzeitschrift berichtet über ihre Situation.

Vera Weber hat sich bei sämtlichen Geschäften in ihrer Kleinstadt um eine Lehrstelle als Einzelhandelskauffrau beworben. Bisher flatterten nur Ab-
5 sagen ins Haus. Dabei ist Einzelhandelskauffrau alles andere als ihr Wunschberuf. Am liebsten würde sie eine Lehre als Goldschmiedin machen. Dass dieser Traum vermutlich nicht in
10 Erfüllung geht, liegt keinesfalls an ihren Fähigkeiten. Ganz im Gegenteil: Schon in der Grundschule waren ihre Lehrer von ihrem künstlerischen und handwerklichen Geschick und ihrer
15 Kreativität begeistert. Doch bei der Berufsberatung wurde ihr gesagt, dass es in ihrer Heimatstadt und in der näheren Umgebung keine Ausbildungsplätze für Goldschmiede gibt.
20 Sie müsse bereit sein, in die nächste Großstadt zu gehen, die über hundert Kilometer von ihrem Heimatort entfernt liegt. Die Bereitschaft zur Mobilität sei heutzutage oft Voraussetzung,
25 wenn man sich berufliche Träume erfüllen möchte, wurde ihr erklärt. Bisher war es für Vera unvorstellbar, aus ihrer Heimatstadt wegzuziehen. Sie kann es sich nicht vorstellen, schon
30 jetzt auf eigenen Beinen zu stehen und den Alltag ohne die Unterstützung ihrer Familie zu bestreiten. Auch wären mit so einem Umzug zusätzliche Kosten für sie und ihre Familie ver-
35 bunden. Andererseits ist sie sich sicher, dass ihr der Beruf der Goldschmiedin mehr Freude und Befriedigung verschaffen würde ...

1 In welcher schwierigen Situation befindet sich Vera? Wie würdet ihr entscheiden?

2 Erklärt aus dem Textzusammenhang oder mithilfe eines Wörterbuches den Begriff *Mobilität*.

▶ Mehr zum Umgang mit Fremdwörtern erfahrt ihr auf ☞ Seite 97 ff.

3 Vera sammelt Argumente *für* und *gegen* einen Ortswechsel und stellt sie in einer Liste gegenüber, denn gute **Argumente** helfen bei der Entscheidung. Erstellt mithilfe des Textes eine Pro- und Kontra-Liste und ergänzt diese durch eigene Argumente.

Für einen Ortswechsel spricht	**Gegen** einen Ortswechsel spricht

Wenn man vor einer schwierigen Entscheidung steht, kann es hilfreich sein, **Argumente (Begründungen) dafür und dagegen** zu sammeln.
Ebenso hilfreich sind gute Argumente, wenn man *andere von seiner Meinung über-zeugen* will. **Beispiele** und **Belege** unterstützen die Wirkung von Argumenten.

Meinung: *Ich bin der Meinung, dass Vera ihren Heimatort nicht verlassen sollte.*
Argument: *Durch einen Ortswechsel würde eine höhere finanzielle Belastung auf sie zukommen.*
Beispiel/Beleg: *Sie müsste sich eine Unterkunft besorgen und dafür Miete bezahlen.*

4 Sammelt Beispiele und Belege, die eure Argumente bekräftigen.

5 Ihr habt euch mit Argumenten für und gegen einen Ortswechsel beschäftigt. Zu welcher Entscheidung würdet ihr Vera jetzt raten?

6 Setzt euch in Gruppen und schreibt einen *Leserbrief*, in dem ihr euch *für* oder gegen einen Wohnortwechsel aussprecht.
* Findet für euren Brief eine einfallsreiche Überschrift, die sich auf den Artikel bezieht und die Leser neugierig macht.
* Bringt zu Beginn des Briefes eure Meinung deutlich zum Ausdruck. So könntet ihr beginnen: *Wir sind der Meinung, dass Vera Weber unbedingt* ...
* Begründet nun mithilfe der Argumente und Beispiele eure Meinung in einem zusammenhängenden Text.
* Überarbeitet eure Leserbriefe in einer Schreibkonferenz.

▶ Auf ☞ Seite 118 und 124 findet ihr weitere Hilfestellungen, wie ihr eure Argumente begründen könnt. Informationen zur Schreibkonferenz findet ihr auf ☞ Seite 60.

GRUNDWISSEN

Leserbrief

Ein Leserbrief richtet sich an die Leserinnen und Leser einer Zeitung und **nimmt** zu einem Artikel **Stellung.** Einen Leserbrief schreibt ihr
* in der Ich-Form, weil ihr **eure Meinung** ausdrücken wollt,
* so **knapp** wie möglich und so ausführlich wie nötig,
* im **Präsens.**
Außerdem solltet ihr
* eine **einfallsreiche Überschrift** finden, die sich auf den Artikel bezieht und die Leser neugierig macht,
* **gute Argumente** bringen, welche die Leser von eurer Meinung überzeugen,
* immer **sachlich** bleiben und **niemals aggressiv** oder **persönlich** werden.

4 Auf jedes Wort kommt es an! – Wörter unter der Lupe

Folgende Erfahrung habt ihr sicher auch schon gemacht: In der Zeitung lest ihr einen Text und ihr versteht nur „Bahnhof". Oft liegt das daran, dass zu viele Wörter verwendet werden, mit denen ihr nichts anfangen könnt. Das können Fremdwörter sein, es können aber auch deutsche Wörter sein, die innerhalb einer Fachsprache in einer bestimmten Bedeutung verwendet werden. Aber ihr werdet sehen: Wenn ihr Fremdwörter, Fachbegriffe und die Möglichkeiten der Wortbildung genauer unter die Lupe genommen habt, hilft euch das, mit schwierigen Wörtern gespickte Texte besser zu verstehen.

In diesem Kapitel schaut ihr ein paar Details der Sprache genauer an. Ihr lernt, ...

- was Fachsprachen sind,
- wie sich Fremdwörter und Fachbegriffe unterscheiden,
- wie ihr Bedienungsanleitungen entschlüsselt,
- mit welchen Mitteln die Werbung arbeitet und
- wie Wörter gebildet werden.

Folgende Methoden und Techniken helfen euch dabei:

- mit einem Fremdwörterbuch arbeiten,
- Vorgänge genau beschreiben,
- Wörter in ihre Bausteine zerlegen,
- einen Text aufmerksam und genau lesen.

Fachsprachen im Alltag – wozu?

Alles klar bis ins Detail?

Wenn ihr etwas lest, braucht ihr nicht unbedingt jedes Wort zu kennen. Oft reicht es, wenn ihr den Zusammenhang verstanden habt. So ist ein schwieriger Zeitungsartikel für euch verständlich, auch wenn die Bedeutung einzelner Wörter unklar ist.

1 Lest folgenden Zeitungsartikel aus dem Sportteil einer Zeitung. Denkt daran: Es ist in Ordnung, wenn ihr nicht jedes einzelne Wort versteht. Von welcher Sportart könnte in dem Bericht die Rede sein?

Teamverstärkung beim deutschen Meister

Der neue Kader des deutschen Meisters nimmt acht Wochen vor Beginn der Saison langsam Formen an. Nachdem der 21-jährige US-Center James
5 Lynley bereits unmittelbar nach den Play-offs zur deutschen Meisterschaft als wohl wichtigster Neuzugang zum Team gestoßen ist, konnte nun auch Max Weber vom Konkurrenten aus
10 Ulm verpflichtet werden. Weber gilt auf seiner Position als Guard als ausgesprochener Allrounder, er hat sich v. a. als exzellenter Dreierschütze und als solider Rebounder einen Namen
15 gemacht. Den Verein verlassen wird dagegen – wie nach den Spekulationen der letzten Wochen bereits zu vermuten war – Dirk Madaus. Ihn zieht es aus privaten Gründen wieder zu
20 seinem Heimatverein nach Braunschweig. Chefcoach Peter Ochs erklärte auf der Pressekonferenz vor Trainingsbeginn, dass der Verein noch auf der Suche nach einem adäquaten Er-
25 satz für diesen offensiven Teamspieler sei, und wünschte ihm alles Gute auf seinem weiteren Weg. Er hofft auf eine gute Kooperation des gesamten Teams mit dem neuen Assistenztrainer Nor-
30 bert Balzer. Beide Trainer äußerten sich optimistisch über die Aussichten, in dieser Saison mit einer Mannschaft von hohem Niveau auch auf dem internationalen Parkett Erfolge zu feiern.

Die Sportart, um die es hier geht, ist Basketball. Habt ihr richtig geraten?

2 Welche Wörter aus dem Text haben euch auf die richtige Spur gebracht?

3 Schreibt die Sätze ab und sucht im Text die Fachbegriffe zu folgenden Umschreibungen:
a) Der ..?.. ist meist der größte Spieler einer Mannschaft. Er spielt im Angriff eine besonders wichtige Rolle.
b) Ein ..?.. ist ein Spieler, der sehr gut dribbelt und das Spiel organisiert. Man nennt ihn auch Aufbauspieler oder Spielorganisator.

c) Wenn man von einem guten ..?.. spricht, meint man einen Spieler, der sich besonders viele Bälle, die vom Brett oder Ring abspringen, erkämpfen kann.

d) Ein Spieler, der besonders häufig Körbe aus einer Entfernung von über 6,25 m erzielt, ist ein toller ..?.. .

INFO

Wörter, die speziell in der Sportart Basketball in dieser Bedeutung verwendet werden, sind **Fachbegriffe** für diese Sportart.

4 Im Zeitungsartikel stecken eine Menge Fachbegriffe aus der Welt des Sports, die nicht nur beim Basketball verwendet werden. Schreibt sie heraus und klärt ihre Bedeutung.

M In einem anderen Zusammenhang können Fachbegriffe eine andere oder allgemeinere Bedeutung haben. Schaut nach, was die Begriffe *Kader, Center, Saison, Position, Allrounder, Niveau* außerhalb des Sports bedeuten. Übertragt die Tabelle in euer Heft und schaut nach und ergänzt sie.

Ein Callcenter

	Im Sport	**Weitere Bedeutungen**
Kader	Gruppe von Sportlern, die für ein Spiel oder einen Wettkampf in Frage kommen	..?..
Center	..?..	..?..

unmittelbar · exzellent
adäquat · optimistisch
speziell · privat
solide · der Erfolg
das Parkett · der Verein
📖 1, 5, 6, 7, 11, 13, 17

Fachbegriffe – nicht nur im Sport

Aber nicht nur im Sport machen uns Fachwörter das Leben manchmal schwer. In vielen Bereichen, vor allem in vielen Berufsfeldern, gibt es Fachbegriffe.

1 Könnt ihr folgende Fachbegriffe dem Bereich zuordnen, aus dem sie stammen?

> *Präposition, Lesetechnik, Komma, Dativ, Bericht*

> *Virus, Stethoskop, Diagnose, Therapie, Analyse, Operation*

> *Virus, Hardware, installieren, Server, Mailbox, canceln*

> *Stativ, Negativ, Dia, Objektiv, Blende, Zoom*

> *Partei, Koalition, Fraktion, Abgeordneter, Minister*

> *Medizin*

> *Computertechnik*

> *Politik*

> *Fotografie*

> *Deutschunterricht*

2 Auch ihr seid Experten für Themen, bei denen ihr euch besonders gut auskennt, zum Beispiel für Handys, Musik, Mode, Kosmetik, Autos, bestimmte Sportarten, Computer, …
Bildet Spezialistengruppen, die zu ihrem Fachgebiet wichtige Fachbegriffe auf einem Plakat oder einer Folie sammeln. Schreibt auch die Erklärungen dazu und stellt eure Fachsprache der ganzen Klasse vor.

GRUND-WISSEN

Fachbegriffe und Fachsprache

Fachbegriffe sind Wörter, die in einer **Fachsprache** verwendet werden und deren Bedeutung in einem speziellen Bereich ganz genau festgelegt ist. Fachsprachen gibt es in fast allen Bereichen unseres Alltags, zum Beispiel im Sport, in der Technik, in der Medizin, bei Gericht und so weiter.

Geht das auch auf Deutsch?

Was ein *Dreierschütze* ist, wissen alle, die sich für Basketball interessieren, oder man kann es erraten, wenn man ein Weile dem Spiel zuschaut. Was ein *Rebound* oder ein *Allrounder* sind, ist dagegen doppelt schwer zu verstehen, weil es sich bei diesen Wörtern um Fremdwörter handelt.

Besonders schwierig werden Texte dann, wenn viele Fremdwörter darin vorkommen. Oft sind Fachbegriffe zugleich auch Fremdwörter.

1 Findet mithilfe eines Wörterbuchs heraus, was folgende Wörter genau bedeuten. Welche der Fremdwörter könnten durch einen gleichwertigen deutschen Begriff ersetzt werden? TIPP: Vielleicht steht euch ja ein Fremdwörterbuch zur Verfügung, damit lässt sich die Aufgabe leichter lösen.

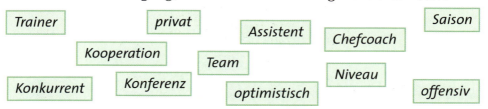

Trainer · privat · Assistent · Chefcoach · Saison · Kooperation · Team · Niveau · Konkurrent · Konferenz · optimistisch · offensiv

2 Welche Gründe könnte es geben, statt eines deutschen Wortes ein Fremdwort zu verwenden?

3 Früher stammten viele Fachbegriffe und Fremdwörter aus der lateinischen und griechischen Sprache. Heute werden im Sport und in der Technik (Computer, Telekommunikation, ...) besonders viele englische Wörter in die deutsche Sprache übernommen. Erklärt, warum das so ist.

GRUNDWISSEN

Fremdwörter

Fremdwörter sind Wörter einer fremden Sprache (zum Beispiel aus der lateinischen, griechischen, englischen), die in die deutsche Sprache aufgenommen wurden. Sie unterscheiden sich daher oft in der **Aussprache** und **Schreibweise** von deutschen Wörtern. Manchmal gibt es ein entsprechendes deutsches Wort für ein Fremdwort (zum Beispiel *Kooperation = Zusammenarbeit*). Oft werden Fremdwörter aber verwendet, weil es in der deutschen Sprache keinen entsprechenden Begriff gibt, der genau dasselbe bedeutet.

Wenn allerdings Fremdwörter lange in der deutschen Sprache verwendet werden, passen sie sich an die deutsche Sprache an. Man merkt dann oft gar nicht mehr, dass sie einmal Fremdwörter waren. Fremdwörter sind zum Beispiel *Joghurt* (türkisch), *Trainer* (englisch), *Tempo* (italienisch). In England dagegen wird das Wort *kindergarten* verwendet.

Arbeit mit dem Fremdwörterbuch

Viele Fachbegriffe und auch Fremdwörter findet ihr in einem normalen (Schüler-) Wörterbuch. Manchmal hilft aber auch nur ein spezielles Fremdwörterbuch weiter, das außer der Wortbedeutung noch viel mehr Informationen bereithält.

1 Schreibt den Lexikonartikel ab und ordnet die Angaben richtig zu.

> **Re/bound** [ri'ba̱unt] *der; -s, -s, (engl.)* (Basketball): vom Brett od. Korbring abprallender Ball

* Markierung der möglichen Worttrennung
* Bedeutungserläuterung
* Ausspracheangabe
* Grammatische Angaben zum Artikel, zum Genitiv in der Einzahl und zur Pluralbildung
* Angabe zur Herkunft
* Angabe des Fachbereichs, in dem ein Wort gebraucht wird

2 Schlagt Herkunft der Fremdwörter von ☞ Seite 97 nach.

TIPP Schreibt häufig vorkommende Fremdwörter (z. B. *Diskussion, Interesse, …*) in eure Rechtschreibkartei auf oder sammelt sie in einer Liste. Übt sie regelmäßig. Ihr werdet sehen, dass ihr nach kurzer Zeit auch schwierige Texte besser versteht.

3 Im Fremdwörterbuch findet ihr für ein Wort oft auch mehrere mögliche Bedeutungen eines Fremdwortes.
Schreibt die Beispielsätze auf. Ersetzt dabei das fettgedruckte Fremdwort durch die richtige deutsche Bedeutung.

a) Geschickte **Kombinationen** (Verbindungen/Herrenanzüge/planmäßiges Zusammenspiel/aus mehreren Disziplinen bestehende Wettkämpfe) im Angriff ließen die Heimmannschaft schnell in Führung gehen.

b) In dieser **Disziplin** (auf Ordnung bedachtes Verhalten/Spezialgebiet einer Wissenschaft/Unterabteilung einer Sportart) war die Zehnkämpferin unschlagbar.

c) Die **Distanz** (Abstand, Entfernung/zurückgelegte Strecke/abwartende Zurückhaltung) zum Tabellenersten verringerte sich mit jedem Spieltag.

d) Die Verteidiger **attackierten** (zu Pferde angreifen/angreifen/scharf kritisieren) bereits ab der Mittellinie.

e) Der **Pass** (Ballzuspiel/Bergübergang/Ausweis) landete genau vor den Füßen des Stürmers.

Wenn ihr Zweifel habt, welche die richtige Bedeutung eines Fremdwortes ist, dann wendet die **Ersatzprobe** an:
* Setzt die verschiedenen Bedeutungen in den Satz ein.
* Lest den ganzen Satz und überlegt, welche Bedeutung sinnvoll ist.

Kannst du mir sagen, wie das geht?

Es gibt Situationen, in denen es wichtig ist, eine Fachsprache zu verstehen. Im Alltag haben wir oft mit Aufbau- oder Bedienungsanleitungen zu tun.

Einlegen und Austausch der Batterie

Zum Wechseln der Batterie bei der ION-Stirnlampe das Lampengehäuse (B) vom Stirnband abnehmen. Dazu leicht an einem der beiden Zapfen (F) ziehen und das Lampengehäuse nach vorne abziehen.

Auf der Hinterseite des Lampengehäuses befindet sich ein Schlitz. Mit der Kante der Stirnbandschnalle (D) oder mit einer Münze das Lampengehäuse öffnen.

Die alte 6 V-Batterie herausnehmen und ordnungsgemäß entsorgen.

Die neue 6 V-Batterie entsprechend den Markierungen im Gehäuse einlegen.

Wenn die Batterie ordnungsgemäß eingelegt ist, das Gehäuse wieder schließen und in die Stirnbandhalterung einrasten lassen.

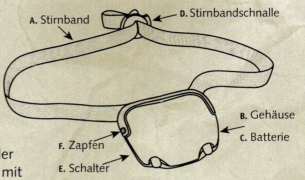

A. Stirnband
D. Stirnbandschnalle
B. Gehäuse
C. Batterie
F. Zapfen
E. Schalter

1 Welche Fachbegriffe werden verwendet? Für welche Begriffe ist die Zeichnung besonders wichtig?

2 Richtig oder falsch?
  * *Um die Batterie wechseln zu können, muss das Lampengehäuse nur aufgeklappt werden.*
  * *Das Lampengehäuse hat einen Schnappverschluss, der sich durch Druck öffnet.*
  * *Die Stirnbandschnalle ist gleichzeitig ein Werkzeug, das man beim Batteriewechsel braucht.*
  * *Wenn man einen der Befestigungszapfen leicht vom Gehäuse wegzieht, kann man das Lampengehäuse vom Stirnband trennen.*

3 Könnt ihr nun mithilfe der Zeichnung mit eigenen Worten erklären,
  * wie der Batteriewechsel bei dieser Stirnlampe funktioniert,
  * wie man die Lampe wieder am Stirnband befestigt?

4 Welche Vorteile hat es, wenn man fachsprachliche Begriffe verwendet? Welche Nachteile kann dies auch mit sich bringen? Sammelt die Vor- und Nachteile an der Tafel.

5 Bringt Alltagsgegenstände (Wecker, Uhren, Taschenrechner, ...) und ihre Bedienungsanleitungen mit in den Unterricht. Lest die Bedienungsanleitungen und probiert einzelne Funktionen nach Anleitung aus.

6 Überlegt, in welcher Beziehung die von euch untersuchte Anleitung euren Erwartungen entspricht und wo ihr Verständnisschwierigkeiten hattet. Erstellt eine Liste, in der ihr positive Aspekte sammelt, und eine Liste, in der ihr negative Punkte sammelt.

Vorgänge – leicht gemacht

Ich komme mit dem Handy einfach nicht zurecht. Kannst du mir erklären, wie ich den Klingelton leiser stellen kann?

Klar, ist doch ganz einfach. Schau mal ...

1 Seid ihr auch schon einmal in eine Situation gekommen, in der ihr jemandem einen Vorgang erklären musstet? Wie macht man das am besten? Wenn ihr Handys habt, dann versucht doch einmal eurem Lehrer/Banknachbarn zu erklären, wie man den Klingelton bei euch leiser stellt.

In drei Schritten zur Anleitung (Vorgangsbeschreibung)

☺💬 Schritt 1: Die Vorgangsbeschreibung planen – Informationen sammeln

Den Vorgang im Kopf ablaufen lassen oder noch einmal selbst ausführen.

Wichtige Fachbegriffe (z. B. Benennung von Tasten und Funktionen) überlegen und notieren.

Ablauf in Einzelschritte zerlegen und notieren.

Handlungsschritte als Stichpunkte aufschreiben.

☺🖉 Schritt 2: Die Vorgangsbeschreibung/Anleitung schreiben

* Bringt eure Stichpunkte in eine sinnvolle Reihenfolge.
* Schreibt in kurzen, verständlichen Sätzen im Präsens.
* Benennt die einzelnen Handlungen genau (Taste kurz drücken/gedrückt halten, …).
* Achtet auf eine übersichtliche Gliederung (Absätze nach Sinnabschnitten).

TIPP 1

Ihr habt verschiedene Möglichkeiten, eure Anleitung zu formulieren:
* *Man drückt kurz auf die Menü-Taste …*
* *Die Menü-Taste wird kurz gedrückt …*
* *Du drückst kurz die Menü-Taste …*
* *Drücke kurz die Menü-Taste …*
Es ist wichtig, dass ihr die einmal gewählte Form während der ganzen Beschreibung beibehaltet. Ständiger Wechsel in der Anrede verwirrt die Leser unnötig.

☺✓ Schritt 3: Die Anleitung überarbeiten

Ob ihr alles richtig beschrieben habt, könnt ihr am sichersten überprüfen, indem ihr jemanden bittet, mithilfe eurer Anleitung den Vorgang auszuführen. Wenn sie oder er Probleme hat, müsst ihr noch Fachbegriffe vor der eigentlichen Anleitung erklären oder einzelne Schritte ergänzen.

TIPP 2

Wenn man einen Vorgang beschreibt, passiert es oft, dass die Handlungen mit *dann* oder *und dann* aneinandergereiht werden. Dies könnt ihr vermeiden, wenn ihr zur Abwechslung *zuerst, zunächst, jetzt, anschließend, danach, später, im Anschluss daran, schließlich, zuletzt, zum Schluss, …* verwendet.

GRUNDWISSEN

Vorgangsbeschreibung (Anleitung)

* Eine Vorgangsbeschreibung ist ein sachlicher Text, der die Leser **schnell, genau** und **umfassend** über eine Vorgehensweise informiert.
* Sie ist **übersichtlich gegliedert** und beschreibt einen Ablauf in der **richtigen Reihenfolge.** Jeder sollte den beschriebenen Vorgang **nachvollziehen** können.
* Die Verwendung von **Fachbegriffen** dient der Genauigkeit der Beschreibung.
* Sie wird möglichst kurz, genau und **sachlich,** also ohne dass eure eigene Meinung einfließt, geschrieben.
* Als Zeitstufe verwendet ihr das **Präsens.**

Kauf mich! – Die Sprache der Werbung

... ein hauchzarter Duft nach Meer ...

... supergünstig und naturrein ...

... schmeckt einfach unglaublich frisch ...

Nordic Exotherm 3.1

leicht und funktionell ...

... ist das Highlight aus dem Ultraleicht-Jacken-Programm von Nordic. Diese wasserdichte, atmungsaktive Skijacke ist aus mikrofeinem Ripstop-Gewebe mit Exotherm 3.1 Innenfutter gefertigt, in neuer Welding-Technologie verklebt, alle Nähte verschweißt und körpernah, bewegungsfreundlich geschnitten und bei jeder Witterung tragbar.
Features: Wasserdichter Frontreißverschluss, Elastikschnürzug mit Einhandbedienlasche, Kragen mit Funktionsfleece, Ventilationsöffnungen u. v. m.

Preisempfehlung: 199,95 €

... ein unvergessliches Frischeerlebnis ...

... tut unsagbar gut ...

... aus quellfrischem Wasser gebraut ...

... wäscht die Wäsche frühlingsfrisch ...

... reinigt porentief und hinterlässt ein wunderbares Hautgefühl ...

1 Was ist an den abgebildeten Beispielen typisch für Werbung? Sprecht über die Slogans und den Werbetext.

2 Was fällt euch an der Wortwahl der Werbetexter auf? Gibt es hier Wortarten, die auffällig oft verwendet werden?

3 Sammelt aktuelle Werbeanzeigen aus Zeitschriften und Prospekten und sprecht darüber, welche Gemeinsamkeiten und Unterschiede ihr in der Sprache feststellen könnt.

Wörter genau betrachten I:
Zusammengesetzte Wörter

Wahrscheinlich ist euch schon aufgefallen, dass Wörter wie *Ultraleicht-Jacken-Programm, Elastikschnürzug, quellfrisch* oder *unvergesslich* ganz schön lang sind. Solche Bandwurmwörter sind aber gar nicht so selten in der deutschen Sprache, weil wir aus einzelnen Wörtern und aus kleineren Wortbausteinen sehr viele neue Wörter bilden können, die dann eben etwas länger (und schwieriger zu schreiben) sind. Um neue Wörter zu bilden, gibt es verschiedene Möglichkeiten.

GRUNDWISSEN

Zusammengesetzte Wörter

Neue Wörter können aus Einzelwörtern zusammengesetzt werden.

* Zusammensetzungen bestehen meist aus einem <u>Grundwort</u> und einem **Bestimmungswort**. Das Grundwort gibt die Grundbedeutung an, die durch das Bestimmungswort näher bestimmt wird.

die   **Ski**   *jacke*

Bestimmungswort   <u>Grundwort</u>

die Jacke zum Skifahren

* Die Wortart des Grundwortes ist zugleich die Wortart des zusammengesetzten Wortes. Deshalb richtet sich bei Nomen der Artikel nach dem Grundwort.
* Normalerweise werden Wortzusammensetzungen auch wirklich zusammengeschrieben. Es gibt aber auch wichtige Ausnahmen, die ihr im Rechtschreibtraining auf ☞ Seite 162 f. nachlesen und üben könnt.

1   Schreibt alle Wörter aus dem Werbetext und den Ausschnitten auf ☞ Seite 103, die aus zwei oder mehr Einzelwörtern bestehen, in eine Tabelle und sortiert sie dabei nach Wortarten. Schreibt bei den Nomen auch den Artikel dazu.

Nomen	Adjektive
das Ultraleicht-Jacken-Programm	*atmungsaktiv*
das Hautgefühl	*körpernah*

2 Zerlegt die zusammengesetzten Wörter in Einzelwörter:

* Nomen: Unterstreicht das Grundwort und erklärt die Wörter, zum Beispiel: *ein Hautgefühl ist ein Gefühl auf der Haut* ...
* Adjektive: Welche Wörter sind leicht zu erklären, wo habt ihr Schwierigkeiten? Findet ihr heraus, woran das liegt?

TIPP

In der Werbesprache werden viele zusammengesetzte Adjektive verwendet, die einen Vergleich beinhalten:

* *Ein Kräuterquark schmeckt nicht nur **frisch**, sondern **frühlingsfrisch** ... (frisch wie der Frühling).*
* *Die Turnschuhe sind nicht nur **leicht**, sondern **federleicht** ...*

3 Sucht nach Beispielen in Werbeanzeigen und sammelt sie. Sprecht darüber, warum die Zusammensetzungen gewählt wurden.

4 Schreibt Werbeanzeigen für alltägliche Dinge und versucht, eine ähnliche Sprache zu verwenden.

M Warum können die Adjektive *ultraleicht* und *topfunktionell* nicht als zusammengesetzte Wörter bezeichnet werden?

> *die Kombination · die Disziplin*
> *die Distanz · attackieren*
> *der Pass · die Batterie*
> *unglaublich · unsagbar*
> *unvergesslich · wunderbar*
> 📖 2, 8, 10, 11, 13, 15, 17

Wörter genau betrachten II: Abgeleitete Wörter

1 Zerlegt die Wörter *unglaublich, wunderbar* und *unsagbar* in kleinere Einheiten.

2 Sicher habt ihr erkannt, dass bestimmte Vor- und Nachsilben immer wieder verwendet werden. Schreibt die vorhandenen Vor- und Nachsilben auf und sammelt weitere Beispiele für solche Vor- und Nachsilben.

3 Worin besteht der Unterschied zwischen dieser Art der Wortbildung und Wortzusammensetzungen?

GRUND-WISSEN

Wortbildung durch Ableitung

Viele Wörter der deutschen Sprache werden aus einzelnen Wortbausteinen gebildet.

* Der zentrale Wortbaustein wird als **Wortstamm** bezeichnet.

> *kauf*

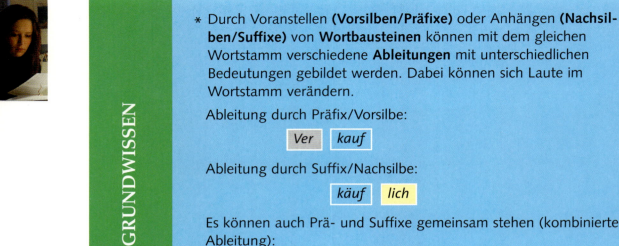

* Durch Voranstellen **(Vorsilben/Präfixe)** oder Anhängen **(Nachsilben/Suffixe)** von **Wortbausteinen** können mit dem gleichen Wortstamm verschiedene **Ableitungen** mit unterschiedlichen Bedeutungen gebildet werden. Dabei können sich Laute im Wortstamm verändern.

Ableitung durch Präfix/Vorsilbe:

| Ver | kauf |

Ableitung durch Suffix/Nachsilbe:

| käuf | lich |

Es können auch Prä- und Suffixe gemeinsam stehen (kombinierte Ableitung):

| ver | käuf | lich |

Auch mehrere Vor- und Nachsilben sind möglich:

| Un | ver | käuf | lich | keit |

1 Wie viele Wörter könnt ihr mit dem Wortstamm *trag/träg* und den hier aufgeführten Wortbausteinen bilden? Schreibt alle Wörter auf.

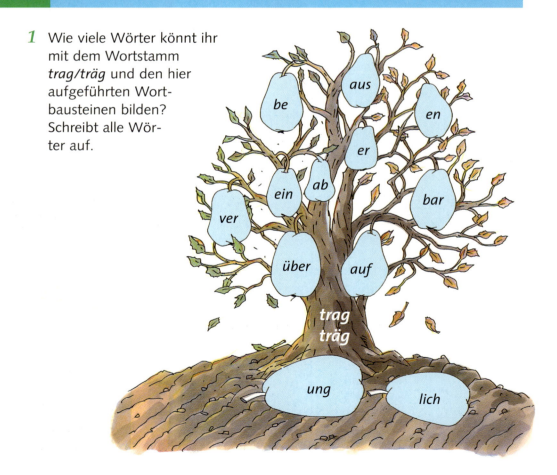

2 Fallen euch weitere Wortbausteine ein, die ihr mit *trag/träg* kombinieren könnt.

3 Ordnet die Nachsilben den einzelnen Wortarten zu.

TIPP

Wörter an ihren Endungen erkennen

Ein Blick auf den letzten Baustein eines Wortes kann euch verraten, um welche Wortart es sich bei dem betreffenden Wort handelt. Lest dazu im Rechtschreibtraining auf ☞ Seite 167 nach.

M In der Werbung findet man besonders häufig Ableitungen mit den vorangestellten Wortbausteinen *ultra-, top-, extra-, super-, hyper-, mega-*.
   * Findet die genauen Bedeutungen dieser Bausteine heraus.
   * Sucht nach Beispielen in Prospekten und Zeitungen und bringt sie mit.
   * Warum werden diese Bausteine in der Werbung oft verwendet? Sprecht darüber.

Die Mittel der Werbung unter die Lupe genommen

Geht nicht, gibt's nicht

..?.. – can do

Heute ein König

Geiz ist geil

Für Jungs, die damals schon Männer waren

Alles ..?.. oder was?

Come in and find out

..?.. macht Kinder froh, und Erwachsene ebenso

Das Ziel jeder Werbung ist es, Käufer auf ein Produkt aufmerksam zu machen und den Markennamen im Gedächtnis der Kunden fest zu verankern. Um dieses Ziel zu erreichen, bedient sich Werbung besonderer sprachlicher und nichtsprachlicher Mittel. Vielleicht wäre es ein lohnendes Projekt für eure Klasse, die Mittel der Werbung genauer zu untersuchen. Hier findet ihr einige Vorschläge, wie ihr vorgehen könntet.

1. Werbeslogans sammeln und untersuchen

Werbeslogans sind kurze, einprägsame Werbesprüche. Sammelt bekannte Slogans und untersucht sie auf folgende sprachliche Besonderheiten:

* Endreime (besonders einprägsam)
* Aufforderungen
* Wiederholungen
* Modewörter
* Steigerungen
* Unvollständige Sätze
* Fremdwörter oder Slogans in Fremdsprachen
* Gleiche Anfangsbuchstaben mehrerer Wörter

Ihr könnt ein Klassenquiz daraus machen, bei dem ihr euch gegenseitig raten lasst, welcher Slogan für welches Produkt wirbt. Wer kennt die meisten Werbeslogans?

2. Werbemelodien raten

Nehmt Werbemelodien auf und stellt eine Liste auf, nach wie vielen Sekunden ihr einen bestimmten Werbespot erkannt habt.

3. Prominente in der Werbung

Viele Produkte werden mit prominenten Gesichtern beworben. Stellt eine Liste zusammen und sucht nach Gründen, warum welcher Promi für die Werbung ausgewählt wurde. Dazu müsst ihr euch Gedanken über dessen Image und Ruf in der Öffentlichkeit machen.

4. Geschichte der Werbung

Im Internet findet ihr viele interessante Informationen über die Geschichte der Werbung. Ihr könnt bei besonders berühmten Produkten und Marken vergleichen, wie Werbung früher aussah und wie man jetzt wirbt. Es gibt bei einigen Firmen auch sehr interessante Filme zu diesem Thema. Untersucht die Sprache und die Bilder in der Werbung.

5. Irreführende Werbung

In vielen Zeitschriften findet ihr Werbung (zum Beispiel für Diätpillen, Versicherungen, Klingeltondownloads), die keine klaren Aussagen trifft und bei der die Kunden sehr genau hinsehen müssen, um die oft im Kleingedruckten versteckten Botschaften zu erkennen. Sammelt solche Werbeanzeigen und entschlüsselt sie gemeinsam. Macht auf Plakaten auf die „Werbefallen" aufmerksam.
Ihr könnt zu dem Thema eine Ausstellung organisieren oder die Informationen für euch verwerten, indem ihr selbst gute Werbung für ein Anliegen, das euch am Herzen liegt, macht. Euch fällt zu diesem Thema bestimmt noch eine Menge ein.

6. Werbung für „eigene" Produkte

Vor dem Hintergrund eurer vielfältigen Erfahrung mit Werbung habt ihr vielleicht auch Lust, für „eigene", selbst erfundene Produkte Werbungen zu gestalten. Überlegt euch, in welchem Medium ihr eure Werbung verbreiten wollt und welche Mittel euch zur Verfügung stehen. Erfindet einen originellen Slogan, der von den sprachlichen Besonderheiten, die auf ☞ Seite 108 (1. Werbeslogans sammeln und untersuchen) genannt werden, Gebrauch macht.

Und noch mehr Werbemethoden…

Bonusmeilen

AXEL HACKE

Ich bin jetzt 49. Ein alter Mann. Es gibt immer mehr Dinge in der Welt, die ich nicht verstehe. Ich liege eine halbe Stunde neben Luis, starre in seinen Gameboy mit dem Pokémon-Spiel und lasse mir erklären, was er da tut. Aber ich verstehe es nicht. Zweitens bietet die Telefongesellschaft mir neue Telefontarife an, aber ich habe längst
5 aufgegeben, die Telefontarife verstehen zu wollen, irgendwas ist immer samstags billiger, dafür montags zwischen neun und halb zehn teurer. Mein Hirn schwankt im Schädel wie rohes Eigelb, wenn ich das Wort „Telefontarif" nur höre. [...]
Dann gibt es noch die Kundenkarten. Bonuspunktsysteme. Das Meilensammel-Wesen. Happy Digits. Rabattherzchen. Membership Rewards. Komfortpunkte. Payback.
10 Diese ganze Vergünstigungswelt. Man trägt, wo man auch einkauft, ein Mäppchen bei sich, darin die Markenklebezettel der Supermärkte und Benzinkonzerne, dazu alle Kundenkarten. [...]
In meinem Supermarkt fragen sie jetzt immer nach der Happy-Digits-Karte, zusätzlich gab es eine Weile Aufkleberherzchen, die man später gegen Kochtöpfe ein-
15 lösen konnte, so ähnlich jedenfalls. Allerdings brauche ich keine Kochtöpfe. Und wie man die Digits eintauscht, habe ich vergessen. Wenn ich mich recht entsinne, braucht man eine PIN-Nummer, die ich aber verloren habe. [...]
Vor Jahren habe ich in der Zeitung gelesen, etwa hundert Millionen Menschen seien an irgendwelchen Bonuspunktesammelprogrammen beteiligt. Sie lagerten allein

20 etwa 8,5 Billionen nicht eingelöste Flugmeilen auf ihren Konten. Einmal hat ein Mann die gesamte Portokasse seiner Firma über die eigene Kreditkarte abgewickelt und kam so in den Besitz von 25 Millionen Meilen. Er hatte ausgesorgt, jedenfalls was Flugtickets anging. Wahrscheinlich bin auch ich ein wohlhabender Mann, was Bonuspunkte betrifft. Ich weiß es nur nicht. Ich weiß nicht, wie ich an die Punkte rankom-
25 me. Und wenn alle Meilensammler auf einmal kämen, um ihre 8,5 Billionen Meilen einzulösen, wäre ohnehin Schluss mit der Weltwirtschaft. Die Meile verfiele rasant im Wert, wir bekämen statt Atlantikflügen nur noch Pilotenbrillen und die Menschen wären so wütend, dass es Revolutionen gäbe.

Aber, wie gesagt, so weit wird es nicht kommen. Nicht mit alten Männern wie mir.

1 Lest den Text „Bonusmeilen" von Axel Hacke aufmerksam durch. Wendet die Fünf-Gang-Lesetechnik (vgl. ☞ *Profiwissen*) an.

2 Axel Hacke erklärt, dass er immer mehr Dinge in der Welt nicht versteht. Welche Beispiele hierfür nennt er im Text?

3 Er verwendet das Wort *Vergünstigungswelt* (Zeile 10) und nennt im Text einige Beispiele. Schreibt fünf Beispiele aus dem Text heraus und versucht zu klären, wie die genannten Vergünstigungen funktionieren.

4 Sind solche Bonuspunkteprogramme wirklich Vergünstigungen? Diskutiert darüber.

5 Welche Probleme, die solche Programme erst mit sich bringen, werden im Text angesprochen? Erklärt zwei Probleme in eigenen Worten.

6 Im Text sind viele zusammengesetzte Nomen. Schreibt sie auf und zerlegt sie in ihre Einzelwörter.

7 Axel Hacke zeigt es, von Werbung kann man ganz schön genervt sein. Es gibt weitere ärgerliche Situationen in diesem Zusammenhang: Zu viele Werbeunterbrechungen im spannenden Film, der Briefkasten voller Anzeigenblätter, in der Lieblingszeitschrift ist schon jede zweite Seite nur Reklame. Wenn euch zu viel Werbung stört, könnt ihr euch schriftlich beschweren. Schreibt einen Brief, in dem ihr euch über zu viele Anzeigen in eurer Lieblingszeitschrift beschwert.

▶ Über die äußere Form eines sachlichen Schreibens findet ihr auf ☞ Seite 76 f. Informationen.

TIPP
Sich beschweren ist für keine der betroffenen Seiten angenehm. Deshalb muss man immer höflich bleiben und die Beschwerde begründen.

M Informiert euch über den Autor Axel Hacke. Ihr findet Informationen über ihn im Internet. Lest weitere Texte von ihm und hört euch eine seiner Sendungen im Rundfunk zusammen an. Erstellt dann ein kurzes Autorenporträt.

Und noch einmal alles unter der Lupe

Fachbegriffe und Fremdwörter

1 Was ist eine Fachsprache? Sammelt an der Tafel Beispiele für Fachsprachen.

2 Könnt ihr den Unterschied zwischen Fachbegriffen und Fremdwörtern erklären? Gibt es auch Gemeinsamkeiten?

3 Welche Informationen liefert euch ein Eintrag in einem Fremdwörterlexikon?

Vorgangsbeschreibung

4 Worauf müsst ihr achten, wenn ihr einen Vorgang beschreiben sollt?

5 Schreibt eine Vorgangsbeschreibung darüber, wie man eine Schleife bindet.

Wortbildung

6 Erklärt folgenden Satz:
Die deutsche Sprache verändert sich ständig, weil aus dem vorhandenen Sprachmaterial immer wieder neue Wörter gebildet werden.

7 Welche Möglichkeiten der Wortbildung habt ihr in diesem Kapitel kennengelernt? Sucht Beispiele für die verschiedenen Möglichkeiten.

8 Wer bildet die meisten Wörter mit den folgenden Wortstämmen?

halt   fahr/fähr   heil

9 Wisst ihr noch, welche Wortendungen euch sagen, dass ein Wort ein
* Verb,
* Adjektiv,
* Nomen
ist?

10 Welche sprachlichen und nichtsprachlichen Mittel werden in der Werbung oft verwendet, um ein Produkt anzupreisen?

Noch eine Fachsprache, für die ihr die besten Fachleute seid

Habt ihr schon einmal genau hingehört, wenn sich Jugendliche auf dem Pausenhof oder beim Warten an der Bushaltestelle unterhalten? Vielleicht ist euch schon aufgefallen, dass das oft etwas anders klingt als eine Unterhaltung älterer Leute.

Oh Mann, will mich der Typ jetzt anmachen oder was?

1 Erklärt, was *anmachen* in diesem Zusammenhang bedeutet?

2 Im Wörterbuch findet ihr bei der Erklärung des Wortes den Zusatz *ugs.* Was bedeutet er?

Hör auf, hier so saublöd rumzulabern. Das ist echt zum Abkotzen.

3 Es kommt oft vor, dass Jugendliche Wörter durch besondere Vorsilben/ Präfixe und Nachsilben/Suffixe verändern. Beliebt sind zum Beispiel die Vorsilben *ab-* (*abfeiern, ablachen, ...*), *ends-* (*endslangweilig, endscool, ...*), *rum-* (*rumhängen, rumlabern, ...*), *Ge-* (*Gelaber, Gesülze, ...*) oder die Nachsilbe *-mäßig* (*spitzenmäßig, megamäßig, funmäßig, ...*). Sammelt weitere Beispiele für Zusammensetzungen mit diesen Bausteinen.

4 Welche Bausteine verwendet ihr? Sammelt auch hier Beispiele.

Deine neue Frisur ist aber echt voll Panne!

5 Manche Wörter werden zeitweise besonders beliebt (zum Beispiel: *Kult, geil, Action, Softi, ...*). Sammelt Wörter, die besonders häufig verwendet werden, wenn ihr euch untereinander unterhaltet.

Gib mal her. Das ist doch voll easy!

6 Viele Wörter werden aus der englischen Sprache übernommen. Welche verwendet ihr?

Euch fallen bestimmt jede Menge Wörter und Sprüche ein, die bei euch in der Klasse besonders beliebt sind. Hört bei Unterhaltungen einfach einmal eine Zeit lang genau hin. Erstellt ein kleines Lexikon, in dem ihr die speziellen Ausdrücke genau erklärt. Zum Beispiel:

anmachen	jemanden ansprechen oder belästigen
Gelaber	seichtes, inhaltsloses Reden

SMS-Sprache

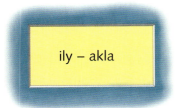

ily – akla

Na, könnt ihr das auch übersetzen? So sehen manche Meldungen aus, die mit dem Handy empfangen werden. SMS (Short Message Service), wie die kleinen Texte heißen, werden immer beliebter. Da man gerade einmal 160 Zeichen für so eine Kurzbotschaft zur Verfügung hat, ist es auch klar, dass man keine langen Liebesbekenntnisse oder Briefe verfassen kann.

Deshalb haben im Laufe der Zeit SMS-Schreiber mit viel Fantasie eine eigene SMS-Sprache entwickelt, die mehr oder weniger aus Abkürzungen besteht. So soll die Botschaft *ily – akla?* eigentlich *I love you – alles klar?* heißen.

1 Sammelt gebräuchliche Abkürzungen.

2 Überlegt, welche Vor- und Nachteile die Möglichkeit, per Handy SMS-Botschaften zu schicken, mit sich bringt. Denkt dabei auch an die spezielle SMS-Sprache.

3 Besonders ältere Leute warnen davor, dass die SMS-Sprache die guten sprachlichen Sitten verdirbt. Sucht nach Gegenargumenten!

4 Eine Beziehung beenden oder jemandem mitteilen, dass er Papa wird *(duwipa!)*, per SMS? Was haltet ihr davon? Überlegt, was dafür oder dagegen spricht.

5 Zur eigenen Meinung stehen – für andere einstehen

Zu vielem habt ihr sicher eure eigene Meinung, und bestimmt macht es euch Spaß, sie vor anderen zu vertreten, sie zu begründen, euch mit den Meinungen anderer auseinanderzusetzen …
In diesem Kapitel erhaltet ihr einige Tipps, Tricks und Hilfestellungen, damit euch das noch besser als bisher gelingt.
Gleichzeitig lernt ihr Situationen kennen, in denen einiger Mut erforderlich ist, zu dem zu stehen, was man denkt und wie man eine Sache sieht – vor allem wenn andere Menschen anders denken und sie anders sehen.

In diesem Kapitel wird viel diskutiert, zum Beispiel über

- einen Jungen, der in einer schwierigen Situation viel Mut zeigt,
- einen Busfahrer, der sich für einen Fahrgast einsetzt,
- einen Menschen, der alle Hindernisse überwindet, um seinen Freund zu retten, sowie
- über zahlreiche Themen, zu denen ihr sicher auch eine Meinung habt.

Hierzu erfahrt ihr,

- wie ihr eure Meinungen begründet,
- welche Regeln ihr bei Diskussionen beachten solltet,
- wie ihr eine Stellungnahme schreibt.

All das übt ihr ausgiebig im Rollenspiel. Außerdem wiederholt ihr, wann ihr *das* und wann ihr *dass* schreibt.

Zu sich stehen – Meinungen begründen

1 Wart ihr schon einmal in der Situation, dass andere etwas von euch erwartet haben und ihr Angst davor hattet? Oder habt ihr euch selbst schon einmal eine Aufgabe gestellt, die sehr schwer für euch war? Erzählt davon.

Der Schritt zurück
NACH ANNETTE RAUERT

Er stand ganz am Rand. Das Wasser unter ihm sah aus wie geschmolzenes Blei. In seinem Kopf pochte es. Er hatte Angst, nur noch Angst. Hinter sich hörte er wie von weitem die Stimme eines Mädchens: „Spring!" Das Pochen in seinem Kopf wurde stärker. Zwischen ihm und dem Wasser da unten war nur noch diese kleine Platt-
5 form, zehn Meter hoch, viel zu klein, viel zu schmal. Ihm war, als ob sie schwankte. Die Leute starrten zu ihm hinauf. Sie warteten. Und ihre Gesichter wurden schon feindlich. Er musste endlich springen. Darauf warteten sie ja.

2 Erklärt mit eigenen Worten, in welch schwieriger Situation sich der Junge befindet.

3 Überlegt, wie die Geschichte weitergehen könnte.

schwanken · die Plattform
zweifeln · die Verachtung
öffentlich · der Zuschauer
die Gier · die Dummheit
die Prüfung · die Heldentat
5, 12, 14, 15, 19

Oder bezweifelten sie, dass er es überhaupt schaffen würde? Zweifelte er selbst? Er war noch nicht so weit. Aber er muss-
10 te denen da unten beweisen, dass er ein Mann war. Sich vor diesen Gesichtern zu blamieren, nein, das ging nicht. Lieber tot sein. Nur noch ein paar Sekunden, dachte er, mehr will ich ja gar nicht. Nicht eins dieser Gesichter da unten lächelte. Warum lächelte keiner? Sie wissen, dass ich es nicht kann. Es wurde ihm schlagartig klar. Sie wissen, dass diesmal etwas passiert. Warum ruft mich denn keiner zurück? Das
15 Pochen hatte aufgehört, jetzt jagten die Gedanken durch seinen Kopf. Öffentliche Hinrichtungen. Es hatte sie früher gegeben. Es gibt sie noch heute. Die Augen der Zuschauer, sind sie so hart und teilnahmslos wie die da unten? Warum ruft ihr mich denn nicht zurück? Ich bin doch einer von euch! Ihr wollt, dass ich meine Angst bestrafe. Ihr wollt, dass ich mich vor euren Augen vernichte. Ich soll mich opfern für
20 eure Gier. Und wenn etwas passiert, dann konntet ihr nichts dafür. Warum ruft mich denn keiner zurück? Er wollte schreien. Sie sollten aufhören, so stumm zu sein. Sie sollten aufhören zu gaffen. Sie sollten nicht das Recht haben, an seinem Unglück unschuldig zu sein. Ihm war richtig übel geworden, nicht vor Angst, sondern vor Ekel. Ekel, das war es. Das war der Ausweg. Feige, feige waren die da unten. Er hätte aus-
25 spucken mögen. Feige waren sie. Keiner hatte ihn zurückgerufen. Wie eine Herde Schafe standen sie da unten und warteten. Seine Verachtung stieg. Wenn ich jetzt springe, dachte er, dann bin ich genauso dumm und feige wie ihr. Er fühlte ich sehr einsam.

4 Die Zuschauer spielen für den Jungen eine wichtige Rolle:
* Wie empfindet und beurteilt er das Verhalten der Zuschauer?
* Findet ihr, dass sein Eindruck von den Zuschauern gerechtfertigt ist?

5 Was meint ihr: Soll der Junge springen oder nicht?

Wenn ihn jetzt jemand gerufen hätte, wäre vielleicht noch alles gut gegangen. Aber es
30 rief ihn niemand zurück. Und seine Verachtung stieg. Er erforschte sein Gewissen.
Wenn ich jetzt springe, was ist damit erreicht? Ist es falsch? Ist es richtig? Und nur,
weil die da unten auf ihre Kosten kommen wollten? Er wusste ja schon, was er tun
würde. Warum sträubte er sich dagegen? Ein Schritt nur, dachte er noch, und ich bin
ein Held für sie. Sein Fuß schob sich langsam vor. Dann tat es einen Ruck in ihm. Er
35 reckte den Kopf, atmete ganz tief ein und drehte sich um. Er drehte sich um. Kein
Pochen mehr, keine Übelkeit mehr, kein Schwindelgefühl auf der langen Leiter nach
unten. Mit erhobenem Kopf ging er durch die Menge. Zum ersten Mal in seinem
Leben trug er den Kopf so hoch. Er begegnete den vielen Gesichtern kühl und
gelassen. Niemand sagte etwas, niemand lachte. Er kam sich vor, als hätte er gerade
40 die wichtigste Prüfung seines Lebens bestanden. Eines Tages werde ich springen,
dachte er, aber nicht wegen euch.

6 Stellt euch vor, ihr würdet als Außenstehender den Jungen und die Zuschauer beobachten. Beschreibt das Geschehen in mindestens fünf Sätzen.

M Nicht alle Zuschauer sind gleich, sie haben sicher verschiedene Gefühle
dem Jungen gegenüber. Sie könnten zum Beispiel genervt, gelangweilt,
sensationslüstern, mitfühlend, ... sein. Versetzt euch in einen Zuschauer.
Überlegt, wie ihr den Jungen auf dem Sprungturm seht und welche Gefühle ihr habt. Erzählt dann das Geschehen aus eurer Perspektive (mindestens eine halbe Seite).

7 Warum ist der Junge eurer Meinung nach nicht gesprungen?

8 So könnten einzelne Zuschauer denken:

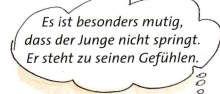

Es ist besonders mutig, dass der Junge nicht springt. Er steht zu seinen Gefühlen.

Wenn er nicht springt, blamiert er sich, und alle halten ihn für feige.

Was haltet ihr von diesen Aussagen? Diskutiert in der Klasse darüber.

9 Der Junge springt nicht und ist stolz auf seine Entscheidung. An welchen
Textstellen könnt ihr das erkennen?

10 Häufig sind Mutproben Aufnahmebedingungen für eine Clique. Welche
Erfahrungen habt ihr damit gemacht?

Die eigene Meinung vertreten

Meinung vertreten? Argumentieren? Diskutieren? Das hatten wir doch schon einmal?

1 Überlegt gemeinsam, was ihr bei einer Diskussion beachten müsst.

Damit eure Diskussionen erfolgreich verlaufen, findet ihr im Folgenden noch einmal einige wichtige Regeln.

Diskutieren

2 Erinnert ihr euch noch an die Gesprächsregeln? Formuliert mithilfe der folgenden Stichworte die Regeln in ganzen Sätzen.

zuhören	anschauen	dran sein
ausprechen	beleidigen	
ausweichen	begründen	

Beispiel:

* Wir hören einander zu.
* ...
* ...

Argumentieren

Damit Diskussionen wirklich etwas bringen, ist es wichtig, dass die Teilnehmer gut argumentieren.

GRUNDWISSEN

Zur Erinnerung: **Meinungen begründen (argumentieren)**
Meinungen müssen begründet werden, damit man andere überzeugen kann.

| **Meinung/Behauptung** | **+** | **Begründung (Argument)** |
| (was man über eine Sache denkt) | | (warum man so denkt) |

Beispiele:

| Ich finde, dass der Junge springen sollte, | weil er sonst von den anderen verspottet wird. |
| Ich finde, dass der Junge nicht springen sollte, | weil er sich verletzen könnte. |

Argumente beginnen oft mit *weil, denn, da, ...*
Beispiele:
*Der Junge sollte springen, **denn** sonst lachen die anderen über ihn.*
*Der Junge sollte springen, **da** die anderen sonst über ihn lachen.*

3 Ein Freund/eine Freundin erzählt dir, dass sie in einem Kaufhaus etwas stehlen soll, um in eine Clique aufgenommen zu werden. Finde drei Argumente, die sie/ihn überzeugen, es nicht zu tun, und schreibe sie auf.

Jetzt wird diskutiert

4 Sind Mutproben Dummheiten oder Heldentaten? – Bereitet die Diskussion in Gruppen vor:

Ergänzt folgende Tabelle mit sinnvollen Argumenten.

Dummheit	Heldentat
sie sind oft gefährlich	*man braucht wirklich Mut*
...	...

Legt fest, wer aus eurer Gruppe bei der Diskussion die *Argumente für Dummheit* und wer die *Argumente für Heldentat* vorträgt.

Lasst zwei Gruppen miteinander diskutieren. Die Mitglieder der anderen Gruppen sind Beobachter und machen Notizen.

Übt den Vortrag der Argumente in der Gruppe.

Sprecht über eure Beobachtungen und Eindrücke: Wurden die Regeln eingehalten? Hat sich eine Meinung durchgesetzt? Woran lag das?

Tauscht die Rollen: Jetzt diskutieren die Gruppen, die zuvor beobachtet haben.

TIPP

In Diskussionen hat der Gesprächsleiter folgende Aufgaben:
* auf das Thema einstimmen,
* Gesprächsteilnehmer aufrufen und beachten, dass die Reihenfolge eingehalten wird,
* auf Rückfragen eingehen, wenn etwas nicht verstanden wurde,
* ermahnen, wenn sich jemand nicht an die Regeln gehalten hat,
* wichtige Punkte der Diskussion in Stichwörtern notieren,
* Ergebnisse vortragen, auch wenn es zu keiner Einigung gekommen ist,
* sich bei allen Teilnehmern bedanken und die Diskussion beenden.

5 Formuliert anhand der folgenden Stichpunkte Diskussionsthemen und diskutiert in der ganzen Klasse.
Markenklamotten – ein Anschluss fürs Pay-TV – ein eigenes Zimmer – mit 18 von zu Hause ausziehen – Piercings und Tattoos – Ferienarbeit – Gewalt im Fernsehen

Beachtet dabei folgende Tipps:
* Sammelt vor jeder Diskussion in Einzel-, Partner- oder Gruppenarbeit Pro- und Kontra-Argumente. (Oder habt ihr Lust, einmal eine spontane Diskussion durchzuführen?)
* Bestimmt immer zwei Schüler, die die Diskussion beobachten.
* Sprecht anschließend über den Verlauf der Diskussion und überlegt, was ihr noch verbessern könnt.

Das oder dass?

In Diskussionen gebraucht man häufig Verben des Denkens, Meinens und Sagens (*Ich finde, .../Ich glaube, .../Ich meine, ...*). Danach folgt oft ein Nebensatz mit Komma und *dass*.

1 Erinnert ihr euch noch an den Unterschied zwischen *das* und *dass*? Wenn nicht, hilft euch der GRUNDWISSEN-Kasten.

GRUNDWISSEN

Zur Erinnerung: **Das oder dass?**

Wenn man *das* durch *welche/r/s* oder *diese/r/s* ersetzen (Ersatzprobe) kann, ist es entweder ein **Pronomen** oder ein **Artikel** und man schreibt es mit einfachem **„s".** Beispiele:
Das Pochen, das (welches) sich in seinem Kopf ausbreitete ...
Der Junge sagte, das (dies) sei ihm neu.
Der Junge findet, das (dieses) Sprungbrett sei zu hoch.

Dass ist eine **Konjunktion**, die einen Nebensatz einleitet.
Beispiel: *Ich finde, dass er springen sollte.*
Sie kann durch **kein** anderes Wort ersetzt werden.
Beispiel: ~~Ich finde, welches/dieses er springen sollte.~~

---

2 Schreibt folgenden Text ab und setzt *das* oder *dass* in die Lücken ein. Die Ersatzprobe hilft euch bei eurer Entscheidung.
a) Ich bin der Meinung, ..?.. Rechtschreibung wichtig ist.
b) Ich bin der Meinung, ..?.. ist falsch geschrieben.
c) Häufig kommt es vor, ..?.. man etwas falsch schreibt.
d) Häufig ist es ein bestimmtes Wort, ..?.. falsch geschrieben wird.
e) Ich finde, ..?.. ist ungerecht.
f) Ich finde, ..?.. man immer seine Meinung sagen sollte.

3 Bildet drei Sätze, in denen *das* als Pronomen oder Artikel verwendet wird.

4 Bildet drei Sätze mit *dass* als Konjunktion.

5 Folgende Satzanfänge sind wichtig bei Diskussionen. Schreibt jeweils einen Satz dazu.

Ich denke, dass ...   Es darf nicht vergessen werden, dass ...

Ich vertrete den Standpunkt, dass ...   Ich glaube, dass ...   Dafür spricht, dass ...   Ich meine, dass ...

Ich finde, dass ...   Ich bin der Meinung, dass ...   Eigentlich dachte ich, dass ..., aber ...

6 Schreibt folgenden Text ab und setzt *das* oder *dass* in die Lücken ein. Die Ersatzprobe hilft euch dabei.
Es ist wichtig, ..?.. man sich in Diskussionen richtig verhält. Viele Schüler glauben, ..?.. sei nicht so wichtig. Die Hauptsache sei, ..?.. man seine Mei-

nung loswird. Aber da irren sie sich! Nur wenn man dem anderen aufmerksam zuhört, kann man dem Gespräch, ..?.. geführt wird, auch wirklich folgen und eine sinnvolle Diskussion führen. Auch wer andere nicht aussprechen lässt, kann dazu beitragen, ..?.. die Diskussion in eine Streiterei ausartet. ..?.. sollte man jedoch vermeiden. Denn eine Diskussion soll ja dazu beitragen, ..?.. wir die anderen Standpunkte besser verstehen. Damit ..?.. auch so ist, sollte man sich auf jeden Fall an die Gesprächsregeln halten.

Schriftlich Stellung nehmen

Habt ihr gehört? Gestern nach der Schule wurde schon wieder ein Mädchen belästigt.

Die Arme wusste gar nicht, wie sie sich verhalten sollte!

Ich finde, das sollte sogar ein Unterrichtsfach werden!

An der Hauptschule am Hasenweg geht es hoch her.

Ja, ich finde, da muss man etwas dagegen tun.

Ich bin der Meinung, dass wir vorschlagen sollten, ein Selbstsicherheitstraining zu veranstalten. Ich habe so etwas schon im Jugendhaus gemacht. Da lernt man, wie man sich in solchen Situationen richtig verhält.

1 Worüber sprechen die Schüler? Gibt es an eurer Schule ähnliche Probleme?

2 Damit sich die Schüler für ihr Anliegen Gehör verschaffen können, beschließen sie, dass sie eine **Stellungnahme** für die Schülerzeitung zum Thema *Selbstsicherheitstraining an unserer Schule* schreiben wollen. Überlegt, was sie dabei beachten sollten.

Auf den folgenden Seiten könnt ihr euch darüber informieren und üben, wie man beim Verfassen einer Stellungnahme am besten vorgeht.

Schritt 1: Ideen sammeln

Laura ist fest davon überzeugt, dass ein Selbstsicherheitstraining an ihrer Schule sehr sinnvoll wäre. Zunächst überlegt sie, was sie über das Thema weiß und warum sie sich für ein Selbstsicherheitstraining einsetzen möchte. Ihre Stichworte sehen so aus:

Selbstsicherheitstraining an unserer Schule:

* *immer mehr Meldungen über Kinder, die belästigt oder missbraucht werden*
* *oft fehlt das Selbstvertrauen*
* *man bekommt mehr Muskeln*
* *lernen, Angreifer abzuwehren*
* *man sieht dadurch älter aus*
* *Selbstsicherheitstraining als Schulfach: Alle Kinder werden ausgebildet, nicht nur solche, die es sich leisten können oder im Sportverein sind*
* *Selbstbewusstsein wirkt sich auf die Haltung aus*
* *Kinder wissen nicht, was sie tun sollen*
* *Erwachsene sind stärker*
* *andere können dann keine Vorschriften mehr machen*
* *wenn nicht Fach, dann AG oder Projektwoche*
* *man kann sich gegen das Abspülen wehren*
* *Kinder müssen lernen, „Nein" oder „Stopp" zu sagen*
* *Selbstsicherheitstraining soll nicht Kampfsporttraining sein*
* *Kinder sollen wissen, was sie in bestimmten Situationen tun sollen*
* *man bekommt bessere Noten*
* *sind dann nicht mehr ängstlich*
* *man muss dann sein Zimmer nicht mehr aufräumen*
* *sind nicht mehr so angreifbar*
* *Hunde beißen dann nicht mehr*
* *ich finde es gut*
* *schon im Kindergarten (spätestens Grundschule)*

1 Welche Stichworte sind sinnvoll? Schreibt sie auf.

2 Fallen euch weitere Stichpunkte zu diesem Thema ein? Schreibt sie ebenfalls auf.

Schritt 2: Der Aufbau

Eine Stellungnahme besteht aus **Einleitung**, **Hauptteil** und **Schluss**.

Die Einleitung

1 Sprecht darüber, was eurer Meinung nach in eine Einleitung gehört. Lest anschließend im GRUNDWISSEN-Kasten nach, ob ihr ähnliche Punkte gefunden habt.

GRUNDWISSEN

Einleitung

Die Einleitung führt zum Thema hin. Bei den Lesern soll **Interesse** für das Thema **geweckt** werden.

Man kann zum Beispiel schreiben, was einen veranlasst hat, zu dem Problem Stellung zu nehmen.

Wenn man am Ende der Einleitung das Thema wiederholt, hat man eine gute Überleitung zum Hauptteil.

In Lauras Klasse werden folgende drei Einleitungen vorgeschlagen:

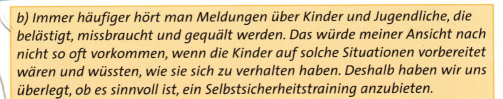

a) Selbstsicherheitstraining sollte Unterrichtsfach sein. Am besten wäre es auch, ein Kampfsporttraining anzubieten. Dann würde es weniger Schlägereien in der Pause geben. Jeder hätte dann vor dem anderen Angst.

b) Immer häufiger hört man Meldungen über Kinder und Jugendliche, die belästigt, missbraucht und gequält werden. Das würde meiner Ansicht nach nicht so oft vorkommen, wenn die Kinder auf solche Situationen vorbereitet wären und wüssten, wie sie sich zu verhalten haben. Deshalb haben wir uns überlegt, ob es sinnvoll ist, ein Selbstsicherheitstraining anzubieten.

c) Oft liest man in der Zeitung, dass es Kindern nicht gut geht. Deshalb sollte sich die Schule um die Kinder kümmern. Man kann ein Unterrichtsfach anbieten.

2 Welche Einleitungen haltet ihr für gut, welche für weniger gut gelungen? Begründet eure Meinung.

3 Schreibt selbst eine passende Einleitung.

Der Hauptteil

Damit Lauras Stellungnahme überzeugend wird, muss sie ihre Meinung mit **guten Argumenten** begründen.

4 Formuliert mithilfe eurer Stichpunkte Argumente, die Lauras Meinung/Behauptung stützen.

Hauptteil

Im Hauptteil stellt man eine **Behauptung** auf und bringt **Argumente**. Oft ist auch ein Beispiel aus dem eigenen Erfahrungsbereich sinnvoll.

Behauptung	**Argument**
Selbstsicherheitstraining als Unterrichtsfach wäre sinnvoll,	*weil in der Schule alle Kinder, ob arm oder reich, sportlich oder unsportlich, erreicht werden.*

Am besten, man beginnt mit den weniger wichtigen Punkten, auf die immer wichtigere Punkte folgen, sodass man mit dem wichtigsten Punkt endet. So bleibt den Lesern das eindringlichste Argument am besten im Gedächtnis.

Konjunktionen helfen, die einzelnen Argumente zu verbinden.

5 Welche Argumente findet ihr besonders, welche weniger wichtig? Überlegt euch eine sinnvolle Reihenfolge.

6 Schreibt mithilfe der Argumente den Hauptteil der Stellungnahme. Ihr könnt, müsst aber nicht, folgenden Anfang verwenden:

Meiner Meinung nach wäre es sinnvoll, Selbstsicherheitstraining als Unterrichtsfach anzubieten. Um Kindern beizubringen, wie sie sich in gewissen Situationen verhalten sollen, ist die Schule der passende Ort. Denn nur hier können alle Kinder, ob arm oder reich, sportlich oder unsportlich, erreicht werden. Ein weiteres wichtiges Argument ist, ...

TIPP

Folgende Wörter und Formulierungen können euch bei der sprachlichen Ausarbeitung eurer Stellungnahmen helfen:

Die eigene Meinung ausdrücken
Ich bin der Meinung, dass ...
Ich glaube, dass ...
Ich vertrete den Standpunkt, dass ...
Meiner Ansicht nach ...
Ich meine, dass ...

...

Argumente anfügen
Ein wichtiges Argument ist ...
Dafür/Dagegen spricht, dass ...
Ein weiterer Grund ...
Bedenken sollte man auch ...

...

belästigen · missbrauchen
ausbilden · veranlassen
vertreten · hässlich
nieseln · unvermutet
unerhört · ausstrahlen
3, 5, 11, 13, 16, 18, 19

Hilfreiche Konjunktionen: *weil, da, denn, deshalb, zumal, außerdem, zudem, ...*

Der Schluss

7 Lest euch folgenden Schluss durch. Passt er zu eurem Hauptteil? Was könnte man besser machen?

Selbstsicherheit sollte Kindern schon im Kindergarten, spätestens jedoch in der Grundschule beigebracht werden. Wenn es schon nicht als Unterrichtsfach angeboten wird, so sollte es wenigstens AGs oder Projektwochen geben, die sich mit diesem Thema befassen. Je früher ein Kind lernt, Selbstsicherheit auszustrahlen, desto weniger angreifbar ist es.

GRUNDWISSEN

Schluss

Im Schlussteil schreibt man, worauf es einem besonders ankommt. Man kann auch Lösungsvorschläge für das Problem bringen.

8 Schreibt einen eigenen Schluss für die Stellungnahme.

Schritt 3: Den Text überarbeiten

1 Lest euch euren Text noch einmal durch und überarbeitet ihn. Der TIPP-Kasten hilft euch dabei. Ihr könnt auch eine Schreibkonferenz durchführen.

TIPP

Überprüft

* den Inhalt (Seid ihr beim Thema geblieben? Habt ihr wirklich eure Meinung begründet? Habt ihr an einigen Stellen ein Beispiel ergänzt?),
* den Satzbau (Sind die Sätze nicht zu lang? Versteht man die Sätze?),
* die Rechtschreibung (eventuell Wörterbuch benutzen).

2 Viele Jugendliche wollen schnell erwachsen werden, damit sie tun können, was sie wollen. Ihnen ist nicht bewusst, dass Erwachsene auch mehr Verantwortung übernehmen müssen.
Schreibt eine Stellungnahme zu dem Thema: *Erwachsenwerden heißt auch, mehr Verantwortung zu tragen.* Haltet euch dabei an die drei Schritte.

M Nehmt zu einem der folgenden Themen Stellung:
* Computerspiele sind gefährlich.
* Der Fernseher zerstört Freundschaften.
* Werbung beeinflusst unsere Gesundheit.

Zu anderen stehen

Angst in dunklen Augen

JOSEF EIMER

Der Tag war hässlich, grau, fast lichtlos, mit tief hängenden Regenwolken über der Stadt. Es nieselte. Im Autobus der Linie 12 herrschte Gedränge. Feuchtigkeit, aus Kleidern aufsteigend, machte die Luft schwer, stickig und dumpf. Das Mädchen hatte schwarze Augen, schwarze Haare und einen dunkel getönten Teint. Es mochte zwölf

5 Jahre alt sein oder darum herum. In einer engen Kurve legte sich der Omnibus unvermutet schräg. Die Menschen, die für einen Augenblick keinen Halt fanden, wurden durchgeschüttelt. Plötzlich schrie die Frau, die neben dem Mädchen stand, gellend: „Sie hat mich gestoßen. Sie hat mich geboxt, das freche Ding, das ausländische!" Die Frau war mittleren Alters, gut gekleidet und gepflegt. Die Passagiere

10 schauten betreten in den Boden oder starrten auf die von der Nässe beschlagenen Fensterscheiben.

„Unerhört ist so etwas!" Die Frau steigerte sich sichtlich in Wut.

„Von diesem Ausländergesindel muss man sich herumschubsen lassen. Fahrer, bitte anhalten! Werfen Sie die Unverschämte hinaus! Hören Sie, Fahrer! Das Türkenbalg

15 hat kein Recht, anständige Bürger zu belästigen. Sie soll zu Fuß gehen. Das muss sie dort, wo sie herkommt, auch tun. Fahrer, Sie sollen halten! Ich verlange, dass Sie die unverschämte Ausländergöre von der Weiterfahrt ausschließen."

Die Leute neben ihr drehten sich zur Seite, wiesen ihr den Rücken. Die Verlegenheit war offenkundig, aber niemand sagte etwas. Nur das Mädchen setzte zum Sprechen

20 an. Vielleicht wollte es etwas erklären oder für den unverschuldeten Anrempler um Verzeihung bitten. Doch nach dem ungebändigten Wutausbruch der anderen schwieg auch sie. Mit großen schwarzen Augen voll Angst und Ratlosigkeit starrte sie auf die Schreiende.

„Ja, hilft mir denn niemand?" Die Frau giftete in einem unnatürlich hohen Tonfall.

25 „Ist eine anständige Frau in diesem Land wehrlos dem Angriff eines hergelaufenen Fratzes ausgesetzt? Fahrer, so halten Sie endlich! Sie sollen die Ungezogene hinausweisen!"

Der Omnibus bremste. Haltestelle. Der Fahrer drehte sich um. Er schob seine Dienstmütze in den Nacken, sodass sein volles, blondes Haar darunter hervorschaute. Er

30 war jung. „Das Mädchen bleibt da!", bestimmte er kurz. „Es ist meine Tochter."

Die Gesichtszüge der Frau schienen sich zu versteinern. Die Worte hatten sie getroffen wie ein Hieb. Sie rang nach Luft, wollte etwas von sich geben, vielleicht neuerlich schreien, aber die Stimme versagte ihr den Dienst. Aus ihrem Körper schien plötzlich alle Spannung gewichen zu sein, erschlafft stand sie einen Augenblick un-

35 entschlossen, dann sprang sie in letzter Sekunde, nur einen Augenblick, bevor sich die Türen zischend schlossen, aus dem Autobus.

Sie entschwand den Blicken der Zurückbleibenden im tristen Regengrau der Straße. Wie ein Aufstöhnen der Erleichterung ging es durch den Wagen.

An der Endhaltestelle, die letzten Reisenden hatten den Wagen verlassen, kam das
40 Mädchen nach vorn zu dem Fahrer. Es deutete einen Knicks an, eine Hand bewegte
sich zaghaft auf ihn zu. „Danke", stammelte es. Mehr brachte es in der Erregung nicht
heraus. „Ist schon gut." Der Fahrer nahm seine Hand. Und dann lachte er es an: „Ich
habe tatsächlich eine Tochter. Wirklich. Ihr werdet ungefähr im gleichen Alter sein ..."

1 Lest den Text genau durch und gebt den Inhalt in eigenen Worten wieder.

2 Was tun die Leute im Bus, als die Frau anfängt zu schimpfen? Überlegt
euch, warum sie so reagieren.

3 Wie hätten sie noch reagieren können?

4 Wie fühlt sich das Mädchen in dieser Situation? Schreibt fünf Sätze.

5 Wie verhält sich der Busfahrer?

M Geht in Gruppen zusammen und überlegt euch ein Standbild, in dem ihr
die Situation im Bus darstellt.

6 Habt ihr auch schon mal eine Situation erlebt, in der ihr weggeschaut
habt, obwohl jemand Hilfe gebraucht hat? Warum habt ihr das getan und
wie habt ihr euch gefühlt?

7 Denkt euch Situationen aus, in denen Menschen Hilfe brauchen, andere
aber oft wegschauen. Was könntet ihr tun, um dem Bedrängten zu helfen,
ohne dabei selbst in Gefahr zu kommen?

Für andere einstehen

Meine beste Freundin hat einmal ein Versprechen nicht eingehalten. Seitdem kann ich ihr nicht mehr vertrauen.

In einer guten Freundschaft ist es wichtig, dass man dem anderen auch mal die Meinung sagen kann, wenn einem etwas nicht passt.

Zu guten Freunden muss man in jeder Situation halten und für sie einstehen, egal was passiert.

Freunde müssen einander verzeihen können.

Für meinen besten Freund würde ich alles tun, ohne Ausnahme.

1 Welchen der Aussagen über Freundschaft würdet ihr zustimmen, welchen nicht? Begründet eure Meinung.

2 Sucht zu den verschiedenen Aussagen Beispiele aus eurem Erfahrungsbereich.

3 Überlegt euch eigene Aussagen zum Thema Freundschaft.

Die Bürgschaft

FRIEDRICH SCHILLER

1 Zu Dionys, dem Tyrannen, schlich
Damon, den Dolch im Gewande;
Ihn schlugen die Häscher in Bande.
„Was wolltest du mit dem Dolche? Sprich!"
Entgegnet ihm finster der Wüterich.
„Die Stadt vom Tyrannen befreien!"
„Das sollst du am Kreuze bereuen."

Tyrann: Gewaltherrscher
Häscher: veraltet für Verfolger, Handlanger eines Machthabers, Gerichtsdiener

2 „Ich bin", spricht jener, „zu sterben bereit
Und bitte nicht um mein Leben:
Doch willst du Gnade mir geben.
Ich flehe dich um drei Tage Zeit,
Bis ich die Schwester dem Gatten gefreit;
Ich lasse den Freund dir als Bürgen,
Ihn magst du, entrinn ich, erwürgen."

---
freien: die Schwester verheiraten

4 Gebt den Inhalt der beiden Strophen mit eigenen Worten wieder.

5 Warum wollte Damon den Tyrannen töten? Überlegt euch mögliche Gründe.

6 Informiert euch über die Bedeutung der Begriffe *Bürge, bürgen, die Bürgschaft*. Erklärt, weshalb Schiller die Überschrift „Die Bürgschaft" für seine Ballade gewählt hat.

> **INFO**
> Eine Ballade ist ein erzählendes Gedicht. Balladen handeln oft von Helden und abenteuerlichen Ereignissen, von Zauberei und außergewöhnlichen Begebenheiten. Die bekanntesten deutschen Balladendichter sind Friedrich Schiller, Johann Wolfgang von Goethe und Theodor Fontane.

7 Ihr kennt jetzt den Anfang der Ballade. Was glaubt ihr? Wird der König auf Damons Vorschlag eingehen? Wird Damons Freund mit seinem Leben bürgen?

3 „Da lächelt der König mit arger List
Und spricht nach kurzem Bedenken:
„Drei Tage will ich dir schenken;
Doch wisse! Wenn sie verstrichen, die Frist,
Eh du zurück mir gegeben bist,
So muss er statt deiner erblassen,
Doch dir ist die Strafe erlassen."

4 Und er kommt zum Freunde: „Der König gebeut,
Dass ich am Kreuz mit dem Leben
Bezahle das frevelnde Streben.
Doch will er mir gönnen drei Tage Zeit,
Bis ich die Schwester dem Gatten gefreit;
So bleib du dem König zum Pfande,
Bis ich komme zu lösen die Bande."

gebeut: veraltet für gebieten
freveln: einem Verstoß gegen die Ordnung aus bewusster Missachtung begegnen

5 Und schweigend umarmt ihn der treue Freund
Und liefert sich aus dem Tyrannen;
Der andere ziehet von dannen.
Und ehe das dritte Morgenrot scheint,
Hat er schnell mit dem Gatten die Schwester vereint,
Eilt heim mit sorgender Seele,
Damit er die Frist nicht verfehle.

8 Setzt euch in Gruppen und schreibt die Strophen 1 bis 5 mit euren Worten als Dialog auf. Lest eure Texte anschließend mit verteilten Rollen (Erzähler – Damon – Tyrann) vor.

9 Ordnet die folgenden Eigenschaften den Personen zu. Begründet eure Entscheidung.

vertrauensvoll verlässlich machtgierig ehrlich

neugierig dumm mutig brutal

verantwortungsbewusst treu herrschsüchtig

10 Findet ihr das Verhalten der handelnden Personen ungewöhnlich oder überraschend? Hättet ihr euch an deren Stelle anders verhalten?

11 Fasst vor dem Hintergrund der Ballade zusammen: Was erwartet ihr von einem guten Freund? Was würdet ihr für einen Freund riskieren? Sprecht in der Klasse darüber.

12 Alles scheint gut zu laufen für Damon. Doch Schillers Ballade hat noch viele Strophen. Überlegt euch in Partnerarbeit den Fortgang und das Ende der Geschichte. Notiert eure Ideen in Stichpunkten.

6 Da gießt unendlicher Regen herab,
Von den Bergen stürzen die Quellen,
Und die Bäche, die Ströme schwellen.
Und er kommt ans Ufer mit wanderndem Stab,
Da reißet die Brücke der Strudel hinab,
Und donnernd sprengen die Wogen
Des Gewölbes krachenden Bogen.

7 Und trostlos irrt er an Ufers Rand:
Wie weit er auch spähet und blicket
Und die Stimme, die rufende, schicket.
Da stößet kein Nachen vom sichern Strand,
Der ihn setze an das gewünschte Land,
Kein Schiffer lenket die Fähre,
Und der wilde Strom wird zum Meere.

Nachen: Kahn

8 Da sinkt er ans Ufer und weint und fleht,
Die Hände zum Zeus erhoben:
„O hemme des Stromes Toben!
Es eilen die Stunden, im Mittag steht
Die Sonne, und wenn sie niedergeht
Und ich kann die Stadt nicht erreichen,
So muss der Freund mir erbleichen."

Zeus: oberster Gott der griechischen Mythologie

9 Doch wachsend erneut sich des Stromes Wut,
Und Welle auf Welle zerrinnet,
Und Stunde an Stunde entrinnet.
Da treibt ihn die Angst, da fasst er sich Mut
Und wirft sich hinein in die brausende Flut
Und teilt mit gewaltigen Armen
Den Strom, und ein Gott hat Erbarmen.

10 Und gewinnt das Ufer und eilet fort
Und danket dem rettenden Gotte;
Da stürzet die raubende Rotte
Hervor aus des Waldes nächtlichem Ort,
Den Pfad ihm sperrend, und schnaubet Mord
Und hemmet des Wanderers Eile
Mit drohend geschwungener Keule.

——————
gewinnen: hier: erreichen
schnauben: voll Wut, Entrüstung hervorstoßen

11 „Was wollt ihr?", ruft er vor Schrecken bleich,
„Ich habe nichts als mein Leben,
Das muss ich dem Könige geben!"
Und entreißt die Keule dem Nächsten gleich:
„Um des Freundes willen erbarmet euch!"
Und drei mit gewaltigen Streichen
Erlegt er, die andern entweichen.

——————
Streich: veraltet für Schlag, Hieb

12 Und die Sonne versendet glühenden Brand,
Und von der unendlichen Mühe
Ermattet sinken die Kniee:
„O hast du mich gnädig aus Räubershand,
Aus dem Strom mich gerettet ans heilige Land —
Und soll hier verschmachtend verderben,
Und der Freund mir, der liebende, sterben!"

——————
verschmachten: an etwas zugrunde gehen

13 Und horch! da sprudelt es silberhell,
Ganz nahe, wie rieselndes Rauschen,
Und stille hält er, zu lauschen;
Und sieh, aus dem Felsen, geschwätzig, schnell,
Springt murmelnd hervor ein lebendiger Quell,
Und freudig bückt er sich nieder
Und erfrischet die brennenden Glieder.

13 Erledigt folgende Aufgaben in Gruppenarbeit:
  ∗ Ordnet die folgenden Stichpunkte den Strophen richtig zu.

| er wirft sich in den Strom | die Hitze schwächt ihn | er fleht Zeus an |

| er überwältigt eine Räuberbande | eine Quelle rettet ihn |

| keine Fähre kommt | er wird überfallen | eine Brücke bricht entzwei |

  ∗ Fasst anschließend den Inhalt jeder Strophe in einem Satz zusammen.
  ∗ Welche drei Hindernisse stellen sich Damon in den Weg?
  ∗ Schreibt die Textstellen heraus, die zeigen, dass Damon sein
    Versprechen unbedingt einhalten will.

14 Und die Sonne blickt durch der Zweige Grün
Und malt auf den glänzenden Matten
Der Bäume gigantische Schatten;
Und zwei Wanderer sieht er die Straße ziehn,
Will eilenden Laufes vorüberfliehn,
Da hört er die Worte sie sagen:
„Jetzt wird er ans Kreuz geschlagen."

───
Matte: hier: Weide, Wiese

15 Und die Angst beflügelt den eilenden Fuß,
Ihn jagen der Sorge Qualen;
Da schimmern in Abendrots Strahlen
Von ferne die Zinnen von Syrakus,
Und entgegen kommt ihm Philostratus,
Des Hauses redlicher Hüter,
Der erkennet entsetzt den Gebieter:

───
Syrakus: Stadt auf Sizilien

16 „Zurück! Du rettest den Freund nicht mehr,
So rette das eigene Leben!
Den Tod erleidet er eben.
Von Stunde zu Stunde gewartet er
Mit hoffender Seele der Wiederkehr,
Ihm konnte den mutigen Glauben
Der Hohn des Tyrannen nicht rauben."

14 Lest euch die Stellen vor, an denen deutlich wird, dass Damon sich vermutlich umsonst gemüht hat.

5 Zur eigenen Meinung stehen

15 Was geht in den Köpfen von Damon und seinem Freund vor, als sich zeigt, dass Damon nicht rechtzeitig zurückkommen wird? Formuliert ihre Gedanken.

16 Was würdet ihr an Damons Stelle nun tun?

17 Ist es auch euch schon einmal passiert, dass ihr ein Versprechen nicht einhalten konntet? Sprecht in der Klasse darüber.

So endet die Ballade:

17 „Und ist es zu spät, und kann ich ihm nicht,
　　Ein Retter, willkommen erscheinen,
　　So soll mich der Tod ihm vereinen.
　　Des rühme der blutge Tyrann sich nicht,
　　Dass der Freund dem Freunde gebrochen die Pflicht,
　　Er schlachte der Opfer zweie
　　Und glaube an Liebe und Treue!"

　　　　18 Und die Sonne geht unter, da steht er am Tor,
　　　　　　Und sieht das Kreuz schon erhöhet,
　　　　　　Das die Menge gaffend umstehet;
　　　　　　An dem Seile schon zieht man den Freund empor,
　　　　　　Da zertrennt er gewaltig den dichten Chor:
　　　　　　„Mich, Henker", ruft er, „erwürget!
　　　　　　Da bin ich, für den er gebürget!"

19 Und Erstaunen ergreifet das Volk umher,
　　In den Armen liegen sich beide
　　Und weinen vor Schmerzen und Freude.
　　Da sieht man kein Augen tränenleer,
　　Und zum Könige bringt man die Wundermär;
　　Der fühlt ein menschliches Rühren,
　　Lässt schnell vor den Thron sie führen,

_____
Mär: veraltet für Kunde, Nachricht, Sage

　　　　20 Und blicket sie lange verwundert an.
　　　　　　Drauf spricht er: „Es ist euch gelungen,
　　　　　　Ihr habt das Herz mir bezwungen;
　　　　　　Und die Treue, sie ist doch kein leerer Wahn –
　　　　　　So nehmet auch mich zum Genossen an:
　　　　　　Ich sei, gewährt mir die Bitte,
　　　　　　In eurem Bunde der Dritte!"

18 Erzählt das Ende der Ballade mit eigenen Worten.

19 Schreibt die Worte Damons in Strophe 17 und die Worte des Königs in Strophe 20 mit eigenen Worten auf. Wie findet ihr das Verhalten der beiden?

20 Hättet ihr dieses Ende erwartet? Erscheint es euch glaubwürdig?

21 Was haltet ihr von den folgenden Gedanken zu Schillers Ballade? Begründet eure Meinung.

> *Mir hat die Ballade nicht gefallen, weil das Verhalten aller Hauptpersonen völlig unglaubwürdig ist.*

> *Die Ballade hat mir gefallen, weil sie von wahrer Freundschaft handelt.*

> *Das Gedicht regt zum Nachdenken an.*

> *Die Ballade ist total altmodisch. Die Geschichte hat mit der heutigen Zeit überhaupt nichts zu tun.*

22 Setzt euch in Dreiergruppen und übt den Vortrag der Ballade mit verteilten Rollen. Am besten verteilt ihr die Strophen auf die Gruppen.

M Schreibt über die Ereignisse der Ballade einen Bericht.
▶ Wiederholt die Merkmale des Berichts oder informiert euch auf ☞ Seite 57/58.

Eure Meinung spielt eine Rolle

Zu der eigenen Meinung stehen oder anderen beistehen ist nicht immer leicht. Aber je häufiger man es versucht, desto einfacher wird es. Übt es doch mithilfe eines Rollenspiels. Wie das funktioniert, erfahrt ihr hier.

INFO Für ein Rollenspiel braucht ihr meistens keine Requisiten oder Verkleidungen. Wichtig ist, dass ihr euch in eure Rolle hineinversetzt und euch überlegt, wie die Person, die ihr spielen sollt, reagiert.

Phase 1: Die Vorbereitung

In dieser Phase beschäftigt ihr euch damit, welche Personen an eurem Rollenspiel teilnehmen sollen und wer welche Rolle spielt.

Bildet Gruppen und lest euch die folgenden Situationen mit den dazugehörigen Rollen durch. (Die Namen sind nur Beispiele. Ihr könnt andere wählen oder aus einem Jungen ein Mädchen machen oder umgekehrt.)

Entscheidet euch für eine Situation. (Die Situationen können auch von mehreren Gruppen gespielt werden.)

Überlegt und notiert Stichpunkte:
* Wie fühlen sich die Personen?
* Welche Gefühle haben sie füreinander?
* Welche Argumente könnten sie vorbringen?
* Wie reagieren sie auf die Argumente der anderen?
* Was wollen die Beteiligten jeweils erreichen?
* Welche Lösungsmöglichkeiten gibt es? Welche dieser Lösungsmöglichkeiten soll angestrebt werden?

Verteilt die Rollen.

ÜBRIGENS: Für euer Spiel ist es nicht entscheidend, dass ihr einen Text vorher ausformuliert. Es ist einfacher und besser, wenn ihr frei sprecht. Wichtig ist aber, dass ihr euch über Argumente und die Zielrichtung des Gesprächs im Klaren seid.

Situation 1
Cindy erzählt Chiara, dass sie die Schule schwänzen will. Sie bittet sie, den Lehrer / die Lehrerin anzulügen. Chiara will nicht lügen, hat aber Angst, dass Cindy dann sauer sein könnte.

Rollenkarte Cindy
* Sie will zu einer Autogrammstunde einer angesagten Band.
* Sie hat aber Schule.
* Die Eltern haben es nicht erlaubt.
* Sie will deshalb Schule schwänzen.
* Sie braucht jemanden, der sie beim Lehrer entschuldigt.

Rollenkarte Chiara
* Sie will eigentlich nicht lügen.
* Sie hat Angst, dass es die Lehrerin/ der Lehrer merkt.
* Sie findet die Gruppe nicht gut.
* Sie will Cindy nicht enttäuschen.
* Sie hat gerade Stress in der Schule und deshalb auch mit den Eltern.

Situation 2
Im Bus beobachtet Markus wie Tim und Jürgen eine ältere Frau anpöbeln. Die anderen Fahrgäste schauen weg.

Rollenkarte Markus
* Er kennt Tim und Jürgen nicht.
* Die Frau tut ihm leid.
* Er möchte ihr helfen.
* Er hat Angst, dass die beiden dann ihn ärgern.

Rollenkarte Tim
* Ihm ist langweilig.
* Er hatte Ärger in der Schule.
* Er möchte cool sein.
* Wie es anderen geht, interessiert ihn nicht.

Rollenkarte Jürgen
* Ihm ist langweilig.
* Er findet Tim toll.
* Er möchte so cool sein wie Tim.
* Die Frau tut ihm eigentlich leid, er will das aber vor Tim nicht zugeben.

Rollenkarte ältere Frau
* Sie hat Angst.
* Sie traut sich nicht, sich zu verteidigen.
* Sie wartet darauf, dass die anderen etwas tun.

Rollenkarte Fahrgäste (mindestens zwei)
* Sie fühlen sich nicht betroffen.
* Sie denken: Warum soll ich etwas tun?

Situation 3
Laura wird in ihrer Klasse gemobbt. Besonders Katrin, die Anführerin, hat es auf sie abgesehen. Mirko findet das nicht gut. Er hat nichts gegen Laura und möchte, dass die anderen aufhören.

Rollenkarte Laura
* Sie hat Angst vor Katrin und den anderen.
* Sie denkt, dass keiner sie leiden kann.
* Sie möchte eigentlich mit den anderen befreundet sein.

Rollenkarte Katrin
* Sie bestimmt, was gemacht wird.
* Sie hat keinen besonderen Grund, Laura zu ärgern.
* Sie hat sich daran gewöhnt, dass die anderen tun, was sie sagt.

Rollenkarte Mirko
* Er findet Laura nett.
* Er möchte, dass die anderen aufhören, Laura zu ärgern.
* Er hat keine Angst vor Katrin.
* Er ist in der Klasse angesehen.

Rollenkarte Mitschüler (mindestens zwei)
* Sie tun, was Katrin sagt.
* Viele haben Angst vor Katrin.
* Sie haben sich daran gewöhnt, dass sie tun, was sie sagt.
* Laura ist ihnen eher gleichgültig.

Situation 4
Auf einer Party trinken Pauls Freunde Alkohol. Sie wollen, dass Paul mittrinkt. Paul möchte nicht.

Rollenkarte Paul
* Er will seine Eltern nicht enttäuschen.
* Er findet, dass man auch ohne Alkohol Spaß haben kann.
* Er findet seine Freunde kindisch, wenn sie etwas getrunken haben.

Rollenkarte Mitschüler (mindestens zwei)
* Sie finden es cool, Alkohol zu trinken.
* Sie sind der Meinung, Paul sei feige.
* Sie finden, das es nur mit Alkohol richtig lustig wird.

Phase 2: Das Spiel

Räumt das Klassenzimmer so um, dass genug Platz für euer Spiel ist.	Argumentiert in die von euch festgelegte Richtung, sprecht aber frei und ohne vorher ausformulierten Text.	Euer Spiel braucht nicht länger als zwei oder drei Minuten zu dauern.

Phase 3: Die Auswertung

TIPP

Damit alle Schüler alle Szenen zu sehen bekommen, kann jede Gruppe ihr Rollenspiel auf Video aufnehmen. Das hat auch den Vorteil, dass ihr euch die Szenen nochmals anschauen und an bestimmten Stellen die Handlung unterbrechen könnt, um das Verhalten der einzelnen Personen genauer beurteilen zu können.

Jede vorgeführte Szene wird nun in der Klassengemeinschaft besprochen:

Nach dem Spiel kommen zuerst die Spielerinnen und Spieler zu Wort und erklären, wie sie sich in ihrer Rolle gefühlt haben. Diese Aussagen werden nicht kommentiert.	Dann äußern sich die Zuschauer und legen dar, wie es ihnen beim Zusehen ergangen ist.	Anschließend überlegt ihr gemeinsam, wie sich einzelne Spieler hätten anders verhalten können und welche anderen Argumente sie hätten vorbringen können. Wird eine Szene von mehreren Gruppen gespielt, könnt ihr die Lösungsmöglichkeiten vergleichen.

1 Denkt euch selbst Situationen für ein Rollenspiel aus.

2 Entwickelt ein Rollenspiel und nehmt es auf Video auf.

M Schreibt auf, was die Person, die ihr gespielt habt, am nächsten Tag einem Freund/einer Freundin erzählt.

Und das waren eure Diskussionspunkte

Stellungnahme

1 Erklärt die Begriffe *Meinung* und *Argument*.

2 Welche Regeln solltet ihr in Diskussionen beachten? Schreibt vier auf.

3 Findet zwei sinnvolle Argumente für die Meinung: *Die erste Stunde sollte um 9 Uhr beginnen.*

4 Schreibt die Sätze ab und setzt *das* oder *dass* in die Lücken.
a) *Ich finde, ..?.. du Recht hast.*
b) *Das ist das Argument, ..?.. ich gesucht habe.*
c) *Meine Meinung ist, ..?.. ..?.. falsch ist.*
d) *Ich glaube, ..?.. ich das und dass jetzt unterscheiden kann.*

5 Wie ist der Aufbau einer Stellungnahme?

6 Was gehört in den Hauptteil der Stellungnahme?

7 Schreibt drei Formulierungen auf, die euch helfen, eure Meinung auszudrücken.

8 Was solltet ihr bei der Überarbeitung eurer Stellungnahmen überprüfen?

Mit Texten arbeiten

9 Gebt in fünf Sätzen den Inhalt der Geschichte „Angst in dunklen Augen" wieder.

10 Richtig oder falsch?
* *Damon soll am Kreuz sterben, weil er den Tyrannen Dionys töten wollte.*
* *Er setzt seinen Freund als Bürgen ein, um sich noch von seiner Familie zu verabschieden.*
* *Auf dem Rückweg muss Damon drei Hindernisse überwinden.*
* *Als Damon erfährt, dass er seinen Freund wahrscheinlich nicht mehr retten kann, kehrt er um.*
* *Der Tyrann lässt Damon und dessen Freund am Leben, weil das Volk ihn dazu drängt.*

11 Stellt euch vor: Damon erzählt Jahre später seinem Sohn die Geschichte, die ihm mit dem Tyrannen passiert ist. Versetzt euch in Damons Lage und schreibt auf, was er erzählt. Wählt dabei die Ich-Form.

Gedichte verstehen

1 *Seltsam, im Nebel zu wandern!* – So beginnt ein Gedicht von Hermann Hesse. Findet auch ihr es *seltsam*, im Nebel unterwegs zu sein? Oder fallen euch noch andere Adjektive ein, die zu dieser Situation passen und diese Situation beschreiben?

2 Lest das Gedicht und gebt den Inhalt mit eigenen Worten wieder.

Im Nebel
HERMANN HESSE

Seltsam, im Nebel zu wandern!
Einsam ist jeder Busch und Stein,
Kein Baum sieht den andern,
Jeder ist allein.

5 Voll von Freunden war mir die Welt,
Als noch mein Leben licht war;
Nun, da der Nebel fällt,
Ist keiner mehr sichtbar.

Wahrlich, keiner ist weise,
10 Der nicht das Dunkel kennt.
Das unentrinnbar und leise
Von allen ihn trennt.

Seltsam im Nebel zu wandern!
Leben ist Einsamsein.
15 Kein Mensch kennt den andern,
Jeder ist allein.

3 Wie wirkt dieses Gedicht auf euch? Findet treffende Adjektive. Lest euch Textstellen vor, die diese Stimmung erzeugen.

4 Hermann Hesse geht es in dem Gedicht nicht um die Natur, sondern um den Menschen. Belegt diese Aussage mit Textstellen.

5 Welche Bedeutung könnten die Wörter *Nebel* und *Dunkel* in den anderen Strophen haben?

6 Lest die zweite Strophe noch einmal.
   * Welche Erfahrung hat der Dichter mit Freunden gemacht?
   * Könnt ihr von ähnlichen Erfahrungen berichten?
   * Vergleicht mit den Erfahrungen in Hinblick auf Freundschaft, über die ihr in diesem Kapitel gesprochen habt.

7 *Wahrlich, keiner ist weise, / Der nicht das Dunkel kennt. Jeder ist allein.* – Diskutiert über diese Aussagen in der Klasse.

8 Lest die Informationen über Hermann Hesse im *Kleinen Autorenlexikon*. Helfen sie euch, das Gedicht besser zu verstehen?

9 *Es ist schön, im Nebel zu wandern.* – Schreibt eine fünfte Strophe, die mit diesem Satz beginnt.

10 Übt den Vortrag des Gedichts. Er könnte besonders eindrucksvoll werden, wenn ihr ihn mit einer passenden Musik untermalt.

Tipps und Tricks für den Umgang mit Gedichten

Dichter machen es den Lesern nicht immer leicht, ihre Texte zu verstehen. Doch mit der richtigen Vorgehensweise kann man auch harte Nüsse knacken. Es lohnt sich!

1 Erzählt von euren Erfahrungen mit Gedichten.

2 Setzt euch in Gruppen und formuliert mithilfe der Satzbausteine sinnvolle Aufgabenstellungen für den Umgang mit Gedichten. Schreibt eure Ergebnisse auf.

Gebt den Inhalt des Gedichts/der einzelnen Strophen

Erzeugt mit Alltagsgegenständen Geräusche,

Sprecht darüber, was der Inhalt des Gedichts

Sucht oder erstellt selbst passende Bilder,

Holt Informationen über den Autor ein,

Sucht sprachliche Bilder heraus

passende Überschriften.

Wörter und Wendungen.

Formuliert sinnvolle W-Fragen

mit eigenen Worten wieder.

Übt den Vortrag des Gedichts

die Überschrift gewählt hat.

Sucht eine passende Musik,

mit eurem eigenen Leben zu tun hat.

Überlegt, warum der Autor

und beantwortet sie mithilfe des Textes.

Überlegt euch andere

und achtet dabei auf die richtige Betonung.

Klärt unbekannte

mit der ihr euren Vortrag untermalen könnt.

die die Stimmung des Gedichts unterstreichen.

und erklärt ihre Bedeutung mit eigenen Worten.

die euch helfen, das Gedicht besser zu verstehen.

die die Aussage oder Stimmung des Gedichtes veranschaulichen.

3 Vergleicht eure Ergebnisse und überlegt,
  * ob ihr noch weitere Aufgaben kennt.
  * welche Aufgaben ihr eher am Anfang einer Gedichterarbeitung machen würdet, welche eher am Schluss.
  * welche Aufgaben für jedes Gedicht, welche nur für manche geeignet sind.

4 Wählt in Gruppen eines der folgenden Gedichte aus und erarbeitet es, indem ihr einzelne der von euch gefundenen Aufgaben auswählt.

Abendständchen
CLEMENS BRENTANO

Hör, es klagt die Flöte wieder,
Und die kühlen Brunnen rauschen,
Golden wehn die Töne nieder –
Stille, stille, lass uns lauschen!

5 Holdes Bitten, mild Verlangen,
Wie es süß zum Herzen spricht!
Durch die Nacht, die mich umfangen,
Blickt zu mir der Töne Licht.

Mondnacht
JOSEPH VON EICHENDORFF

Es war, als hätt' der Himmel
Die Erde still geküsst,
Dass sie im Blütenschimmer
Von ihm nun träumen müsst'.

5 Die Luft ging durch die Felder,
Die Ähren wogten sacht,
Es rauschten leis die Wälder,
So sternklar war die Nacht.

Und meine Seele spannte
10 Weit ihre Flügel aus,
Flog durch die stillen Lande,
Als flöge sie nach Haus.

Sommerbild
FRIEDRICH HEBBEL

Ich sah des Sommers letzte Rose stehn,
Sie war, als ob sie bluten könne, rot;
Da sprach ich schauernd im Vorübergehn:
So weit im Leben, ist zu nah am Tod!

5 Es regte sich kein Hauch am heißen Tag,
Nur leise strich ein weißer Schmetterling;
Doch, ob auch kaum die Luft sein Flügelschlag
Bewegte, sie empfand es und verging.

6 Schritt für Schritt ins Berufsleben

Kaum ist man in der achten Klasse, schon sprechen alle nur noch vom Praktikum und Ausbildungsstellen. Da schwirren einem ganz schön viele Dinge durch den Kopf. Bis vor kurzem war man noch Kind und plötzlich soll man erwachsen sein und sich Gedanken über die Zukunft machen!
Wie stelle ich mir eigentlich meine Zukunft vor?
Was brauche ich alles für das Praktikum und wie bewerbe ich mich nachher erfolgreich um einen Ausbildungsplatz?
Um diese Fragen geht es in diesem Kapitel. Ihr macht euch Gedanken über eure Ziele, bereitet das Praktikum vor und wertet es aus. Anschließend habt ihr die Möglichkeit, in einem Lernzirkel Bewerbungsunterlagen zu entwerfen. So seid ihr gut vorbereitet, wenn es mit der Ausbildungsplatzsuche aktuell wird.

In diesem Kapitel geht es um

- die Erwartungen an die berufliche Zukunft,
- euer Praktikum und
- eure Bewerbung.

Ihr übt, wie ihr

- einen Praktikumsordner anlegt und gestaltet,
- Bewerbungsunterlagen vollständig zusammenstellt und
- Höflichkeitsformen im Brief beachtet.

Außerdem führt ihr ein Rechtschreibtraining durch.

Erster Schritt: Nachdenken

„Arbeit ist das halbe Leben"

> ### Ich habe gehört, ihr wollt nichts lernen*
> BERTOLT BRECHT
>
> Ich habe gehört, ihr wollt nichts lernen
> Daraus entnehme ich: ihr seid Millionäre.

1 Fantasiert gemeinsam darüber, wie man als Millionär oder Millionärin lebt.

2 Sucht euch eine der folgenden Aufgaben aus und bearbeitet sie.

   a) *Über Nacht zum Millionär!* – Schreibt einen **Zeitungsartikel** zu dieser Überschrift.

   ▶ Über die verschiedenen Textsorten der Zeitung informiert das Kapitel *2 Zeitungsleser wissen mehr!* auf ☞ Seite 36 ff.

   b) *Wenn ich reich wäre.* – Schreibt eine **Geschichte** zu dieser Überschrift.

   c) *Für einen Tag Millionär oder Millionärin.* – Stellt euch vor, ihr wärt für einen Tag sehr reich. Am Ende des Tages schreibt ihr in euer Tagebuch, was ihr alles erlebt habt.

   ▶ Im *Profiwissen* könnt ihr euch über die Textsorte *Tagebuch* informieren.

3 Tragt die Ergebnisse von Aufgabe 2 vor. Besprecht anschließend die Vor- und Nachteile des „Reichseins".

4 Lest die Fortsetzung.

> Eure Zukunft ist gesichert – sie liegt
> Vor euch im Licht. Eure Eltern
> 5 Haben dafür gesorgt, daß eure Füße
> An keinen Stein stoßen. Da mußt du
> Nichts lernen. So wie du bist
> Kannst du bleiben.

5 Sucht euch einen Partner und bereitet diesen Teil des Gedichts zum Vortragen vor. Achtet darauf, richtig zu betonen.

   ▶ Im *Profiwissen* findet ihr unter dem Stichwort ⇨ *Vorlesen* Betonungshilfen.

6 Welcher der folgenden Sätze fasst den Inhalt des Gedichts am treffendsten zusammen?

---

* Der Text ist nicht der neuen Rechtschreibung angepasst.

a) Wer in der Zukunft abgesichert sein will, braucht reiche Eltern und eine gute Schulausbildung.

b) Junge Menschen, die reiche Eltern haben, brauchen keine Bildung, da ihre Eltern sich um ihre finanzielle Zukunft kümmern.

c) Jugendliche, die sich in der Schule nicht sehr anstrengen, sind durch ihre Eltern finanziell abgesichert und brauchen sich keine Sorgen zu machen.

7 Legt einen Cluster zum Thema *Zukunft* an. Was fällt euch ein, wenn ihr an eure Zukunft denkt?

> Sollte es dann noch Schwierigkeiten geben, da doch die Zeiten
> 10 Wie ich gehört habe, unsicher sind
> Hast du deine Führer, die dir genau sagen
> Was du zu machen hast, damit es euch gut geht.
> Sie haben nachgelesen bei denen
> Welche die Wahrheiten wissen
> 15 Die für alle Zeiten Gültigkeit haben
> Und die Rezepte, die immer helfen.
>
> Wo so viele für dich sind
> Brauchst du keinen Finger zu rühren.
> Freilich, wenn es anders wäre
> 20 Müßtest du lernen.

8 Achtet besonders auf die letzten vier Verse. Was bedeuten sie?

M Um welche literarische Gattung handelt es sich hier? Begründet eure Entscheidung.

> ▶ Mehr zu den literarischen Gattungen findet ihr im Kapitel *1 Erwachsen werden* ... auf
> ☞ Seite 30 f.

9 Im INFO-Kasten findet ihr den Ausdruck *Ironie* beziehungsweise *ironisch*. An welchen Stellen verwendet Bertolt Brecht in seinem Gedicht Ironie?

INFO

Ironie (griechisch-lateinisch), die: verhüllter Spott, das Gegenteil des Gemeinten wird gesagt; **ironisch:** verhüllt spottend

10 Betrachtet die Grafik auf der ☞ nächsten Seite und überlegt, welche Verse am besten zur Grafik passen.

das Praktikum · entwerfen
die Grafik · der Wunsch
der Millionär · die Fortsetzung
treffend · kümmern
anstrengen · der Führer
der Ausbildungsplatz
📖 1, 2, 9, 10, 12, 20

11 Diskutiert über folgende Punkte:
  * Hat Bertolt Brecht mit seinem Gedicht Aussagen getroffen, die auf die heutige Zeit zutreffen?
  * Was sagt in diesem Zusammenhang die Grafik aus? Unterstützt sie das Gedicht oder widerspricht sie ihm?
  * Wie sieht die Wirklichkeit aus? Muss man lernen, um die Zukunft abzusichern, oder reicht es, wenn man von den Eltern finanziell unterstützt wird?

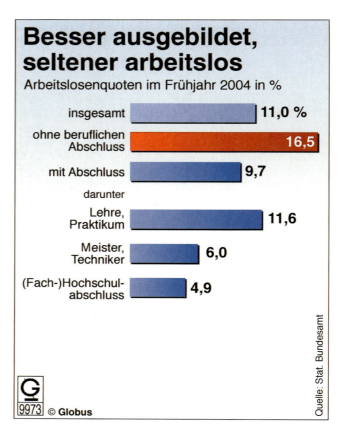

Zweiter Schritt: das Praktikum

Vor dem Praktikum

Um euch auf das Leben nach der Schule vorzubereiten und euch Entscheidungshilfen für die Zukunft zu geben, wurden Praktikumszeiten eingeführt. Im Betriebspraktikum lernt ihr eine ganz neue Welt kennen – das Arbeitsleben. Zunächst wird es sicher nicht einfach sein, sich darin zurechtzufinden. Gleichgültig, ob ihr in einem Geschäft, bei einem Handwerksbetrieb oder in einer Praxis seid, ihr werdet neue Menschen kennenlernen und mit ihnen zusammenarbeiten. Dabei habt ihr die Möglichkeit, euch mit dem Betrieb und seinen verschiedenen Arbeitsplätzen vertraut zu machen. Ihr solltet es unbedingt als Chance sehen, Beziehungen zu knüpfen. Vielleicht klappt es ja und ihr erhaltet später einen Ausbildungsplatz.

1 Denkt über folgende Frage nach: Wozu mache ich das Praktikum?
Schreibt jeweils vier Gründe auf, sammelt sie und besprecht sie
anschließend in eurer Klasse.

2 Schreibt zur Überschrift *Meine Erwartungen an das Praktikum* einen Text.
Geht hierbei folgendermaßen vor:

> Legt einen **Cluster** an und sammelt alles, was euch zu eurem Praktikum einfällt.

> Schreibt unter den Cluster Sätze mit folgenden Anfängen. Ihr könnt die Satzanfänge mehrmals benutzen. *Hoffentlich ... – Andererseits ... – Außerdem ... – Allerdings befürchte ich ... – Meine Hoffnung ist ... – Mein Wunsch wäre es ...*

> Entwerft eine **Gliederung** für euren Text mit einer Einleitung, einem Hauptteil und einem Schluss. Schreibt stichwortartig auf, was in den einzelnen Teilen enthalten sein soll.
>
> Beispiel:
> **Einleitung:** *Praktikumszeit vom ..?.. bis zum ..?.. Firma/Ort, Beruf, Begründung für die gewählte Praktikumsstelle, ...*
> **Hauptteil:** *Tagesablauf, Kontakte zu den Kollegen/Kolleginnen, was ich sehen/lernen will, Wünsche, Hoffnungen, Befürchtungen, ...*
> **Schluss:** *abschließende Erwartung/Hoffnung*

> Verfasst mithilfe des Clusters und der Gliederung den Text und überarbeitet ihn anschließend in Schreibkonferenzen.
> ▶ Wie ihr eine Schreibkonferenz durchführt, erfahrt ihr im Kapitel *2 Zeitungsleser wissen mehr!* auf ☞ Seite 60.

> Der Text kann jetzt in Reinschrift geschrieben werden. Dies könnt ihr auch am PC erledigen. Tragt eure *Erwartungen an das Praktikum* anschließend der Klasse vor.

Ein wichtiges Dokument – der Praktikumsordner

Der Praktikumsordner wird euch während der Praktikumszeit und darüber hinaus begleiten. Er stellt ein wichtiges Dokument dar, in dem ihr Erwartungen, Eindrücke, Erfahrungen und Informationen sammeln könnt, und er soll euch helfen, in der Schule ausführlich vom Praktikum zu berichten. Das Praktikum und der dazugehörige Ordner unterstützen euch so bei der Berufswahl.

1 Überlegt, was alles in einen Praktikumsordner gehört. Legt eine Sammlung an und einigt euch: Was gehört hinein? Was nicht?

> Deckblatt
>
> Busfahrplan
>
> Schutzbestimmungen
>
> Adressenliste meiner Arbeitskollegen
>
> Berufsblätter

2 Entwerft eine **Checkliste**, in die ihr eintragt, was alles in den Praktikumsordner gehört. Heftet diese Checkliste ebenfalls im Ordner ab, so könnt ihr jederzeit nachschauen, worauf Wert gelegt wird. Ein kleiner TIPP: Der Ordner selbst sollte ordentlich und sauber aussehen.

So bitte nicht! Mit einem ordentlichen und übersichtlichen Ordner läuft's besser!

3 Entwerft ein Formular für den täglichen Praktikumsbericht. Beachtet den GRUNDWISSEN-Kasten.
TIPP: Lasst unterschiedlich große Freiräume, je nach Eintrag!

Der Tagesbericht

In einem Tagesbericht fasst man den Ablauf eines Arbeitstages kurz zusammen. Aus dem Tagesbericht sollte Folgendes hervorgehen:
* **Wann?** Datum und Arbeitszeit
* **Wo?** Arbeitsort
* **Was?** Welche Tätigkeiten hast du ausgeübt? Welche Arbeitsmittel (zum Beispiel: Geräte / Werkzeug) hast du benutzt? Gab es ein besonderes Ereignis an diesem Tag?
* **Wer?** Hast du mit jemandem zusammengearbeitet?

---

4 Sucht euch im Laufe eures Praktikums eines der folgenden Wahlthemen heraus, das auf euren Betrieb zugeschnitten ist und über das ihr gerne schreiben würdet. Ihr könnt euch auch eigene Themen überlegen.
* Produktionsbetrieb: die Herstellung eines Produktes
* Im Kindergarten: ein Spiel

* In der Arztpraxis: Aufnahme eines Patienten in die Kartei
* Kfz-Werkstatt: Montage eines Reifens

▶ Im Kapitel *4 Auf jedes Wort kommt es an! ...* könnt ihr euch auf ☞ Seite 101 f. nochmals informieren, wie man solche Vorgänge verständlich beschreibt.

Abschließend findet ihr eine Zusammenstellung der Kriterien, nach denen euer Praktikumsordner bei der Abgabe kontrolliert wird.

Kriterienkatalog Praktikumsordner

Vollständigkeit	Gestaltung	Berichte	Wahlthema
* Deckblatt * Inhaltsverzeichnis * ..?.. (Durch eure vorher festgelegten Vorgaben, was alles in den Ordner soll, vervollständigen)	* Übersichtlichkeit * richtige Reihenfolge * zusätzliche Bilder * Schrift * Sauberkeit	* alle Berichte da * Berichte vollständig ausgefüllt * Aufbau ordentlich * Rechtschreibung und Grammatik korrekt	* Überschrift * Gliederung * Informationen verständlich * keine Wiederholungen * Fachbegriffe benutzt * Satzbau korrekt * Rechtschreibung korrekt

Nach dem Praktikum

Euer Praktikum ist beendet und ihr habt neue und interessante Erfahrungen und Eindrücke gesammelt. In einer gemeinsamen **Reflexionsrunde** könnt ihr euch gegenseitig austauschen und berichten.

METHODE

Reflexion

Eine Reflexion ist das **Auswertungsgespräch** nach einer Gruppenarbeit, einem Projekt oder einer Diskussion. In diesem Gespräch werden Erfahrungen und Beobachtungen ausgetauscht und untersucht. Wichtig dabei ist, aufgetretene Schwierigkeiten zu benennen und ihre Ursachen herauszufinden.

1 * Beantwortet die folgenden Fragen zunächst auf einem gesonderten Zettel allein. Dieses Blatt kommt ebenfalls in euren Ordner.
* Wählt nun einen Partner aus und berichtet ihm anhand des Fragenkatalogs von eurem Praktikum.

Reflexion Praktikum

1) In welchem Betrieb beziehungsweise welcher Berufsgruppe hast du dein Praktikum gemacht?
2) * Was hat dir besonders gut gefallen?
   * Was hat dir noch gut gefallen?
   * Was hat dir nicht so gut gefallen?
   * Was hat dir besonders missfallen?
3) Welche Dinge konntest du selbst ausführen?
4) Welche Arbeiten hast du beobachtet?
5) Welches Bild kannst du dir nun von dem gewählten Beruf machen?
6) Lies deinen Text zum Thema *Meine Erwartungen an das Praktikum* noch einmal durch. Sind deine Erwartungen erfüllt worden? Gehe auf die einzelnen Erwartungen ein.
7) Treffe aus diesen Überlegungen von Nummer 6 heraus eine eindeutige Feststellung: Das Praktikum war
   sehr – etwas – wenig – gar nicht nützlich für mich.
8) Kommt der erkundete Beruf für dich in die engere Wahl? Warum?
9) Hat das Praktikum Einfluss auf deinen Berufswunsch? Erkläre!
10) Worauf willst du von jetzt an bei deiner Berufswahl verstärkt achten?
11) Ist dir die Umstellung von der Schule auf das Praktikum schwer gefallen? Wenn ja: Was waren die Gründe dafür?

2 Besprecht anschließend eure Ergebnisse in einer Vierergruppe. Fasst eure wichtigsten Punkte zusammen für einen Austausch im Klassengespräch.

M Formuliert eure Reflexion schriftlich und gestaltet ein Plakat zu eurem Praktikum mit Fotos und anderen Materialien. Falls ihr eine Schülerzeitung an eurer Schule habt, könnt ihr sie auch veröffentlichen.

Der letzte Schliff

1 Überarbeitet zum Schluss euren Praktikumsordner gründlich: Kontrolliert auf Vollständigkeit, Gestaltung, Tagesberichte und Wahlthema.

2 Setzt euch in Vierergruppen zusammen und führt eine „Ordnerinspektion" durch. Jeder der Gruppenteilnehmer übernimmt einen Kriterienpunkt von der Übersicht auf ☞ Seite 149 und überprüft daraufhin den Ordner.

3 Überarbeitet anschließend nochmals eure Ordner.

der Eindruck · der Zettel
der Ordner · beziehungsweise
das Dokument · während
die Checkliste · das Kriterium
die Gliederung · die Kfz-Werkstatt
der Betrieb · die Praxis
2, 4, 5, 6, 10, 15

Dritter Schritt: Bewerbungen

Euer Praktikum ist beendet und bald beginnt für viele von euch das letzte Schuljahr. Nun ist es an der Zeit, sich um die Bewerbungen zu kümmern.

1 Lest den INFO-Kasten mit den Worterklärungen und sprecht über folgende Fragen:
  * Wie können wir uns selbst erfolgreich „vermarkten"?
  * Wie können wir jemanden von uns überzeugen?
  * Wie müssen unsere Bewerbungen gestaltet sein?

> **INFO**
> **bewerben:** seine Arbeitskraft anbieten; sich bemühen um ein Amt, einen Posten, eine Stelle
> **werben:** sich um etwas bemühen, jemanden für sich gewinnen

2 Jeder von euch gestaltet seine eigene Werbecollage: Macht Werbung für euch selbst und gestaltet damit ein Plakat.
TIPP: Fragt eure Mitschüler und Lehrer, welche positiven Eigenschaften und Fähigkeiten ihnen zu euch einfallen!

Lernzirkel: Bewerbungstraining

Zuletzt habt ihr euch mit euren Fähigkeiten und positiven Eigenschaften auseinandergesetzt, nun macht ihr euch an die Bewerbungen. Damit eine Bewerbung erfolgreich ist, muss man verschiedene Gesichtspunkte berücksichtigen. Deshalb werdet ihr in einem **Lernzirkel** das Thema *Bewerbungen* unter die Lupe nehmen.

1 Überlegt euch, aus welchen Bestandteilen eine schriftliche Bewerbung besteht. Sammelt sie an der Tafel.

Den Lernzirkel vorbereiten

In diesem Lernzirkel gibt es fünf Stationen. Stellt im Klassenzimmer für jede Station einen Tisch mit der Nummer der Station auf. Verteilt euch gleichmäßig auf die Statio-

nen. Wer die Aufgaben an einer Station erledigt hat, geht zur nächsten. Fertigt einen Laufzettel an (siehe Abbildung), auf dem ihr die besuchten Stationen ankreuzt und die Stationsthemen eintragt.

TIPP: Wenn ihr die Ergebnisse der einzelnen Stationen in einem Ordner abheftet, habt ihr alle wichtigen Informationen zum Thema *Bewerbung* zusammen und es entsteht eine Art „Mustermappe".

Laufzettel von _____

( ) *Station 1:* _____

( ) *Station 2:* _____

Was ihr außer dem Deutschprofi benötigt:

Station 1: Schere/Klebstoff, aktuelle Tageszeitungen oder Internetzugang, *Beruf Aktuell* oder eine andere Informationszeitschrift zur Berufswahl, Karteikarten (DIN A6)

Station 2: blanko DIN-A4-Papier mit Linienblatt, Füller

Station 3: PC (möglichst mehrere)

Station 4: DIN-A4-Papier, Lineal, Bleistift, ein oder mehrere PCs sind hilfreich, aber nicht unbedingt erforderlich

Station 5: Papier, Schreibzeug

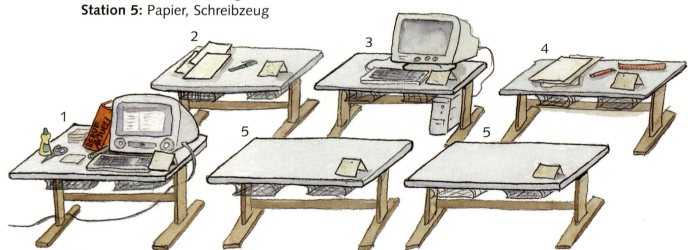

Station 1: Wir sammeln Stellenangebote

1 Fertigt die **Vorderseite** einer Karteikarte für eine Stellenangebotskartei an.

* Sucht aus dem Stellenmarkt der Zeitung oder im Internet ein Stellenangebot für einen Ausbildungsplatz aus und klebt es auf die Karteikarte.

* Tragt rechts oben die Quelle ein, zum Beispiel den Namen und das Datum der Zeitung oder eine Internetadresse.

Beispiel für die
Vorderseite
der Karteikarte:

> Neumarkter Tagblatt, 05.03.20…
>
> Wir suchen zum 1. September oder später eine/n
> Auszubildende/n als
>
> **Köchin** oder **Koch**
>
> Schriftliche Bewerbung an:
> Altstadt da Orazio, z. Hd. Herrn Pardo,
> Buntestr. 123, 88888 Niemandshausen,
> Tel: 08888/888888

2 Fertigt die **Rückseite** der Karteikarte für eure Stellenangebotskartei an.
  ∗ Schreibt die Berufsbezeichnung auf die Rückseite. Beachtet die weibliche
    und männliche Berufsbezeichnung (siehe Beispiel)!
  ∗ Tragt nun Informationen zu folgenden Gesichtspunkten zusammen:
    Ausbildungsdauer, Tätigkeiten, Ausbildungsvoraussetzungen
    und Sonstiges.

Beispiel für die
Rückseite
der Karteikarte:

> Berufsbezeichnung: Köchin / Koch
>
> Ausbildungsdauer: 3 Jahre
>
> Tätigkeiten: Kochen, braten, backen, garnieren, Speisekarten zusammenstellen
>
> Ausbildungs-
> voraussetzungen: keine genannt
>
> Sonstiges: Eine schulische Ausbildung ist ebenfalls möglich.

Station 2: Lebenslauf

INFO

Der Lebenslauf spielt bei deiner Bewerbung eine wichtige Rolle. In vielen
Personalabteilungen wird zuerst der Lebenslauf gelesen, bevor die Zeugnisse
angeschaut werden, um festzustellen, inwieweit der Bewerber für diese Stelle
qualifiziert ist. Man unterscheidet verschiedene Arten:
  ∗ tabellarischer Lebenslauf
  ∗ ausführlicher Lebenslauf (wird nur noch selten verlangt)
  ∗ handgeschriebener Lebenslauf (wird nur noch selten verlangt)

1 Jutta Fröhlich ist leider der ganze Lebenslauf durcheinandergeraten. Ordnet die Einzelteile zu einem kompletten und formal richtigen Lebenslauf. Benutzt hierfür den PC und schreibt den Lebenslauf ab! Das Raster hilft euch dabei.

ACHTUNG: Die Vorgaben können sich jederzeit ändern. Erkundigt euch, wie das aktuelle Muster für Lebensläufe aussieht!

Jutta Fröhlich

09/1997–07/2001 Grundschule in Gernsbach

Gernsbach, den 26.11.2005

Kicherstr. 14c, 87659 Gernsbach
Tel: 08765/123456

15.07.1991 in Gernsbach

Kochen, tanzen, Musik hören

Bernd Fröhlich, Einzelhandelskaufmann
Sara Fröhlich, geb. Krumm, Hausfrau

Jutta Fröhlich

09/2001–07/2006 Erich-Kästner-Hauptschule in Gernsbach

Praktikum Bäckerei Krümel in Gernsbach (03/2005)

07/2006 Hauptschulabschluss (voraussichtlich)

Raster für einen tabellarischen Lebenslauf

Lebenslauf

Auf dieser Seite stehen alle Überschriften – Abstände nicht vergessen!

Persönliche Daten

Name:

Anschrift:

Geburtsdatum und -ort:

An ungefähr dieser gedachten Linie beginnst du mit den jeweiligen Eintragungen!

Eltern:

Schulbildung:

Schulabschluss:

Praktische Erfahrungen:

Hobbys:

(Ort, Datum)   **(Name/Unterschrift)**

TIPP

So sollte dein Foto sein:
* schwarz-weiß oder farbig
* nicht älter als sechs Monate
* Porträtfoto (aber nicht von einem Fotoautomaten)
* Name und Anschrift auf die Rückseite

2 Erstellt eine Checkliste zum Thema: *Wie sollte ein Lebenslauf aussehen?*

3 Erstellt euren eigenen Lebenslauf nach dem Beispiel von Jutta Fröhlich. Benutzt hierzu ein unliniertes Blatt Papier mit Linienblatt und einen Füller. Schreibt ordentlich und gut lesbar. Falls euch Daten oder Angaben fehlen, lasst Platz, fragt zu Hause nach und ergänzt sie.
TIPP: In manchen Textverarbeitungsprogrammen gibt es Formatvorlagen für Lebensläufe.

Station 3 (PC): Anschreiben

Das **Anschreiben** ist ein Brief, der sich direkt an den Ansprechpartner im Unternehmen richtet, welcher für die Vergabe von Ausbildungsplätzen zuständig ist. Mit dem Anschreiben möchte man Interesse an der eigenen Person wecken. Deshalb sollte man über wichtige Eigenschaften und Erfahrungen informieren. Dennoch sollte das Anschreiben nicht länger als eine Seite sein, damit es auch gelesen wird.
Denkt daran, nur wenn dieses Schreiben ansprechend gestaltet ist, wird der Leser sich die Mühe machen, auch die anderen Bewerbungsunterlagen anzusehen. Schreibt das Anschreiben mit dem PC.

1 Anschreiben sind – wie alle Geschäftsbriefe – nach einem bestimmten Schema aufgebaut. Lest das Musteranschreiben auf der ☞ nächsten Seite und schreibt es am PC ab.

METHODE

Bewerbungsschreiben am PC verfassen

Wenn ihr Anschreiben am PC verfasst, solltet ihr diese Hinweise beachten:
* Kontrolliert die Einstellung der Seitenränder (siehe Abbildung).
* In manchen Textverarbeitungsprogrammen gibt es Formatvorlagen für Geschäftsbriefe.
* Speichert alle Anschreiben in einem Ordner ab.
* Legt euch eine eigene Bewerbungsdiskette oder -CD an, auf der ihr alle Bewerbungsunterlagen abspeichert.

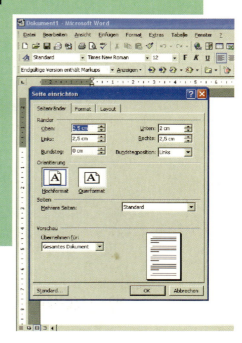

Rainer Derfler
Wiesenweg 33
10078 Berlin

Berlin, 3. Februar 2006

Tel.: 5 67 56 54

Gärtnerei Baum & Blume
Herrn Wolf Dagel
Am Graben 18
13588 Berlin

Bewerbung um einen Ausbildungsplatz als Gärtner
Ihre Anzeige in der Berliner Zeitung vom 2. Februar 2006

Sehr geehrter Herr Dagel,

mit großem Interesse habe ich Ihre Anzeige gelesen und möchte mich Ihnen vorstellen.

Schon lange ist es mein Wunsch, Gärtner zu werden. Von klein auf habe ich meinen Eltern mit Begeisterung bei der Gartenarbeit geholfen.
Derzeit interessiere ich mich ganz besonders für seltene Ziersträucher, die ich mit sehr viel Sorgfalt hege und pflege. Freunde meiner Eltern holen sich mittlerweile schon mal einen Rat von mir, wenn sie Fragen zu den Bäumen, Sträuchern und Blumen in ihrem Garten haben.

Zurzeit besuche ich die neunte Klasse der Goethe-Schule. Im Sommer dieses Jahres werde ich dort den Hauptschulabschluss machen.

Zu meinen Hobbys zählt neben der Gartenarbeit auch das Basteln. Außerdem stelle ich gerne Gestecke aus Gräsern und Zweigen her.

Ich würde mich freuen, wenn Sie mich zu einem Vorstellungsgespräch einladen.

Mit freundlichen Grüßen

Rainer Derfler
Rainer Derfler

Anlagen
Lebenslauf mit Foto
Zwei Zeugniskopien

2 Verfasst zur Stellenanzeige auf der ☞ folgenden Seite ein Anschreiben. Ihr könnt auch eine Stellenanzeige aus den Karteikarten von Station 1 benutzen, falls ihr diese Station schon bearbeitet habt.

Stadt Hagenbeck
Personalbüro
z. Hd. Frau Wolf
Am Ziegenberg 7
11111 Hagenbeck

WIR BIETEN EINEN AUSBILDUNGSPLATZ ZUM/ZUR

Tierpfleger/in – Zoo

Eintrittstermin: 01.09.20..

Das bringen Sie mit
Einen guten Haupt- oder Realschulabschluss, Tierliebe und Freude an der Teamarbeit.

Unser gemeinsamer Weg
Im Rahmen Ihrer dreijährigen Ausbildung erlernen Sie die Betreuung von Tieren. Zu Ihren Aufgaben gehört die Pflege dieser Tiere, deren Versorgung mit Futter sowie ihre Aufzucht. Außerdem assistieren Sie bei tierärztlichen Untersuchungen.
Berufsbegleitend besuchen Sie das Berufskolleg in der Amselstraße 1 in Hagenbeck.

Das bieten wir Ihnen
Eine interessante und vielseitige Ausbildung mit Zukunftsperspektiven in einem hoch motivierten Team.

Das Personalbüro der Stadt Hagenbeck freut sich auf Ihre Bewerbung!

MEMO
Am Briefanfang wird die **Anrede** mit einem Komma vom eigentlichen Brieftext getrennt. Das erste Wort des Brieftextes schreibt man danach klein (außer Wörter, die man immer großschreibt):

Sehr geehrte Damen und Herren,

auf Ihre Stellenanzeige hin möchte ich ...

Sehr geehrte Frau Hummel,

wie schon telefonisch besprochen, ...

Die Anredepronomen in der Höflichkeitsform *Sie, Ihr, Ihnen* und so weiter schreibt man immer groß, zum Beispiel: *Ich danke **Ihnen** vielmals.*

▶ Weitere Informationen zum sachlichen Brief erhaltet ihr in Kapitel *3 Wichtige Entscheidungen treffen? ...* auf ☞ Seite 75 ff.

Station 4: Bewerbungsübersicht

1 Für den Fall, dass ihr viele Bewerbungen abschicken müsst, solltet ihr den Überblick behalten. Deshalb ist es sinnvoll, wenn ihr euch eine Übersicht aller versandten Bewerbungsunterlagen erstellt. So wisst ihr jederzeit, wo sich eure Unterlagen befinden.
Gestaltet auf einem DIN-A4-Blatt eine Bewerbungsübersicht. Folgende Punkte sollten vorhanden sein:

Name der Firma	Ansprech-partner	Bewer-bung als	abge-schickt am	Nachricht erhalten am	Einstel-lungstest am	Vorstel-lungsge-spräch am	Unterla-gen zu-rück am
Salon Gisela	Frau Fischer	Friseurin	16.02...	27.02...	24.04...	28.04...	25.07...
..?..	..?..	..?..	..?..	..?..	..?..	..?..	..?..

Nach einer erfolgreichen Bewerbung erhaltet ihr eine Einladung zu einem Vorstellungs-gespräch. Wie ihr euch darauf vorbereiten könnt, erfahrt ihr in Kapitel *7 Gut dass wir darüber gesprochen haben!* ☞ Seite 185 ff.

Station 5: Fehlerfrei bewerben

Bei Bewerbungen ist es sehr wichtig, dass ihr Fehler vermeidet. Denkt daran, ihr <u>werbt</u> mit der Bewerbung für euch! Das ist eure Visitenkarte. Darum müssen die Unterlagen nicht nur ordentlich und vollständig, sondern auch fehlerfrei sein!
Im Folgenden werden verschiedene Rechtschreibfälle bearbeitet. Ihr wiederholt zum Teil bereits Gelerntes und lernt auch Neues. Bearbeitet nicht zu viele Fälle auf einmal, damit ihr euch die Regeln auch merken könnt und nicht durcheinanderkommt.

INFO

Tipps für Bewerbungen
* Schreibt die Unterlagen am PC und überprüft den Text mithilfe der Recht-schreibkontrolle. ACHTUNG: Auch der PC erkennt nicht alle Fehler.
* Lasst eine andere Person (Lehrer/in, Eltern, ...) die Bewerbung korrigieren.

Schreibung von Eigennamen

1 Hier ist einiges durcheinandergeraten. Setzt die Eigennamen wieder richtig zusammen und schreibt sie in euer Heft. Beachtet die Groß- und Klein-schreibung.
Zweites Deutsches Kreuz   Deutscher Bär
Kap der Achte   der Schiefe Turm von Amerika

der Große Bundestag   *Heinrich der Guten Hoffnung*
Vereinigte Staaten von Pisa   *das Rote Fernsehen*

2 Eigenname oder feste Verbindung? Lest zunächst den GRUNDWISSEN-Kasten durch und ordnet anschließend die folgenden Ausdrücke in eine Tabelle ein. Achtet auf die korrekte Schreibweise.

Eigennamen	feste Verbindungen

DIE GOLDENE HOCHZEIT – DER ROTE PLATZ – DER BAYERISCHE WALD – DER ITALIENISCHE SALAT – DAS NEUE JAHR – DER INDISCHE OZEAN – DAS SCHWARZE SCHAF – DIE GRÜNE LUNGE – DER BAYERISCHE RUNDFUNK – DAS GELBE TRIKOT – DAS OLYMPISCHE FEUER – DIE GRÜNE INSEL – DIE FRANZÖSISCHE REVOLUTION – DAS NEUE TESTAMENT

Getrennt oder zusammen?

Wörter werden im Normalfall von anderen getrennt geschrieben. Zusammenschreibungen sind die Ausnahme. Wörter, die im Text nebeneinanderstehen, können unterschiedliche Verbindungen eingehen. Man unterscheidet:

Wortgruppen	Zusammensetzungen
Rad fahren	*eislaufen*
genauer untersuchen	*langweilen*
⇨ werden getrennt geschrieben	⇨ werden zusammengeschrieben

Getrennt- und Zusammenschreibung (1)

Verbindungen aus **Verb und Verb** werden in der Regel getrennt geschrieben. Beispiele: *schwimmen gehen, arbeiten gehen*
ACHTUNG: Verwendet man die Verb-Verb-Verbindungen als Nomen, werden sie zusammengeschrieben. Beispiel: *Das **Spazierengehen** an der frischen Luft tut gut.*
ACHTUNG: Wenn Verbindungen aus Verb und Verb mit *lassen* und *bleiben* in übertragener Bedeutung verwendet werden, können sie auch zusammengeschrieben werden. Beispiele: *Er hatte keine Zeit, deshalb ist die Arbeit liegen geblieben/liegengeblieben. Heute früh ist er lange im Bett liegen gebleiben.*

1 Bildet aus den Bausteinen Verb-Verb-Verbindungen, die ihr dann in Sätzen verwendet.

laufen   sitzen   spazieren   lassen   bleiben

fallen   schreiben   liegen   gehen   lernen

2 Löst die Satzschlangen auf und schreibt sie richtig in euer Heft.

Dariofreutsichwennerschwimmengeht.

Meinfreundwillheuteabendmitmiressengehen.

Wennerarbeitengehtmusserfrühaufstehen.

3 Verwendet nun die Wortverbindungen als Nomen in Sätzen.

Getrennt- und Zusammenschreibung (2)

Verbindungen aus **Nomen und Verb** werden meist getrennt geschrieben. Beispiele: *Rad fahren, Verlust machen*
ACHTUNG: Verwendet man die Wortverbindungen als Nomen, werden sie zusammengeschrieben. Beispiel: *Das **Radfahren** macht Spaß.*
ACHTUNG: Wenn das Substantiv als solches nicht mehr erkennbar ist, werden Verbindungen aus ehemaligen Substantiven und Verben zusammengeschrieben. Beispiele: *eislaufen, kopfstehen, nottun*

4 Hier sind die Kombination durcheinandergeraten. Bildet kurze Sätze.
WALZER MACHEN – ANGST SPIELEN – FUSS TANZEN – KUCHEN FAHREN – TENNIS FASSEN – SKI HABEN – RAD BACKEN – MUT LAUFEN

5 Zusammen oder getrennt? Entscheidet über die Schreibung der Verbindungen in den Klammern und schreibt sie richtig in euer Heft.
a) Muss man vor dem Bewerbungsgespräch (Angst + haben)?
b) Das (Wäsche + waschen) macht Sarah keinen Spaß.
c) Mit seinem Lehrlingsgehalt sollte man (Maß + halten).
d) Beim Wintersporttag gehen wir zum (Eis + laufen).

Getrennt- und Zusammenschreibung (3)

* Verbindungen aus Adjektiv und Verb können untrennbare Zusammensetzungen bilden. Sie werden zusammengeschrieben.
  Beispiele: *langweilen, vollbringen, weissagen*
* Es gibt Verbindungen aus Adjektiv und Verb, die, je nach Bedeutung, getrennt oder zusammengeschrieben werden können.
  Eigentliche Bedeutung: *Der Redner hat frei gesprochen.* (⇨ ohne Vorlage)
  Neue, übertragene Bedeutung: *Der Angeklagte wurde freigesprochen.* (⇨ von der Anklage)
* Die Getrenntschreibung gilt für alle anderen Fälle. Dazu zählen vor allem komplexe, erweiterte oder gesteigerte Adjektive.
  Beispiele: *herzlich danken, freundlich grüßen, ganz nahe kommen, genauer untersuchen*

6 Einige der folgenden Adjektiv-Verb-Verbindungen werden getrennt, andere zusammengeschrieben. Schreibt sie richtig in euer Heft.
sauber ? halten – ruhig ? bleiben – tot ? schweigen – glücklich ? machen – wahr ? sagen – schwarz ? fahren – bloß ? stellen – heimisch ? fühlen

7 Schreibt die Sätze in euer Heft und setzt die passenden Verbindungen in der richtigen Zeitform in die Lücken ein.

gut schreiben/gutschreiben – leicht fallen/leichtfallen – groß schreiben/großschreiben

a) Hans sollte den Brief verfassen, weil er ..?.. kann.
b) Der Betrag wurde ihrem Konto ..?.. .
c) Wenn man stolpert, kann man ..?.. .
d) Die Mathearbeit ist ihr ..?.. .
e) Teamarbeit wird in unserer Klasse ..?.. .
f) Satzanfänge werden ..?.. .

Getrennt- und Zusammenschreibung (M)

Verbindungen mit dem Wort *so* schreibt man

* zusammen, wenn es sich um unterordnende Konjunktionen handelt.

  Beispiele: *Soweit ich weiß, kommt Carla morgen.*

  Solange Sarah nicht hier ist, können wir noch nicht anfangen.

* getrennt, wenn *so* ein Adverb ist.

  Beispiele: *Florian war mit den Aufgaben schon so weit, dass er aufhören konnte.*

  Senem muss erst in einer Woche zurück. So lange bleibt sie in München.

ACHTUNG: Adverbien vom Typ *sogleich* schreibt man zusammen.
Beispiele: *Wir fanden sogleich die Ursache. Ich komme sofort.*

M Schreibt die Sätze in euer Heft und entscheidet euch für die richtige Schreibung.

solange/so lange – soviel/so viele – soweit/so weit

a) ..?.. ihr die Übung nicht fertig gemacht habt, geht keiner in die Pause.
b) Das halte ich nicht ..?.. aus, das ist langweilig.
c) ..?.. Aufgaben habe ich noch nie machen müssen.
d) ..?.. ich weiß, bekommen wir noch mehr Übungsaufgaben.
e) Hans ist schon ..?.. wie ein Rechengenie.
f) ..?.. ich weiß, bekommt er aber auch Nachhilfe.

Kleiner Strich – und alles wird leichter

1 Deckt die rechte Spalte ab und lest zunächst die linke. Dann wiederholt den Vorgang umgekehrt. Was stellt ihr fest?

Lottoannahmestelle	Lotto-Annahmestelle
Schifffahrt	Schiff-Fahrt
Druckerzeugnis	Druck-Erzeugnis
Icherzählung	Ich-Erzählung
Leichtathletikländerkampf	Leichtathletik-Länderkampf

2 Schreibt die zusammengesetzten Wörter aus der Wortschlange heraus. Entscheidet selbst, ob ihr sie mit oder ohne Bindestrich schreiben wollt.

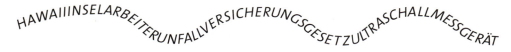

HAWAIIINSELARBEITERUNFALLVERSICHERUNGSGESETZULTRASCHALLMESSGERÄT

Der Bindestrich zur Hervorhebung und besseren Übersicht

Zusammengesetzte Wörter werden gewöhnlich ohne Bindestrich geschrieben. Der Bindestrich soll das Lesen und Schreiben langer Zusammensetzungen erleichtern. Um einzelne Bestandteile hervorzuheben, um Missverständnissen vorzubeugen oder der besseren Übersicht wegen <u>kann</u> man deshalb einen Bindestrich setzen.
Beispiele: *Seeelefant oder See-Elefant,*
Musikerleben oder Musiker-Leben und Musik-Erleben

3 Bildet aus den Bestandteilen der zwei Kästen möglichst viele Wörter.

i	*8*	*D*	*Dehnungs*
VIP	*Kfz*	*O*	*3* *Lungen*

Lounge	*Punkt*	*h*	*Zug*
Zylinder	*Papier*		*Tonner*
	Beine	*Tbc*	

4 Könnt ihr selbst eine Regel für die Schreibweise der gebildeten Wörter finden? Vergleicht eure Regeln anschließend mit dem GRUNDWISSEN-Kasten.

Der Bindestrich in Zusammensetzungen

Man setzt einen Bindestrich in Zusammensetzungen mit:
* Einzelbuchstaben. Beispiel: *y-Achse*
* Abkürzungen. Beispiel: *Fußball-WM*
* Ziffern. Beispiel: *14-Jährige*
Aber: *8fach, ein 32stel, der 68er*
In einer Aneinanderreihung werden alle Wörter durch Bindestriche verbunden. Beispiele: *Frage-und-Antwort-Spiel, Make-up*

5 Wohin mit dem Bindestrich? Schreibt die Wortgruppen richtig ab.
Schlafwachrhythmus – Mundzumundbeatmung – Ritterundräuberromane – Septemberoktoberheft – Georgbüchnerpreis – Sanktjosefskirche

M Schreibt den Text ab und setzt Bindestriche bei den zusammengesetzten Fremdwörtern, damit er gut lesbar ist.
Über das Multiplechoiceverfahren fand ein Meinungsforschungsinstitut heraus, dass Jugendliche der so genannten Nofuturegeneration vor allem Nonameprodukte sowie einseitige Freizeitvergnügungen strikt ablehnen. Uptodate ist, wer sich im Fashionlife auskennt und über die neuesten Trendevents informiert ist. Treffpunkte Gleichgesinnter sind Multikultispektakel, Trancedancepartys oder Chilloutsessions, bei denen getanzt wird.

▶ Versteht ihr alle Fremdwörter? Wenn nicht, dann hilft euch das Kapitel *4 Auf jedes Wort kommt es an! ...* auf ☞ Seite 97 ff. weiter.

6 Lest euch den Text durch. Was fällt euch auf?

Die Sommersaison und damit auch die Grillsaison hat wieder begonnen. Egal ob Balkonmöbel, Gartenmöbel oder Campingmöbel, alles wird nun wieder herausgesucht und für das Grillen bereitgestellt. Mutter stellt schon mal den Orangensaft und Apfelsaft für die Kinder auf den Tisch und Vater wirft die Schweinswürstchen und die Putenwürstchen auf den Grill. Wir Kinder helfen beim Vorbereiten der Salate, es gibt Kartoffelsalat, Karotten- salat und Gurkensalat. Das Grillen hat unseren Vater so angestrengt, dass er nun ganz saftlos und kraftlos am Tisch sitzt. Nach dem Essen helfen wir natürlich sowohl beim Abräumen als auch beim Aufräumen mit.

7 Schreibt die Aufzählungen des Textes verkürzt in euer Heft. Lest euch dazu den GRUNDWISSEN-Kasten durch.

8 Die folgenden Verbindungen sind durcheinandergeraten. Setzt sie richtig zusammen und vergesst nicht den nötigen Ergänzungsbindestrich.
* *Tier und rückwärts*
* *an und Pflanzenarten*
* *sang und Nebeneingang*
* *in und klanglos*
* *vor und ausmachen*
* *Haupt und auswendig*

GRUNDWISSEN

Ergänzungsbindestrich

Mit dem Bindestrich (= Ergänzungsbindestrich) zeigt man an, dass in Zusammensetzungen oder Ableitungen einer Aufzählung ein gleicher Bestandteil ausgelassen wurde, der sinngemäß zu ergänzen ist.
Beispiele: *Haupt- und Nebeneingang; Schulbücher, -hefte und -mappen; Eisenbahnunter- und -überführung*

s, ss oder doch ß?

1 Schreibt die Mail in euer Heft und ergänzt die s-Laute. Wenn ihr euch nicht mehr an die Schreibung der s-Laute erinnert, lest euch den TIPP auf ☞ Seite 165 durch.

```
Lieber Tom,
ge[?]tern war ich zum er[?]ten Mal in einem Fitne[?]center. Ein tol-
le[?] Erlebni[?]. Zuer[?]t bekam ich eine Einwei[?]ung in die Geräte.
Anschlie[?]end wurde ich au[?]drücklich darauf hingewie[?]en,
au[?]reichend Flü[?]igkeit zu mir zu nehmen, denn gro[?]er Schwei[?]-
verlu[?]t führt [?]on[?]t dazu, da[?] da[?] Blut schlechter flie[?]t.
```

Allerding**?** **?**ollte ich nicht meinen mitgebrachten Ei**?**tee trinken, da die**?**er nahezu au**?**schlie**?**lich au**?** Zuckerwa**?**er besteht. Woher hätte ich da**?** wi**?**en **?**ollen? Die**?**e**?** Problem
lie**?** **?**ich lö**?**en, indem ich mir ein Mineralwa**?**er au**?** dem
Automaten holte.
Mir hat da**?** Training viel Spa**?** gemacht. Probiere e**?** doch auch
einmal!
Viele Grü**?**e,
dein Cem

2 Vergleicht eure Ergebnisse und begründet die gewählte Schreibweise.

3 Bildet mit den Wortbestandteilen Wörter und schreibt sie in euer Heft.
Setzt unter kurz gesprochene Vokale einen Punkt und unter lang gesprochene einen Strich. Wer findet am schnellsten die meisten Wörter?

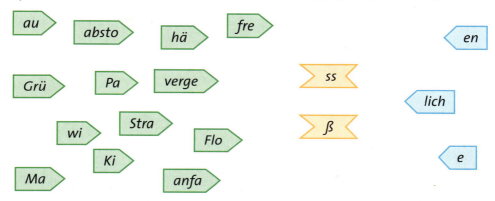

Hört genau hin!

Nach einem **kurz gesprochenen, betonten Vokal** *(a, e, i, o, u)* oder **Umlaut** *(ä, ü, ö)*
schreibt man den stimmlosen s-Laut **ss.**
Beispiele: *küssen, Fluss, Schloss*
ACHTUNG: Obwohl bei Wörtern, die auf -*nis* enden, und bestimmten Fremdwörtern der Vokal kurz gesprochen wird, schreibt man sie mit einem einfachen
s-Laut. Der Plural wird mit **ss** geschrieben.
Beispiele: *Bus, Zeugnis,* aber: *Busse, Zeugnisse*

Nach einem **lang gesprochenen Vokal**, einem **langen Umlaut** oder einem **Dop-
pellaut** *(au, äu, ei, eu)* schreibt man den stimmlosen s-Laut **ß.**
Beispiele: *Soße, Grüße, außen*
ACHTUNG: Bei stimmhaften s-Lauten schreibt man **s.**
Beispiele: *Sohle, Hase, Häuser, Gräser*

4 Warum kommt es bei den unterstrichenen Wörtern häufig zu Fehlern? Wie könnt ihr herausfinden, wie man die Wörter schreibt?

a) *Sie* <u>ist</u> *in der Schule.*   *Sie* <u>isst</u> *ihr Pausenbrot.*

b) <u>Lies</u> *den Text zu Hause zu Ende!*   *Sie* <u>ließ</u> *ihr Buch in die Schultasche fallen.*

5 Welche Schreibweise ist richtig? Lest euch zuerst den METHODEN-Kasten durch und schreibt anschließend die folgenden Sätze richtig in euer Heft.

a) *Horst (reist/reißt) eine Seite aus seinem Heft.*

b) *Ich (reise/reiße) nach Ägypten.*

c) *Er (fast/fasst) sich an den Kopf.*

d) *Ich hätte meinen Regenschirm (fast/fasst) liegen gelassen.*

e) *Du (weist/weißt) alles.*

f) *Unser Lehrer (weist/weißt) uns den Weg.*

M Bildet Sätze mit folgenden gleich klingenden Wörtern:

wieder/wider – wahr/war – Wal/Wahl – Mine/Miene – Stil/Stiel

M Es gibt auch eine Anzahl von ähnlich klingenden Wörtern. Sucht zu folgenden Wörtern ähnlich oder gleich klingende Wörter.

Staat – Lied – Gase – viel – in – tot – man

Beispiel: *der Staat – die Stadt – statt*

Bildet jeweils einen Satz, in dem die Bedeutung klar wird. Sammelt weitere solche Wörter.

Denkt an die Wortfamilie!

Es gibt eine Anzahl von Wörtern, die gleich oder ähnlich ausgesprochen werden, aber eine unterschiedliche Schreibweise haben. Um herauszufinden, wie man sie schreibt, geht folgendermaßen vor:

* Klärt, zu welcher Wortfamilie das Wort gehört. Die Bedeutung hilft euch dabei.
* Sucht euch nun ein Wort aus dieser Wortfamilie heraus, das ihr ohne Probleme schreiben könnt.
* Übertragt die Schreibweise auf das Wort, bei dem ihr euch nicht sicher wart.

Endungen für die Großschreibung nutzen

1 Sucht die Endungen, die aus den angegebenen Wörtern Nomen machen. Schreibt die Wörter mit dazugehörigem Artikel auf.

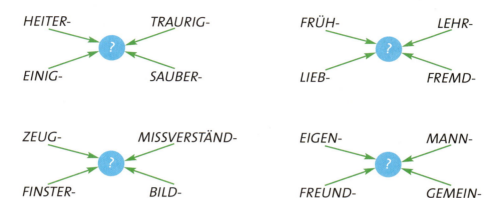

HEITER-   TRAURIG-   **?**   FRÜH-   LEHR-

EINIG-   SAUBER-   LIEB-   FREMD-

ZEUG-   MISSVERSTÄND-   **?**   EIGEN-   MANN-

FINSTER-   BILD-   FREUND-   GEMEIN-

2 Kennt ihre weitere Substantivendungen? Sammelt sie an der Tafel. Sucht Beispiele.

3 Bildet aus den folgenden Verben Nomen, die auf *-nis* enden. Schreibt sie mit Artikel im Singular und Plural auf. Erinnert ihr euch noch an die Schreibung der Pluralformen? Wenn nicht, schaut im TIPP-Kasten auf ☞ Seite 165 nach.
hemmen – hindern – ergeben – vorkommen – geloben – begraben

4 Sucht Nachsilben, mit denen ihr aus folgenden Wörtern (neue) Nomen bilden könnt.
*Bürger – kündigen – wild – bedienen – schwach – Kunde – krank – lieben –
klug – brauchen – heizen – rinnen – ewig – anspannen – vergessen – offen –
Wirt – versuchen – zufrieden – missachten – lebendig – Staatsanwalt*

GRUNDWISSEN

Endungen für die Großschreibung nutzen

Die Nachsilben/Suffixe *-heit, -keit, -ung, -ling, -schaft, -nis, -tum, -sal* sind Endungen für Nomen. Deshalb werden Wörter mit diesen Endungen immer **großgeschrieben,** auch wenn das Grundwort kein Nomen ist.

Beispiele: *reich* (= Adjektiv) ⇨ *der Reichtum* (Nomen)
impfen (= Verb) ⇨ *die Impfung* (Nomen)

▶ Weitere Informationen zur Wortbildung findet ihr im Kapitel *4 Auf jedes Wort kommt es an! ...* auf ☞ Seite 105 ff. Ein Training zur Kommasetzung befindet sich in Kapitel *3 Wichtige Entscheidungen treffen? ...* auf ☞ Seite 77 f.

Mit einer Rechtschreibkartei üben

Mithilfe einer Rechtschreibkartei kann jeder für sich individuell an seinen Fehlerschwerpunkten arbeiten. So legt ihr eine Rechtschreibkartei an:

1) Besorgt euch einen Karteikasten oder einen kleinen Ordner. Dort legt ihr euch vier Fächer an:

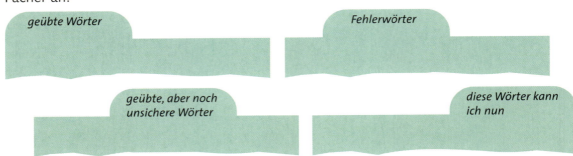

geübte Wörter

Fehlerwörter

geübte, aber noch unsichere Wörter

diese Wörter kann ich nun

TIPP Einen Karteikasten könnt ihr euch zum Beispiel aus einem Schuhkarton auch selbst basteln.

2) Schreibt eure falsch geschriebenen Wörter auf eine Karteikarte und markiert euch die schwierige Stelle.

TIPP Übungswörter findet ihr in Hefteinträgen, Diktaten, Probearbeiten, …

3) Ergänzt Wörter aus der Wortfamilie.

4) Schreibt einen Satz mit eurem Lernwort auf die Karteikarte.

du weißt
Wissen, gewusst, bewusst,
Bewusstsein, ich weiß, du weißt,
wir wissen, wissbegierig,
bewusstlos
Du weißt alles.

So übt ihr mit der Rechtschreibkartei: Zu Hause oder in der Freiarbeitszeit übt ihr eure Fehlerwörter. Viele Übungsaufgaben findet ihr vorn in der Buchklappe.
Überprüft nach circa vier Wochen auch immer wieder die Wörter, die ihr in das letzte Fach abgelegt habt. Macht ihr Fehler, müsst ihr sie wieder in das zweite Fach ablegen.

▶ Ihr könnt auch mit einem Korrekturblatt arbeiten (☞ Seite 234).

Das wisst ihr jetzt für die Zukunft!

Bertolt Brecht

1 Fasst den Inhalt seines Gedichts *Ich habe gehört, ihr wollt nichts lernen* kurz zusammen.

2 Womit endet das Gedicht?

3 Was ist Ironie?

Das Praktikum

4 Fasst in zwei Sätzen eure Erwartungen zusammen, die ihr an euer Praktikum gestellt hattet.

5 Welche Erfahrungen habt ihr im Praktikum gesammelt?

6 Wählt den passenden Satzanfang und ergänzt ihn:
* *Ich war mit dem Praktikum zufrieden, weil* ..?.. .
* *Ich war von dem Praktikum enttäuscht, weil* ..?.. .

7 Denkt über den folgenden Ausspruch nach:
Für mich ist es okay, dass mein Praktikum so übel war, denn jetzt weiß ich wenigstens, was ich nicht will!

Die Bewerbungsunterlagen

8 Ihr wollt für euch selbst werben: Nennt drei Gründe, warum man euch einstellen sollte.

9 Was gehört in eine vollständige Bewerbungsmappe?

Die liebe Rechtschreibung

10 Schreibt folgende Verbindungen mit *fahren* richtig ab. Erklärt, warum ihr euch für Zusammen- oder Getrenntschreibung entschieden habt.

schwarz · spazieren · weit · wieder · fahren · auto · schnell · über · heimlich · das schlange

Und noch mehr Training ...

In der Kürze liegt die Würze

MfG

ARD, ZDF, C&A
BRD, DDR und USA
BSE, HIV und DRK
GbR, GmbH – ihr könnt mich mal
5 THX, VHS und FSK
RAF, LSD und FKK
DVU, AKW und KKK

RHP, USW, LMAA
PLZ, UPS und DPD
10 BMX, BPM und XTC
EMI, CBS und BMG
ADAC, DLRG – ojemine
EKZ, RTL und DFB
ABS, TÜV und BMW
15 KMH, ICE und Eschede
PVC, FCKW – is nich OK

1 Wie wirkt dieser Text auf euch?

2 Die deutsche Popgruppe „Fanta 4" (Die Fantastischen Vier) hat diesen Rapsong geschrieben. Wisst ihr, was die vielen Abkürzungen bedeuten? Setzt euch in Gruppen zusammen und klärt möglichst viele davon. Euer Wörterbuch hilft euch dabei.

3 In welchen Bereichen werden Abkürzungen verwendet? Welche Vor- und Nachteile entstehen, wenn man Wörter verkürzt? Diskutiert darüber.

4 Schreibt folgende Sätze ab und verwendet Abkürzungen, wenn möglich.
a) Die elektronische Datenverarbeitung erleichtert vieles.
b) Haarspray mit Fluorchlorkohlenwasserstoff kaufe ich nicht.
c) Der Fußballclub Bayern München hat schon oft die Meisterschaft gewonnen.
d) Der Technische Überwachungsverein bemängelte das Antiblockiersystem.
e) Der Staatssicherheitsdienst der Deutschen Demokratischen Republik überwachte die Bürger.

5 Auch in der Schule verwendet ihr viele Abkürzungen und verkürzte Wörter, zum Beispiel *Quali*. Sammelt weitere Beispiele.

GRUNDWISSEN

Verkürzte Wörter

Bei **Kurzwörtern** wird ein Teil des Wortes weggelassen. Beispiele: *Mathe(matik), (Omni)Bus, (Se)Basti(an)*
Bei **Silbenwörtern** werden die Erstsilben (oder Teile davon) miteinander verbunden. Beispiele: *Kripo (Kriminalpolizei), Mofa (Motorfahrrad)*
Initialwörter (oder **Buchstabenwörter**) werden durch die Aneinanderreihung der ersten Buchstaben gebildet. Beispiele: *PKW (Personenkraftwagen), USA (United States of America)*

Groß- oder Kleinschreibung – was ist hier richtig?

1 Lest die Satzschlangen vor und schreibt sie in richtiger Schreibung ab.

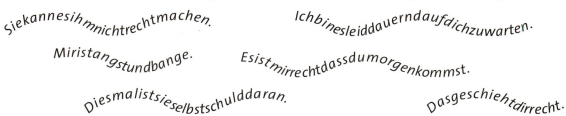

Siekannesihmnichtrechtmachen.

Ichbinesleiddauerndaufdichzuwarten.

Miristangstundbange.

Esistmirrechtdassdumorgenkommst.

Diesmalistsieselbstschulddaran.

Dasgeschiehtdirrecht.

2 Lest euch nun den GRUNDWISSEN-Kasten durch und vergleicht, ob ihr die Regel beachtet habt. Verbessert gegebenenfalls eure Sätze und unterstreicht die Verbindungen farbig.

GRUND-WISSEN

Aus Nomen entstandene Adjektive (Denominalisierungen)

In Verbindungen mit bestimmten Verben *(sein, werden)* sind folgende Nomen zu Adjektiven geworden und werden deshalb kleingeschrieben: *angst, bange, schuld, leid, pleite, recht*.
Beispiele: *Mir wird angst. Die Firma ist pleite. Er ist schuld daran.*
ABER: *Ich habe Angst. Die Firma ging Pleite. Sie gab ihm Schuld.*

Komma, Punkt oder Strichpunkt?

1 Lest euch die folgenden Sätze durch und sprecht darüber, welche Wirkung die verschiedenen Satzzeichen haben.

* *Im Hausflur war es dunkel und still, ich drückte erwartungsvoll auf den Lichtschalter.*
* *Im Hausflur war es dunkel und still; ich drückte erwartungsvoll auf den Lichtschalter.*
* *Im Hausflur war es dunkel und still. Ich drückte erwartungsvoll auf den Lichtschalter.*

2 Lest im *Profiwissen* nach und vergleicht mit euren Ergebnissen.

3 Setzt in den folgenden Sätzen, wo es möglich und sinnvoll ist, einen Strichpunkt an Stelle des Punktes oder des Kommas.
a) *Zu essen gab es Äpfel, Bananen, Kirschen, Plätzchen, Kuchen und Törtchen.*
b) *Ich habe meine Zweifel. Warum sollte es immer so sein?*
c) *Der Zug hält in München, 09:10, Frankfurt, 13:50, Hamburg, 19:20.*
d) *Er kam nach Hause, seine Frau war noch nicht da.*
e) *Susi wünschte sich schon lange eine Katze, aber ihre Eltern dulden keine Tiere in der Wohnung.*
f) *Wir müssen uns nun einigen, welchen Zug wir nehmen wollen. Wenn wir den früheren Zug nehmen, müssen wir uns beeilen.*

7 Miteinander sprechen, sich mitteilen: Wie erreiche ich, was ich will?

Jeden Tag führen wir zahlreiche Gespräche. Doch erreichen wir immer unser Ziel? Das richtige Gesprächsverhalten ist nicht selbstverständlich: In manchen Situationen fallen uns die richtigen Worte nicht gleich ein. Manchmal ist jemand beleidigt, wenn wir ihm unsere Meinung sagen. Die Zusammenarbeit mit anderen klappt nicht, weil wir den richtigen Ton nicht treffen. Manche Gespräche müssen wir vorbereiten …

In diesem Kapitel geht es um

- euer eigenes Gesprächsverhalten,
- die Beobachtung von anderen in unterschiedlichen Gesprächssituationen,
- die Bewertung eures eigenen und des Gesprächsverhaltens eurer Mitschüler,
- eure Teamfähigkeit,
- das richtige Verhalten bei Vorstellungsgesprächen und
- Gesprächsmöglichkeiten im Internet.

Ihr trainiert mithilfe wertvoller Tipps euer Gesprächsverhalten

- in schwierigen Gesprächssituationen,
- bei der Gruppenarbeit,
- beim Vorstellungsgespräch,
- bei Gesprächen im Internet.

Darüber hinaus lernt ihr,

- wann man den Konjunktiv gebraucht,
- wie man sich in Newsgroups verhält.

Die richtigen Worte finden

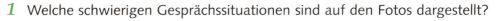

1 Welche schwierigen Gesprächssituationen sind auf den Fotos dargestellt?

2 Fällt es auch euch manchmal schwer, die richtigen Worte zu finden? Woran liegt das? – Sprecht über eigene Erfahrungen.

Kritik angemessen vortragen

Sven und Max bereiten in Partnerarbeit ein Rollenspiel vor. Max ist ein sehr ruhiger und unsicherer Schüler, der große Probleme hat, vor der Klasse zu sprechen. Nach dem ersten Übungsversuch kommt es zu folgendem Wortwechsel:

> Oh Mann! Musst du eigentlich immer wie so ein Kleinkind rumstottern? Mach doch mal den Mund auf und red deutlich. Sonst blamieren wir uns wegen dir noch.
>
> SVEN

> Dann such dir eben einen anderen Partner!
>
> MAX

1 Wie denkt ihr über das Verhalten der beiden Schüler?

2 Entwickelt im Rollenspiel Ideen, wie Sven seine Kritik angemessener vortragen könnte.

METHODE

Kritik angemessen vortragen

Sicher seid auch ihr manchmal mit dem Verhalten einer anderen Person nicht einverstanden und habt **etwas zu beanstanden** (kritisieren). Damit die anderen eure Kritik annehmen können, solltet ihr sie angemessen vortragen.

Am besten ihr verzichtet auf Vorwürfe und Anschuldigungen. Bringt stattdessen eure eigenen Empfindungen als **Ich-Botschaften** zum Ausdruck <u>und</u> macht Lösungsvorschläge.

Beispiel: *Stottere nicht immer so rum.* Besser: *Ich kann dich leider nicht verstehen. Könntest du dich bitte bemühen, deutlicher zu sprechen?*

Hilfreiche Satzanfänge:

* *Mir ist aufgefallen, dass du …*
* *Ich fände es gut, wenn du …*
* *Ich wünsche mir, dass du …*
* *Ich fand dein Verhalten nicht so passend, weil du …*

3 Überlegt weitere Satzanfänge, die euch helfen, Kritik angemessen vorzutragen.

4 Auch in den folgenden Situationen ist es nötig, Kritik zu üben.
* Verfasst zu den Szenen kurze Dialoge und tragt sie als Rollenspiel vor.
* Sprecht anschließend darüber, ob die Kritikpunkte angemessen vorgetragen wurden.

a) *Ein Mitschüler schreibt bei der Gruppenarbeit die Überlegungen sehr schlampig und lückenhaft auf. Du musst die Ergebnisse anhand seiner Aufzeichnungen anschließend der Klasse vortragen.*

b) *Deine Freundin will immer ihre Ideen bei gemeinsamen Unternehmungen durchsetzen. Sie fragt dich zwar nach deinen Wünschen, wenn du ihre Vorschläge nicht gut findest, ist sie eingeschnappt.*

HINWEIS

Kritik muss nicht immer negativ sein. Wir üben auch dann Kritik, wenn wir andere auf *positive Eigenschaften* und *Verhaltensweisen* hinweisen. Wollt ihr ausprobieren, wie es sich anfühlt, positive Kritik zu äußern oder zu hören? Dann erledigt Aufgabe 5.

5 Schreibt auf einen Zettel drei Eigenschaften, die ihr an eurem Banknachbarn gut findet. Lest euch die Zettel vor oder tauscht sie aus. Sprecht anschließend darüber, wie ihr euch fühlt,
* wenn ihr etwas Nettes gesagt bekommt,
* wenn ihr jemandem etwas Nettes sagt.

Ärger loswerden

Lisa, räum doch bitte mal die Klassenbücherei auf. Du machst es wenigstens ordentlich.

Mir reicht es. Immer muss ich den Saustall der anderen in Ordnung bringen!

1 Wie wird die Lehrerin auf Lisas Äußerung reagieren? Notiert zwei mögliche Antworten.

Ärger loswerden

Manchmal tut es richtig gut, Dampf abzulassen, wenn man sich ärgert. Doch man erreicht damit meist nicht sein Ziel. Besser ist es, **ein Gespräch zu suchen** und dem anderen zu erklären, **warum** man sich ärgert.

Hilfreiche Satzanfänge:

* *Ist dir/Ihnen eigentlich aufgefallen, dass immer ich ...*
* *Ich finde es ungerecht, dass ich immer ...*
* *Wieso muss immer ich ...? Die anderen könnten doch ...*
* *Ich verstehe nicht, weshalb ...*

2 Nachdem sie von der Lehrerin zurechtgewiesen wurde, beschließt Lisa, in Ruhe mit ihr zu reden. Formuliert zwei bis drei Sätze, mit denen Lisa ihr Anliegen angemessen vortragen könnte.

Noch mehr Ärger

3 Findet heraus, wer in den folgenden Szenen Grund hat, sich zu ärgern.

> Wahrscheinlich hast du die Nachmittage vor der Arbeit wieder mit sinnlosen Computerspielen verbracht, anstatt zu lernen, oder bist mit deinen Freunden rumgezogen. Du bleibst die nächsten Nachmittage zu Hause und büffelst Mathe. Und den Computer rührst du nicht an! Hast du mich verstanden!

a) Ali bringt in Mathe eine schlechte Note nach Hause, obwohl er sich sehr gut auf die Arbeit vorbereitet hatte. Die Aufgaben waren sehr schwer und er hatte an diesem Tag starke Kopfschmerzen. Er legt die Arbeit seinem Vater zur Unterschrift vor:

b) Julia erscheint wieder einmal zu spät im Unterricht. Doch heute hat sie einen Grund. Sie wurde Zeugin eines Verkehrsunfalls und musste der Polizei Auskunft geben. Ihr Lehrer lässt sie nicht zu Wort kommen, sondern begrüßt sie mit den Worten:

> Na, hat dein Wecker wieder einmal versagt? Dann musst du eben mal wieder die Zeit am Nachmittag nachholen.

Wie reagiert Ali?

Wie reagiert Julia?

1) Verfasst in Partnerarbeit ein Gespräch, in dem Ali seinem Ärger über die Reaktion seines Vaters freien Lauf lässt. Überlegt euch auch, wie der Vater wohl auf Alis Gefühlsausbruch reagiert.

1) Verfasst in Partnerarbeit ein Gespräch, in dem Julia sich ärgert und den Lehrer anschreit. Überlegt euch auch, wie der Lehrer mit Julias Wutausbruch umgeht.

2) Verfasst in Partnerarbeit ein Gespräch, bei dem Ali ruhig bleibt und seinem Vater das Zustandekommen der Note erklärt.	2) Verfasst ein Gespräch, bei dem Julia Ruhe bewahrt und dem Lehrer ihre Verspätung erklärt.

Spielt euch die Szenen vor.

Welche Gespräche haben euch mehr, welche weniger gut gefallen? Begründet eure Ansicht.

4 Wann habt ihr euch das letzte Mal so richtig geärgert? Tauscht euch darüber in der Klasse aus.

M Beschreibt in einem kurzen Text eine Situation, in der ihr euch so richtig geärgert habt.

Fehler zugeben – sich entschuldigen

Leon befindet sich in einer schwierigen Situation. Er treibt Leistungssport in einem Schwimmverein und muss oft trainieren. Für wichtige Wettkämpfe benötigt er eine Unterrichtsbefreiung. Doch seine Eltern erlauben dies nur, wenn seine schulischen Leistungen in Ordnung sind. Zurzeit hat er in Mathe große Probleme. Er sieht keinen anderen Ausweg, als aus der Tasche des Lehrers die Aufgaben für die nächste Probe zu entwenden.
Der Lehrer bemerkt den Diebstahl und entschließt sich, die ganze Klasse zu bestrafen, da kein Schüler die Tat zugibt. Der nächste Ausflug soll gestrichen werden. Leon ist unter Druck. Er darf seine Eltern nicht enttäuschen, sonst …

1 Wie soll sich Leon verhalten?

2 Leon entschließt sich, seine Tat zu beichten und sich bei seinem Lehrer zu entschuldigen. Sammelt verschiedene Formulierungen, mit denen er sich entschuldigen könnte.

3 Verfasst ein Gespräch zwischen Leon und seinem Lehrer. Achtet darauf, dass Leon sich entschuldigt <u>und</u> sein Verhalten erklärt. Spielt das Gespräch der Klasse vor und besprecht, welche Entschuldigung mehr, welche weniger überzeugend war.

4 Diskutiert in der Klasse darüber,
* wie sich der Lehrer nach Leons Entschuldigung verhalten soll,
* ob Leon bestraft werden soll,
* ob Leons Eltern von dem Vorfall erfahren sollen.

M In dem Wort *entschuldigen* steckt das Nomen *Schuld*.

  * Erklärt mit eigenen Worten die Bedeutung der beiden Begriffe.

  * Sammelt möglichst viele Wörter aus dem Wortfeld *Schuld*.

  * Sprecht anschließend über die Bedeutung der gefundenen Wörter.

▶ Informationen zur Wortbildung findet ihr in Kapitel *4 Auf jedes Wort kommt es an!* ... auf
☞ Seite 105 ff.

Über andere reden!?

He Joe!
RALPH THENIOR

Da kommt er angehumpelt
hallo Leute
mit seinem verbundenen Zeh
was läuft denn heute
5 mit seiner Hand in der Tasche
was gibt's Neues
mit seiner Tasche voller Erdnüsse
is hier Stimmung oder was
mit seinem Mundgeruch

10 glotzt nicht so trübe
mit seinen abgekauten Fingernägeln
wir machen einen drauf
mit seiner Quasseltour
habt ihr keinen Bock oder was
15 mit seinem schwitzenden Pullover
Mensch was ist denn los mit euch
mit seinem Tatter
warum haut ihr denn jetzt ab

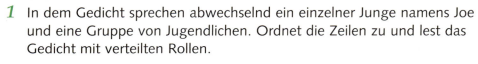

1 In dem Gedicht sprechen abwechselnd ein einzelner Junge namens Joe und eine Gruppe von Jugendlichen. Ordnet die Zeilen zu und lest das Gedicht mit verteilten Rollen.

2 Beschreibt das „Gespräch" zwischen Joe und den Jugendlichen.

3 Stellt die Gesprächssituation zwischen Joe und der Gruppe zeichnerisch (Strichmännchen, Pfeile) dar.

4 Wie verhält sich Joe? Beschreibt sein Verhalten und seine Gefühle mit passenden Adjektiven.

5 Sucht im Text Gründe, warum die Gruppe den Jungen ausschließt. Welche Kritikpunkte der Gruppe könnt ihr eher, welche weniger verstehen?

6 Stellt euch folgende Situation vor: Einer aus der Gruppe fasst sich ein Herz und beschließt, Joe zu erklären, warum sich die Gruppe so abweisend verhält.

  * Formuliert in Partnerarbeit einige Sätze, mit denen der Junge sich an Joe wenden könnte.

  * Überlegt euch, was Joe antworten könnte.

  * Spielt das Gespräch der Klasse vor.

  * Sprecht in der Klasse darüber, wer die richtigen Worte gefunden hat.

Wenn einem der Kragen vor Wut platzt

Susanne hat Angst und Wut

FRIEDER STÖCKLE

Wenn Susanne nach dem Pausenklingeln als Letzte auf den Schulhof kommt, hat sie Angst.

Wer wird zuerst loslachen? Noch einen Moment hinter der großen Schultüre stehen bleiben. Noch wenigstens eine Minute hinter dem dunklen, schweren Holz und in

5 Deckung bleiben... Jetzt also wieder raus in diese tobende, schreiende, lachende Menschenmenge. Wird Susanne unbemerkt untertauchen können? Aber wohin denn? Überall Grüppchen, die sich essend und lachend unterhalten. Und weil Pause ist und kein Lehrer sein Regiment führt, sind die Schüler jetzt ausgelassen, suchen Reize, Aufregendes, greifen an, wo es geht.

10 Einen über den Fuß purzeln lassen, kurz mal das Pausenbrot aus der Hand hauen, von hinten an der Jacke ziehen – immer sind es die Stilleren unter den Schülern, die dran sind.

Wer nicht bei den Lauten ist, bei den Lachern, Schlägern, der ist bei den Verlierern. Den kann es treffen.

15 Susanne schiebt sich vorsichtig hinter der schützenden Tür hervor. Sie hält ihr einge-packtes Vesperbrot mit beiden Händen fest, versucht, niemandem im Weg zu sein, keinem einen Anlass zum Loslachen zu geben. Die Strümpfe rutschen, und das blaue Kleid, das sie anhat, passt nicht zu dem, was die meisten anderen Schüler tragen.

„Du musst dich nicht darum kümmern, was die anderen tun und lassen", sagte die

20 Mutter immer wieder. „Sei so, wie du bist, die anderen werden sich schon auf dich einstellen."

Das war leicht gesagt. Die anderen stellten sich nicht auf sie ein. Sie schlugen oder sie lachten auf Susanne ein – was dasselbe war. Beides tat weh.

Susanne bleibt an der niederen Mauerbrüstung stehen; die letzte kleine Schutzbarrie-

25 re vor der offenen Arena. Der Schulhof ist groß. Neugierig dehnt er sich nach allen Seiten aus, als wolle er die ganze Umgebung aufschlucken. Kein Baum, keine Wand, keine Nische. Eine ausgedehnte schreiende Fläche. Ein Riesenkäfig ohne Gitter.

Susanne steht da, riecht an ihrem Vesperpapier – das hilft ein bisschen. Mit dem Ves-perpapier kann sie die Mutter herriechen, die kleine Küche, das blaue Kleid mit der

30 großen Messingschnalle. Wenn Susanne die Augen zumacht, kann sie das Gesicht der Mutter herbeiriechen, ihr Streicheln und ihre Stimme.

1 Was erfahrt ihr in dem Text über Susanne. Schreibt die entsprechenden Textstellen heraus.

2 Beschreibt die Situation auf dem Schulhof mit eigenen Worten. Vergleicht mit euren eigenen Erfahrungen.

3 *Offene Arena, Riesenkäfig ohne Gitter:* Erklärt, was mit diesen sprachlichen Bildern gemeint ist. Sucht weitere sprachliche Bilder im Text.

Von hinten wird Susanne jetzt scharf gestoßen. Der Aufsichtslehrer hat noch mal einen Trupp Jungen aus dem Klo gescheucht. Die stürzen jetzt wild schreiend und fuchtelnd wie Sieger die Treppe hinunter. Der Stoß ist so stark, dass Susannes Brot
35 weit hinausgeschleudert wird auf den Schulhof. Mitten unter die gierige, schreiende Meute. Susanne hastet schnell hinterher, will das Brot unbemerkt wieder aufnehmen und sich einen stillen, windgeschützten Winkel suchen, um es zu essen. Sie bückt sich, hat das blaue Einwickelpapier schon fast in der Hand – da taucht plötzlich ein großer schwarzer Stiefel auf mit einem silbernen Sternchen an der Seite. Noch bevor
40 Susanne es verhindern kann, steht dieser schwarze Stiefel mit dem Silberstern auf ihrem Vesperbrot. Nicht leicht und vorsichtig – sondern fest und brutal. Das Papier platzt auf, Brotscheiben und Wurst drückt es seitlich unter dem Stiefel hervor. Susanne wird steif vor Schreck. Sie steht da mit der ausgestreckten Hand, kann nicht begreifen, wie man mit dem Schuh auf ihre Vesper, ihre Riech-Vesper, treten kann. Sie
45 sieht entsetzt hoch zu dem Träger des Stiefels – es ist Peter. Peter ist ein schon fast 15-jähriger Junge, der immer von einer Gruppe Bewunderer umgeben ist. Wo Peter ist, passiert was. Und das weiß Peter. Und weil er selbst Angst hat, die Bewunderer-Gruppe zu verlieren, muss er immer dafür sorgen, dass was los ist. Und Peter grinst jetzt bloß und dreht den Schuh auf dem Vesperbrot. Er nimmt Susanne die letzte
50 Hoffnung, doch noch was von dem Brot zu bekommen. Er sieht Susanne dabei an und grinst.

4 Was meint ihr: Wie könnte Susanne reagieren? Welchen Rat würdet ihr dem Mädchen geben?

Immer noch steif vor Schreck spürt Susanne plötzlich, wie sich in ihr etwas zu bewegen beginnt. Etwas, das hinter dem Schreck kommt und ganz rasch wächst und größer wird. Es drückt richtig gegen den Kopf. Susanne spürt es im Bauch, in der Brust
55 – es flackert vor bis zu den Händen und Fingern. Ihr wird heiß.
Susanne spürt, wie sie von innen überschwemmt wird und gar nichts dagegen machen kann. Und mit einem Mal, für Peter völlig überraschend, stürzt sich Susanne mit einem wilden Schrei auf den Angreifer, fährt ihm mit den Fingern ins Gesicht und reißt ihn an den Haaren. Peter lacht und will diese kleine Susanne wegstoßen. Aber
60 sie hat sich in seiner Jacke verkrallt, schreit und stößt ihn mit den Füßen. Für einen Moment sieht Peter Susannes Augen. Er sieht durch die Augen die Ohnmacht, die Wut und den Schmerz. Und da spürt er, wie etwas von Susanne auf ihn übergegangen ist, wie das Flackern in Susannes Augen plötzlich in ihn eindringt, ohne dass er sich dagegen wehren kann. Und das breitet sich jetzt aus in Peter. Genauso rasch
65 wie vorher bei Susanne: Es hämmert gegen den Kopf, drückt gegen die Brust und strömt bis in die Fingerspitzen. Unter dem Gelächter und Gejohle seiner Bewunderer löst sich Peter langsam von Susanne, versucht, vorsichtig das zertretene Brot vom Boden zu nehmen, und gibt es Susanne mit einer großen Orange zurück, die er aus seiner weiten Jackentasche geholt hat. Susanne dreht sich um und rennt weg.
70 Das Dröhnen in Peters Kopf lässt langsam nach und macht einem gleichmäßig strömenden Gefühl Platz, das vom kalten abweisenden Lachen der Peter-Gruppe ebenso wenig zerstört wird wie vom scharf einsetzenden Klingelzeichen der Pausenglocke.

5 *Immer noch steif vor Schreck spürt Susanne plötzlich, wie sich in ihr etwas zu bewegen beginnt...* – Erklärt mit eigenen Worten, was gemeint ist.

6 Wie wehrt sich Susanne gegen Peter. Belegt eure Aussagen mit Textstellen.

7 Gewalt ist der falsche Weg, sich zur Wehr zu setzen. Hat Susanne dennoch richtig gehandelt? Oder hätte sie auch andere Möglichkeiten gehabt? Diskutiert in der Klasse darüber.

8 Wie würdet ihr euch verhalten, wenn Susanne eure Mitschülerin wäre?

M Stellt euch vor, Peter schreibt Susanne einen Brief, in dem er ihr sein Verhalten erklärt und sich entschuldigt. Schreibt diesen Brief in der Ich-Form.

> *mitteilen · beanstanden*
> *vortragen · durchsetzen*
> *verzichten · zurechtweisen*
> *verbringen · vorbereiten*
> *erlauben · entschließen*
>   3, 15, 16, 18, 20

Wie werden wir ein starkes Team?

> *Setzt euch jetzt bitte in die Gruppen und...*
> LEHRER

> *Oh nein! Nicht schon wieder. Das bringt doch nichts.*
> MARK

> *Mann ist der doof! Dann könnten wir wenigstens übers Wochenende sprechen.*
> ANTONIA

> *Aber gemeinsam könnt ihr die Aufgabe bestimmt schneller lösen.*
> LEHRER

1 Wie denkt ihr über die Gesprächsbeiträge? Begründet eure Meinung.

2 Sprecht über eure eigenen Erfahrungen mit Gruppenarbeit.

3 *Der Einsatz von Gruppenarbeit im Unterricht ist für die Vorbereitung auf das Berufsleben sehr wichtig.* – Lest dazu den Infokasten und begründet diese Aussage.

INFO

Teamfähigkeit – eine Schlüsselqualifikation

Teamfähigkeit gehört zu den Schlüsselqualifikationen. Unter Schlüsselqualifikation versteht man Fähigkeiten und Kenntnisse, die über die fachlichen Anforderungen eines bestimmten Berufes hinausgehen und zur Lösung beruflicher Problemsituationen befähigen. Die Betriebe legen heute großen Wert darauf, dass ihre Auszubildenden keine Einzelkämpfer sind. Gefragt sind Leute, die in der Lage sind, mit anderen zusammenzuarbeiten, zuzuhören und eigene Ideen einbringen. Weitere Schlüsselqualifikationen sind eine gute Allgemeinbildung, Kreativität, Lernfähigkeit und Flexibilität.

4 Sammelt weitere Punkte, die für oder gegen den Einsatz von Gruppenarbeit im Unterricht sprechen.

5 Herr Münz, Personalchef eines großen Industriebetriebes, meint:
Wir nehmen besonders gerne Leute, die Mannschaftssport betreiben.
Welche Gründe könnten hinter dieser Aussage stehen?

M Verfasst für die Schülerzeitung einen Text, in dem ihr euch für den Einsatz von Gruppenarbeit im Unterricht stark macht (☞ Aufgabe 4).

Hier läuft etwas schief

1 Wie beurteilt ihr die dargestellte Situation?

2 Der Lehrer dieser Klasse beobachtet während der Gruppenarbeit seine Schüler und macht Notizen. Welche Verhaltensweisen haltet ihr für problematisch, welche dienen der Gruppenarbeit?

> * *Pia bringt viele Vorschläge; wenn andere reden, malt sie.*
> * *Jan bestimmt, wer welche Aufgabe zu erledigen hat.*
> * *Sina findet die Vorschläge der anderen immer gut.*
> * *Karim hört gut zu und sagt selber nichts.*
> * *Felix und Jonas sprechen über die Fußballergebnisse vom Wochenende.*
> * *Max zu Laura: „Meine Güte! Solche Beiträge solltest du dir sparen."*
> * *Nina zu Tom: „Deine Sauklaue kann keiner lesen."*
> * *Linus weicht nie von seiner Meinung ab.*

Ein gutes Team braucht Regeln

Viele Störungen könnt ihr vermeiden, wenn ihr euch an gemeinsame Regeln haltet.

1 Erstellt einen Regelkatalog für das richtige Verhalten bei der Gruppenarbeit.

Wir helfen Gruppenmitgliedern,

Alle beteiligen sich

Wir nehmen die Vorschläge

Wir lassen uns

Wir beschäftigen uns

Wir hören einander

Wir bleiben sachlich und höflich,

Wir einigen uns gemeinsam

> auf eine Lösung.

> die etwas nicht verstehen.

> aktiv zu.

> und bringen eigene Ideen ein.

> gegenseitig ausreden.

> der anderen ernst.

> nur mit der Aufgabe.

> wenn wir Kritik und Einwände vorbringen.

2 Vergleicht eure Ergebnisse in der Klasse. Welche Regeln haltet ihr für besonders wichtig? Wählt eine Regel, die ihr bei der nächsten Gruppenarbeit besonders beachten wollt.

3 Überlegt gemeinsam, ob ihr Regeln ergänzen könnt.

4 Schreibt die wichtigsten Regeln auf ein Plakat, das ihr im Klassenzimmer aushängt.

5 Gegen welche Regeln verstoßen die Schüler auf ☞ Seite 182, Aufgabe 2.

Wie teamfähig seid ihr?

Möchtet ihr herausfinden, wie teamfähig eure Klasse ist? Dies könnt ihr anhand einer **Übungsaufgabe** überprüfen. Folgt dem Ablaufplan.

Vor der Gruppenarbeit

Entwerft einen Beobachtungsbogen mit den Regeln, die euch wichtig sind. Den Bogen benötigt ihr nach der Gruppenarbeit.

Beobachtungsbogen: Wie oft wurden die Regeln verletzt?	nie	selten	häufig
Einander ausreden lassen	..?..	..?..	..?..
Andere Vorschläge ernst nehmen	..?..	..?..	..?..

Teilt die Klasse in Gruppen mit fünf oder sechs Mitgliedern auf. Die Zusammensetzung der Gruppen lost ihr aus. Jede Gruppe bestimmt durch Losen zwei Mitglieder, die die anderen anschließend bei der Arbeit beobachten. Die restlichen Mitglieder sind die Aktiven, sie lösen die Aufgabe.

Während der Gruppenarbeit

1) Die **Aktiven** lesen die Aufgabe gut durch und lösen sie (siehe ☞ Seite 184). Sie achten dabei besonders auf die vereinbarten Regeln.
2) Die **Beobachter** machen Notizen über das Verhalten der Gruppenmitglieder. Sie beobachten vor allem, ob die Regeln eingehalten werden.

INFO

Notizen machen

* Lest euch die Regeln, auf die ihr achten sollt, gut durch und legt sie euch am besten zur Hand.
* Notiert in Stichpunkten.
* Kürzt sinnvoll ab.
* Verwendet treffende Adjektive und Verben.

F. redet dazwischen
M. macht Vorschläge
I. und L. streiten
S. sagt gar nichts

Übungsaufgabe: Streichhölzer legen

Jede Gruppe erhält 17 Streichhölzer. Ihr habt zwölf Minuten, um die Aufgabe zu lösen.

* Legt die 17 Streichhölzer nach folgender Abbildung aus.
* Nehmt fünf Streichhölzer weg. Es sollen drei Quadrate übrig bleiben.
* Nehmt sieben Streichhölzer weg. Es sollen zwei Quadrate übrig bleiben.

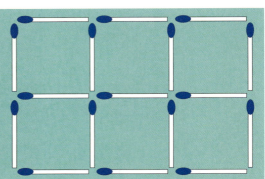

Nach der Gruppenarbeit

Reflexion in der Gruppe

1) Jedes **aktive Gruppenmitglied** äußert sich zu folgenden Fragen:
   * Wie ist es dir persönlich dabei ergangen?
   * Wie beurteilst du dein eigenes Verhalten?
   * Hat dich etwas gestört?
   * Hat die Gruppenarbeit insgesamt funktioniert?
   ▶ Wie ihr Reflexionsrunden durchführt, könnt ihr auf Seite 149 nachlesen.
2) Die **Beobachter** tragen ihre Notizen vor.
3) Gemeinsam füllt ihr einen Beobachtungsbogen für eure Gruppe aus. Stellt fest, welche Regeln häufig verletzt und welche Regeln gut eingehalten wurden.
4) Sprecht darüber, worauf ihr bei der nächsten Arbeit besonders achten wollt.

Reflexion in der Klasse

1) Tragt die Ergebnisse eurer Gruppengespräche der Klasse vor. Der Bewertungsbogen und eure Notizen helfen euch dabei.
2) Sprecht darüber, was euch als Beobachter oder als Aktiver leichtfiel und welche Schwierigkeiten ihr hattet.
3) Überlegt, warum bestimmte Regeln häufig verletzt wurden.
4) Wie würdet ihr eure Gruppenarbeiten bewerten? Haltet ihr Einzelnoten für jedes Gruppenmitglied oder eine Note für die ganze Gruppe für gerechter?

Wie stelle ich mich richtig vor?

> Stellt euch vor, ich habe eine Einladung zum Vorstellungsgespräch bekommen. Was soll ich denen bloß erzählen? Ich hab doch in die Bewerbung schon alles reingeschrieben.

> Ach, mach dir doch nicht jetzt schon Gedanken. Da fällt dir spontan bestimmt etwas ein. Am besten, du lässt es einfach auf dich zukommen.

1 Was haltet ihr von Mias Äußerung? Was würdet <u>ihr</u> Paul raten?

2 Sammelt euer Vorwissen über den Verlauf eines Vorstellungsgespräches.

Paul findet in einer Broschüre zur Berufsvorbereitung einen Text über den typischen Verlauf eines **Vorstellungsgespräches:**

… Mit der Einladung zu einem Vorstellungsgespräch hast du eine erste schwere Hürde auf dem Weg zu einem Ausbildungsplatz genommen. Deine Bewerbungsunterlagen haben den Betrieb überzeugt. Damit auch das Gespräch erfolgreich verläuft, solltest du dich gut darauf vorbereiten.

Die vier Phasen des Gesprächs

5 Das Vorstellungsgespräch verläuft meist in vier Phasen. Nach einer kurzen Begrüßungsphase stellt der Gesprächspartner Fragen zu deinen persönlichen Interessen und Vorstellungen, zur Berufswahl und zu deiner schulischen Laufbahn. Auf diese Weise will der Betrieb herausfinden, ob du der geeignete Bewerber für den Ausbildungsplatz bist und die richtige Arbeitshaltung mit-
10 bringst. Damit du die Fragen gut beantworten kannst, solltest du dich vorher gründlich über den Betrieb und den angestrebten Beruf informieren. Anschließend hast auch du die Gelegenheit, Fragen zu stellen und auf diese Weise dein Interesse an der Stelle zu bekunden. Bereite zu Hause einen Fragenkatalog vor und bringe ihn zum Gespräch mit.
15 Nach etwa 30–45 Minuten beendet der Ausbildungsleiter das Gespräch und teilt dir mit, wann du mit einer Entscheidung rechnen kannst. In dieser Schlussphase solltest du dich auf jeden Fall für das Gespräch bedanken.

Da das Vorstellungsgespräch die erste persönliche Kontaktaufnahme ist, solltest du dir Gedanken über dein Auftreten und dein äußeres Erscheinungsbild machen.
20 Achte auf saubere und angemessene Kleidung. Ein zu ausgefallener oder zu lockerer Stil oder übertriebene Schminke machen sicher keinen guten Eindruck. Alkoholische Getränke solltest du in jedem Fall ablehnen. Ebenso wichtig ist ein positives Gesprächsverhalten. Höre deinem Gesprächspartner aktiv zu und halte den Blickkontakt. Rede den Gesprächspartner mit
25 Namen an, das schafft eine persönliche Atmosphäre. Auch solltest du auf eine aufrechte Körperhaltung und einen freundlichen Gesichtsausdruck achten. Selbstverständlich solltest du pünktlich zum Gespräch erscheinen. Erkunde im Voraus den Weg zum Betrieb und plane ausreichend Zeit ein.

3 Welche Phasen eines Vorstellungsgespräches werden in dem Text aufgeführt?

4 Schreibt die Tipps zum richtigen Verhalten beim Vorstellungsgespräch ab und ergänzt sie mithilfe des Texts.
* Erscheine zum Gesprächstermin ..?.. .
* Informiere dich über ..?.. .
* Überlege dir zu Hause sinnvolle ..?.. .
* Alkohol und Zigaretten ..?.. .
* Achte auf die richtige ..?.. .
* Halte zu deinem Gesprächspartner ..?.. .
* Den Gesprächspartner redest du ..?.. .
* Am Ende solltest du dich ..?.. .

5 Welchen Eindruck hinterlassen diese Bewerber bei ihrem Gesprächspartner? Begründet eure Meinung.

Das Vorstellungsgespräch vorbereiten

Die folgenden Aufgaben helfen euch bei der Vorbereitung auf das Vorstellungsgespräch.

Phase 1: Die Begrüßung

1 Überlegt euch auf folgende Fragen mögliche Antworten und spielt die Begrüßung anschließend mit eurem Nachbarn:

* Was sagst du, nachdem du begrüßt worden bist?
* Was könntest du zu deiner Person sagen?
* Oft beginnt das Vorstellungsgespräch mit einer zwanglosen Unterhaltung. Was könntest du hierauf antworten:

  „Na, haben Sie gut hierher gefunden?"

  „Bei diesem Wetter möchte man das Haus gar nicht verlassen."

Grüß Gott. Mein Name ist Hirmer. Ich bin der Personalchef der Firma. Bitte nehmen Sie Platz.

Phase 2: Fragen des Arbeitgebers

Folgende Fragen können während eines Vorstellungsgesprächs gestellt werden:

> Was machen Sie in Ihrer Freizeit am liebsten?

> Welche anderen Berufe kämen noch in Frage?

> Welche Parteien sind derzeit an der Regierung?

> Was wissen Sie über diesen Beruf?

> Können Sie sich vorstellen, welche Tätigkeiten auf Sie zukommen?

> Wie heißt der Bundespräsident?

> Warum wollen Sie gerade diesen Beruf erlernen?

> Welche Fächer machen Ihnen in der Schule am meisten Spaß?

> Sind Ihre Eltern berufstätig?

> Warum wollen Sie sich gerade in unserem Betrieb ausbilden lassen?

1 Überlegt euch für jede Frage, was der Betrieb über den Bewerber herausfinden möchte. Die folgenden Begriffe helfen euch dabei:
Allgemeinbildung – Interessen – schulische Leistungen – Gründe für Berufswahl – familiäre Situation – Wahl des Ausbildungsbetriebes – Vorwissen

2 Sammelt weitere Fragen, die auf euch zukommen könnten.

3 In den Sprechblasen findet ihr mögliche Antworten auf Fragen des Betriebes.
* Auf welche Fragen beziehen sich die Antworten?
* Mit welchen Antworten wird der Arbeitgeber zufrieden sein?

> Meine Eltern haben mir dazu geraten.

> Alles Mögliche, je nach meiner Stimmung.

> Mein bester Freund macht hier schon seit einem Jahr eine Lehre.

> Ich gehe davon aus, dass ich oft Gespräche mit Kunden führen werde.

> Keine Ahnung!

4 Notiert zu den Fragen des Arbeitgebers passende Antworten, die sich auf eure Situation beziehen.

Phase 3: Fragen des Bewerbers

Auch ihr habt während des Vorstellungsgespräches die Möglichkeit, Fragen zu stellen.

1 Welche Fragen sind sinnvoll, welche würdet ihr weglassen?

7 Miteinander sprechen, sich mitteilen

Darf man am Arbeitsplatz rauchen?

Wie verläuft die Ausbildung?

Wie schmeckt das Essen in der Kantine?

Welche Möglichkeiten der Weiterbeschäftigung bestehen nach Ende der Ausbildung?

2 Notiert anhand der folgenden Stichpunkte weitere Fragen, die ihr beim Vorstellungsgespräch stellen könntet.
Arbeitszeit – Probezeit – Arbeitskleidung – Mitarbeiter – Berufsschule – Auszubildende – Ausbildungsvergütung

Phase 4: Gesprächsabschluss

Nachdem der Personaleiter oder Betriebschef das Gespräch beendet hat, kannst du noch einmal dein Interesse betonen und solltest dich angemessen verabschieden.

1 Besprecht, welche der folgenden Sätze ihr für angemessen haltet.

Tschüss und hoffentlich bis bald.

Brauchen Sie noch weitere Unterlagen?

Vielen Dank Herr/ Frau ..., dass Sie mich zu diesem Gespräch eingeladen haben. Wann werde ich von Ihnen etwas hören?

Kann ich mir den Arbeitsplatz einmal ansehen?

War nett, Sie kennenzulernen.

Besteht die Möglichkeit, einmal durch den Betrieb geführt zu werden?

2 Welche passenden Sätze für die Abschlussphase fallen euch ein?

TIPP

Merkeintrag – Vorstellungsgespräch

Damit ihr euch gut einprägt, wie ihr euch beim Vorstellungsgespräch angemessen verhalten sollt, könntet ihr einen Merkeintrag erstellen. Ordnet die Informationen und Tipps nach verschiedenen Gesichtspunkten und schreibt sie auf. Die folgenden Überschriften helfen euch dabei:

* *Wichtiges vor dem Gespräch – Das richtige Gesprächsverhalten – Fragen des Bewerbers – Fragen des Betriebes – Gesprächsabschluss – Positives Auftreten – Die vier Gesprächsphasen*

▶ Diesen Merkeintrag solltet ihr in eurem Praktikumsordner (☞ Seite 147 ff.) abheften.

Üben im Rollenspiel

Schritt 1: Das Rollenspiel vorbereiten

Bereitet das Rollenspiel in Gruppen vor. Als Ausgangssituation könnt ihr die folgenden Rollenkarten verwenden oder eigene Rollenkarten entwerfen.

Rollenkarte A: *Maren Böhm ist 15 Jahre alt und besucht die neunte Klasse einer Münchner Hauptschule*

„Ich werde Ende des Jahres am Quali teilnehmen. Meine Stärken liegen vor allem in den Fächern Mathe und Sport, aber ich bin mit meinen Leistungen in Deutsch und Englisch auch zufrieden.

In der Freizeit ist es mir besonders wichtig, mich zu bewegen und fit zu halten. Deshalb gehe ich im Sommer gerne Joggen und Inline-Skaten, am liebsten mit meinen Freunden. Im Winter fahre ich mit meinen Eltern oft in die Berge zum Skifahren oder Snowboarden. Außerdem verbringe ich viel Zeit im Jugendfreizeitheim und bin dort Mitglied in einer Mädchengruppe. Wahrscheinlich werde ich nächstes Jahr selbst eine Mädchengruppe leiten.

Beworben habe ich mich als Einzelhandelskauffrau. Ich glaube, dass ich in diesem Beruf meine Interessen und Fähigkeiten gut einbringen kann und mir diese Tätigkeit daher einfach Spaß machen wird. Die Ausbildung in einem Sportfachgeschäft würde mich besonders reizen, da mir Sport sehr wichtig ist."

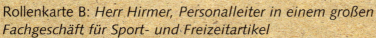

Rollenkarte B: *Herr Hirmer, Personalleiter in einem großen Fachgeschäft für Sport- und Freizeitartikel*

„Unser Betrieb stellt in allen Münchner Filialen dieses Jahr insgesamt zehn Ausbildungsplätze zum Einzelhandelskaufmann bzw. zur Einzelhandelskauffrau zur Verfügung. Im Vorstellungsgespräch möchte ich herausfinden, ob die Person sich für den angestrebten Beruf wirklich eignet und die nötigen Voraussetzungen mitbringt. Da wir in unserem Betrieb großen Wert auf eine gute Kundenberatung legen, ist es besonders wichtig, dass die

Jugendlichen eine freundliche Ausstrahlung haben und gut mit Menschen umgehen können. Außerdem sollten sie ein Grundinteresse in den Bereichen Sport und Freizeit mitbringen. Jugendliche, die in ihrer Freizeit nur vor dem Fernseher oder dem Computer sitzen und keine Freude an sportlichen Tätigkeiten haben, können wohl kaum Kunden für unsere Artikel begeistern.

Wichtig sind uns aber auch die so genannten Schlüsselqualifikationen. Wir legen besonderen Wert darauf, dass die Jugendlichen Verantwortungsbewusstsein zeigen und fähig sind, Aufgaben sowohl selbständig als auch im Team zu lösen.

Naja, und mit Zahlen sollte man im Einzelhandel auch umgehen können."

Notiert in Stichpunkten den Verlauf der Gesprächseröffnung.

Wählt zehn Fragen aus, die der Personalchef der Bewerberin stellt. Überlegt euch eine sinnvolle Reihenfolge.

Überlegt euch mithilfe der Rollenkarte A passende Antworten der Bewerberin und schreibt sie in Stichpunkten auf. Fehlende Angaben erfindet ihr selbst.

Notiert sechs Fragen, die die Bewerberin dem Personalchef stellt.

Schreibt in Stichpunkten auf, was der Personalchef auf die Fragen antworten könnte. Rollenkarte B hilft euch dabei.

TIPP

* Achtet darauf, die Fragen nicht nur mit *Ja* oder *Nein* zu beantworten, sondern sprecht in **ganzen Sätzen.**
* Durch **Nachfragen** könnt ihr auf die Äußerungen eures Gesprächspartners eingehen. So verdeutlicht ihr euer **Interesse an der Stelle** und zeigt, dass ihr aktiv zuhört.

Schritt 2: Den Beobachtungsbogen entwerfen

Entwerft einen Beobachtungsbogen, in dem ihr festhaltet, worauf die Rollendarsteller und die Zuschauer achten sollten. Die vorhergegangen Übungen und Tipps helfen euch dabei. Einigt euch auf eine Bewertungsskala. Den Bogen benötigt ihr nach der Gruppenarbeit. Der Bogen könnte so aussehen:

Beobachtungsbogen: Verhalten der Rollenspieler/innen	1	2	3	4	5
Blickkontakt zum Gesprächspartner	?	?	?	?	?
Ganze Sätze	?	?	?	?	?

Wählt zwei Gruppenmitglieder, die das Rollenspiel vortragen; die anderen sind Beobachter.
Übt das Rollenspiel in der Gruppe und besprecht, was ihr noch verbessern könnt.

Schritt 3: Das Rollenspiel vortragen

Die *Rollendarsteller:* Spielt die Vorstellungsgespräche der Klasse vor. Denkt an die Verbesserungsvorschläge, die ihr von eurer Gruppe erhalten habt.

Die *Zuschauer:* Beobachtet das Gespräch und macht euch Notizen. Anschließend füllt ihr in Partnerarbeit den Beobachtungsbogen aus und überlegt euch, welchen Gesamteindruck der Bewerber hinterlassen hat.

TIPP Organisiert euch eine Videokamera und filmt die Gespräche. So könnt ihr euer Gesprächsverhalten noch genauer untersuchen.

Schritt 4: Das Rollenspiel auswerten

Die *Rollendarsteller:* Schildert, wie es euch bei dem Gespräch ergangen ist und welchen persönlichen Eindruck ihr von eurem Auftreten habt.

Die *Zuschauer:* Stellt die Ergebnisse eurer Beobachtungen vor.

Sprecht gemeinsam darüber, welchen Gesamteindruck der Bewerber hinterlassen hat. Sammelt Verbesserungsvorschläge.

Kommunikation im Internet – was ihr beachten müsst

In den bisherigen Abschnitten habt ihr euch damit beschäftigt, wie ihr bei der Zusammenarbeit und in Gesprächen mit anderen Menschen persönliche und gemeinsame Ziele besser erreichen könnt. Doch immer wichtiger für uns wird die Verständigung über das Internet.

1 Erklärt, was die folgenden Begriffe mit der Kommunikation über das Internet zu tun haben. Unbekannte Wörter könnt ihr klären, wenn ihr anschließend die folgenden Seiten bearbeitet.

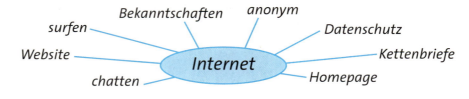

2　Schreibt den Cluster ab und ergänzt ihn durch Begriffe, die euch dazu einfallen.

3　Nutzt ihr das Internet, um mit anderen Menschen zu kommunizieren? Sprecht über eure Gewohnheiten und Erfahrungen.

Auf den folgenden Seiten könnt ihr euch genauer über die Gesprächsmöglichkeiten im Internet informieren.

E-Mails

E-Mail ist die englische Bezeichnung für elektronische Post und ist der am häufigsten genutzte Internetdienst, den es übrigens schon fast seit den Gründerzeiten des Internets, also dem Jahr 1969, gibt. E-Mails werden über das Internet verschickt. Anders als bei der normalen Post, von manchen gehässig auch als Schneckenpost
5　bezeichnet, kannst du eine E-Mail an mehrere Empfänger senden, ohne für jeden Empfänger separat bezahlen zu müssen. Außerdem kannst du Dateien an E-Mails anhängen und auf diese Weise Programme, Texte, Bilder, Sounds u. Ä. verschicken. Wenn du deine Freunde auf eine tolle Website aufmerksam machen möchtest oder selbst stolzer Besitzer einer Homepage, also einer eigenen Webseite, bist, kannst du
10　die Adresse in die E-Mail aufnehmen. Deine Empfänger brauchen dann nur auf die Adresse klicken, und schon wird die Seite im Browser geladen. Ein Browser ist ein Programm, um Webseiten zu betrachten.
E-Mail ist nicht nur hipp, erheblich preisgünstiger und wesentlich schneller als die normale Post. Du kannst damit auch prima mit Kids kommunizieren, die in einem
15　anderen Land oder sogar einer anderen Zeitzone leben. Hier ist die normale Post entschieden zu langsam und das Telefon teuer und wegen der Zeitverschiebung problematisch. Dank E-Mail brauchst du nicht mitten in der Nacht aufzustehen, um deine Freunde zu einer akzeptablen Zeit kontaktieren zu können. Deine Freunde können diese dann zu einer für sie angenehmen Zeit abrufen und dir antworten. So kannst du
20　Kontakte erheblich leichter aufrechterhalten als früher.

1　Klärt Textstellen, die ihr nicht versteht. Schlagt Fremdwörter in eurem Wörterbuch nach.
▶ Wie ihr das macht, könnt ihr im Kapitel *4 Auf jedes Wort kommt es an!* ... auf ☞ Seite 98 nachsehen.

2　Sucht die im Text genannten Vorteile des E-Mail-Schreibens heraus. Fallen euch weitere ein?

3　Hat das Mailen nur Vorteile oder gibt es da auch Nachteile? Diskutiert darüber in der Klasse.

„Gespräche" mithilfe des Computers?

Der Begriff *Chat* kommt aus dem Englischen und bedeutet „sich unterhalten, plaudern". Hierbei „unterhält" man sich, indem man das, was man
5 zu „sagen" hat, in den Computer eintippt und über das Internet abschickt. Der Text erscheint dann ohne Verzögerung bei allen an-
10 deren Chat-Teilnehmern auf dem Monitor. Dieser „Plausch übers Internet" findet immer mehr Anhänger. Man trifft sich meist in so genannten Chatrooms zu verschiedenen Themen. Alle Chatter sehen auf ihrem Monitor eine Liste der Teilnehmer entweder mit ihrem echten oder mit einem selbst gegebenen anderen Namen. Man kann also auch anonym (= unbekannt) bleiben. Darin liegt für viele auch der Reiz des
15 Chattens, denn man muss keine Angst haben, sich zu blamieren. Dies erleichtert zum einen die Kommunikation mit Unbekannten sehr, führt aber auch dazu, dass manche Chatter alle Hemmungen verlieren und sich unangebracht oder aggressiv äußern. Deshalb gibt es die so genannte Chatiquette, das sind Regeln für die Umgangsformen in einem Chat, die man beachten sollte.

> **TIPP**
>
> **Chatiquette**
>
> * Beleidigt oder verletzt niemanden.
> * Achtet auf einen höflichen Umgangston.
> * Vermeidet Ironie, denn das kann zu Missverständnissen führen, oder kennzeichnet sie durch Smileys :-).
> * Zettelt keine Flames (= gegenseitige Beschimpfungen und Beleidigungen) an.
> * Schreibt nicht mit Großbuchstaben, denn das wird als schreien gedeutet.

20 Ein Problem beim Chat ist, dass man viel langsamer schreiben kann, als man spricht. Dazu kommt noch, dass alle gleichzeitig schreiben. Das hat oft zur Folge, dass die Beiträge verschiedener Chatter nicht in der logischen Reihenfolge auf dem Bildschirm erscheinen, sondern thematisch durcheinandergehen. Sind viele Chatter im Raum, laufen oft auch noch verschiedene Privatgespräche nebeneinanderher.
25 Da es im Chat sehr schnell zugeht, steht man dauernd vor dem Problem, sich kurz zu fassen. Deshalb haben sich im Laufe der Zeit einige Abkürzungen und Emoticons (Zusammensetzungen aus „Emotion", deutsch: Gefühl, und „Icon", deutsch: Bild) eingebürgert. Hier einige
30 Beispiele:

die Newsgroup · speziell
der Monitor · harmlos
die Abkürzung · akzeptabel
preisgünstig · erheblich
persönlich · allgemein
📖 1, 6, 7, 12, 13, 17, 21

Abkürzungen		Emoticons	
g	grin (grinsen)	:-)	glücklich; nicht böse gemeint
cu	see you (Bis dann.)	;-)	augenzwinkernd
bim	back in a minute (Bin gleich wieder da.)	:-((	sehr traurig
cul8r	see you later (Wir sehn uns später.)	%-(	Verwirrung

1 Klärt unbekannte Begriffe.

2 Sammelt alle Fachbegriffe zum Thema *Chat* und schreibt sie mit Erklärung in euer Heft.

   ▶ Mehr über Fachbegriffe erfahrt ihr im Kapitel *4 Auf jedes Wort kommt es an!* auf ☞ Seite 96.

3 Sammelt in einer Tabelle die Vor- und Nachteile des Chats. Der Text hilft euch dabei. Vielleicht findet ihr noch weitere?

Newsgroups für spezielle Informationen

Wenn man sich für ein bestimmtes Thema interessiert und hierüber immer wieder Neues erfahren möchte, kann man sich in Newsgroups umsehen. Den Begriff *Newsgroup* kann man mit *Diskussionsgruppe* übersetzen. Newsgroups haben ein bestimmtes Thema: zum Beispiel Motorradfahren, Computer, Spiele, Sternzeichen. Teilnehmer einer Newsgroup diskutieren über dieses Thema oder tauschen Erfahrungen dazu aus. Jeder, der einen Internetzugang hat, kann an diesen Newsgroups teilnehmen. Man kann dort entweder nur lesen oder selbst Artikel an die Newsgroup senden.

INFO

Newsgroups entstanden 1979 in den USA. Heute gibt es zu den verschiedensten Themen eine große Auswahl an Newsgroups. Im Gegensatz zur Zeitung wird man bei einer Newsgroup nur innerhalb eines bestimmten Themenbereiches mit den neuesten Informationen versorgt.

1 Eine Übersicht über Newsgroups findet ihr zum Beispiel unter *www.groups. google.com*. Ruft diese oder eine entsprechende Internetseite auf.

2 Entwickelt in der Klasse einen Leitfaden, wie man sich in Newsgroups zurechtfindet, indem ihr die einzelnen Schritte notiert. Zum Beispiel: *Die entsprechende Internetseite aufrufen – Stichwörter ins Eingabefenster eingeben –* ..?..

Gästebücher – Eine weitere Möglichkeiten des „World Wide Web"

Eine weitere Möglichkeit für euch, im Internet aktiv zu werden, sind Gästebücher, die ihr auf vielen Homepages findet.

1 Sucht im Internet nach Gästebüchern und schreibt heraus, welche Arten von Einträgen dort zu finden sind. Stellt eure Ergebnisse anschließend der Klasse vor.

2 Eventuell hat eure Schule oder Partnerschule auch ein Gästebuch, dann schreibt einen Eintrag dort hinein.

Abwehr von Ärger aus dem Internet

Das Internet ist eine tolle Sache: Man kann nicht nur Informationen erhalten, sondern auch in verschiedenen Foren, Chatrooms und auf anderen Seiten viel Spaß haben. Doch gerade dort lauern auch Gefahren, die auf den Computer zugreifen. Ein großes Problem ist der Datenschutz.

1 Lest die Auszüge aus dem Datenschutzgesetz der Bundesrepublik Deutschland.

Datenschutzgesetz der Bundesrepublik Deutschland
Grundrecht auf Datenschutz (Auszüge)

1) Jedermann hat Anspruch auf Geheimhaltung der ihn betreffenden personenbezogenen Daten, soweit er daran ein schutzwürdiges Interesse, insbesondere im Hinblick auf Achtung seines Privat- und Familienlebens, hat.
2) Jedermann hat, soweit Daten über ihn automationsunterstützt verarbeitet werden, nach Maßgabe gesetzlicher Bestimmungen das Recht auf Auskunft darüber, wer Daten über ihn ermittelt oder verarbeitet, woher die Daten stammen, welcher Art und welchen Inhaltes die Daten sind und wozu sie verwendet werden.
3) Jedermann hat, soweit Daten über ihn automationsunterstützt verarbeitet werden, nach Maßgabe gesetzlicher Bestimmungen das Recht auf Richtigstellung unrichtiger und das Recht auf Löschung unzulässigerweise ermittelter oder verarbeiteter Daten.

2 Überlegt: Welche Daten sind schutzwürdig? Warum sind sie es?

3 Das Gesetz schreibt vor, dass man erfahren können muss, wofür die eigenen Daten verwendet werden. Erklärt, warum das so ist.

Jeder hat das Recht, dass seine Daten geheim und geschützt sind. Damit das auch im Internet der Fall ist, muss man allerdings selbst etwas dafür tun.

Datenschutz im Internet

Im Hinblick auf das Internet kann man zwischen persönlichen und allgemeinen Daten unterscheiden. Zu den **allgemeinen Daten** gehört zum Beispiel ein Spitzname, den man in einem Chatroom verwendet, oder eine ungefähre Angabe des Wohnortes (zum Beispiel der Landkreis). Diese allgemeinen Daten kann man im Internet
5 angeben.

Niemals sollte man jedoch **persönliche Daten** preisgeben. Das sind Daten, mit denen man herausfinden kann, wo jemand wohnt, wo derjenige sich regelmäßig aufhält und so weiter. Zu den persönlichen Daten gehören also die Wohnadresse, Fotos, die Telefonnummer, die Handynummer und natürlich die E-Mail-Adresse. Zu den persön-
10 lichen Daten gehört aber auch, wann jemand zu Hause ist, der Schulweg, welche Hobbys man hat und wo diese ausgeübt werden.

Gefährlich ist die Preisgabe der persönlichen Daten aus verschiedenen Gründen. Lästig, aber noch relativ harmlos ist es, wenn Werbefirmen diese persönlichen Daten nutzen. Sie schicken dann ständig Werbung mit der Post oder als E-Mail oder rufen
15 immer wieder bei euch zu Hause an und wollen etwas verkaufen.

Gibt man seine E-Mail-Adresse in Chatrooms oder Foren bekannt, so kann das gleich mehrere unangenehme Folgen haben. Zum einen gibt es Programme, die solche Internetseiten gezielt nach E-Mail-Adressen durchsuchen und dann an diese Adressen E-Mails mit Viren, Würmern und sonstigen „Mitbringseln" schicken. Zum anderen
20 kann nun jeder auf der ganzen Welt E-Mails an diese Adresse schicken, denn es kann sie jeder lesen. Auch das kann unschön sein – vor allem, weil ihr nie wisst, wer euch da schreibt. Wer sagt denn, dass der coole Junge oder das süße Mädchen aus dem Chat oder der E-Mail wirklich 16 ist – und sich nicht ein Erwachsener dahinter verbirgt, der etwas ganz anderes von euch will als einen harmlosen Flirt? Vielleicht steht
25 derjenige gerade dann vor der Tür, wenn eure Eltern nicht da sind oder fängt euch auf dem Schulweg ab – nämlich dann, wenn ihr ihm zu viel erzählt habt. Trefft euch daher nie mit einer Internetbekanntschaft, ohne es einem Erwachsenen zu sagen! Das gilt erst recht, wenn euch ein Fremder einfach so Geschenke oder Geld anbietet.

30 schenke oder Geld anbietet.

Die Zahl der Jugendlichen, die sexuellen Missbrauch im Internet oder durch eine Internetbekanntschaft erlebt haben, ist erschreckend hoch. Dabei hat sich ge-
35 zeigt, dass besonders Mädchen, die Bilder von sich in einen Chatroom stellen, gefährdet sind. Also, tut das nicht und geht auch nicht zum Spaß auf die Anmache
40 eines Erwachsenen ein. Es ist zu eurem eigenen Schutz!

Aufgabe für Englischprofis: Wer kann die Bildunterschrift der Abbildung richtig übersetzen?

„On the Internet, nobody knows you're a dog."

Solltet ihr durch das Chatten oder durch E-Mail-Kontakte in eine Situation geraten sein, in der ihr Hilfe braucht, könnt ihr euch an eine Internetseite der Landeskriminalpolizei wenden.

Außerdem gibt es in Chatrooms oft Hilfe-Tasten, die ihr anklicken könnt. Dann hilft euch derjenige weiter, der den Chatroom überwacht.

Falls ihr lieber mit jemandem persönlich sprechen wollt, redet mit Eltern, Freunden oder mit der Schulsozialarbeiterin/dem Schulsozialarbeiter. Auch Lehrer können euch einen Rat geben.

4 Im Text *Datenschutz im Internet* wird beschrieben, was man im Internet nicht tun sollte.
* Besprecht diese Ratschläge.
* Verteilt die Hinweise, was man nicht tun sollte, auf einzelne Schülergruppen und gestaltet dazu Verbotsschilder.

Fünf Regeln fürs Mailen und Chatten

Hier sind noch ein paar Hilfen, wie ihr Ärger aus dem Internet vermeiden könnt:
1) Verwendet in eurer E-Mail-Adresse niemals euren vollständigen Namen. Damit kann man viel zu leicht herausbekommen, wo ihr wohnt.
2) Benutzt zwei E-Mail-Adressen. Eine, die ihr nur guten Freunden gebt und eine andere, die ihr zum Beispiel im Chatroom verwendet.
3) Wenn ihr im Chat unbedingt eure E-Mail-Adresse weitergeben wollt, ersetzt das @-Zeichen durch [at]. Zum Beispiel: *name[at]irgendwo.xxx*.
Programme, die nach E-Mail-Adressen suchen, um an diese Viren zu verschicken, erkennen dann eure E-Mail-Adresse nicht und können euch auch nichts schicken.
4) Sendet Kettenbriefe nicht weiter. Diese enthalten oft Viren, die ihr so an eure Freunde weiterverteilt.
5) Denkt auch daran, dass ihr ein gutes Virenscan-Programm auf eurem Computer installiert.

5 Nachdem ihr nun über die Gefahren und Regeln Bescheid wisst, probiert es doch selbst einmal aus. Erkundigt euch nach eurer Partnerschule und tauscht euch zu einem aktuellen Thema aus.

6 Noch schneller geht so ein Gedankenaustausch in einem Chatroom. Fragt eure/n Lehrer/in nach einem geeigneten Chat und los geht es.

M Wie empfindet ihr ein solches „Gespräch" bzw. einen elektronischen Brief? Kann ein Chatgespräch das persönliche Gespräch mit einem guten Freund/in ersetzen? Ist ein Liebesbrief per E-Mail genauso schön? Diskutiert darüber in kleinen Gruppen und stellt eure Ergebnisse anschließend der Klasse vor.

Was *ist* bei euch hängengeblieben?

Die richtigen Worte finden

1 Was sagt ihr in den folgenden Situationen? Notiert zwei bis drei Sätze:

* *Deine Freundin schenkt dir zum Geburtstag Ohrstecker. Du hast ihr schon mehrmals erzählt, dass du Ohrringe nicht verträgst.*
* *Du findest die CD nicht mehr, die du dir von deinem Banknachbarn geliehen hast und die er schon lange zurückhaben möchte.*

Vorstellungsgespräch

2 Entscheidet, ob die folgenden Aussagen in einem Vorstellungsgespräch angemessen oder unpassend sind.

* *Mein Vater hat gesagt, ich solle mich in Ihrem Betrieb bewerben, weil er gute Kontakte zu Ihrer Personalabteilung habe.*
* *Ich habe von mehreren Seiten gehört, dass Sie sich in Ihrem Betriebe sehr viel Zeit für die Auszubildenden nehmen.*
* *Hätten Sie eine Tasse Kaffee mit Milch und Zucker für mich?*
* *Ich habe mich für den Beruf des Kfz-Mechatronikers entschieden, weil ich mich sehr für Autotechnik interessiere und handwerklich sehr geschickt bin.*

3 Formuliert anhand der folgenden Begriffe drei mögliche Fragen des Ausbildungsbetriebes und drei Fragen des Bewerbers.
Interessen – Mitarbeiter – andere Berufe – Schule – Auszubildende – Weiterbeschäftigung

Teamarbeit

4 Was versteht man unter Schlüsselqualifikationen?

5 Worauf kommt es an, damit Teamarbeit funktioniert? Notiert fünf wichtige Regeln!

Mailen, Chats und Internet

6 Zählt drei Vor- und Nachteile des Mailens und Chattens auf.

7 Persönliche Daten solltet ihr im Internet nicht weitergeben. Was gehört zu den persönlichen Daten? Was könnte passieren, wenn man persönliche Daten weitergibt?

8 Welche Hilfen kennt ihr, um Ärger aus dem Internet zu vermeiden?

Wann brauchen wir den Konjunktiv?

Was die anderen sagen – der Konjunktiv in der indirekten Rede

Mona muss sich so einiges anhören. – Kommen dir manche Sätze bekannt vor?

> *Mutter ist der Ansicht, meine Arbeitseinstellung sei eine Katastrophe.*

> *Mein Vater behauptet, dass in meinem Zimmer das totale Chaos herrsche.*

> *Laura meint, mein neues Kleid habe eine furchtbare Farbe.*

> *Mein Bruder sagt, er könne meine neue Frisur nicht ausstehen.*

1 Die Äußerungen stehen in der indirekten Rede. Erklärt den Unterschied zur direkten Rede. Beachtet vor allem die Verben.

2 Formt die Sätze in die direkte Rede um. Was passiert mit den Pronomen?

GRUNDWISSEN

Bei der **direkten Rede** wird eine Aussage wortwörtlich wiedergegeben. Sie wird durch Anführungszeichen gekennzeichnet. Die Verben stehen im **Indikativ (Wirklichkeitsform).**
Beispiel: *Laura sagt: „Deine neue Frisur **sieht** phantastisch aus."*

In der **indirekten Rede** wird wiedergegeben, was eine andere Person gesagt hat. Die Verben stehen im **Konjunktiv I (Möglichkeitsform).** Meist ändern sich die Pronomen.
Die indirekte Rede kann mit *dass* eingeleitet werden, aber auch ohne *dass* stehen.
Beispiel: *Laura sagt, meine neue Frisur **sehe** phantastisch aus.*
          *Laura sagt, **dass** meine neue Frisur phantastisch **aussehe**.*
Bei der Bildung des Konjunktiv I wird von der Grundform ausgegangen:

Infinitiv (Grundform)	Indikativ (Wirklichkeitsform)	Konjunktiv I (Möglichkeitsform)
sein	*er/sie/es ist*	*er/sie/es sei*
gehen	*er/sie/es geht*	*er/sie/es gehe*
haben	*er/sie/es hat*	*er/sie/es habe*

3 Schreibt die folgenden Sätze in der indirekten Rede auf. Verwendet anstelle von *sagen* andere treffende Verben.

a) *Monas Lehrer sagt: „Deine Schrift kann ich nicht entziffern."*
b) *Tom sagt: „Dein Gekicher geht mir auf die Nerven."*
c) *Oma sagt: „Ich freue mich sehr über die Besuche meiner Enkelin."*
d) *Lena sagt: „Mona kann ich alles anvertrauen."*
e) *Ihre Schwester sagt: „Es stört mich, wenn sich Mona einfach meine Klamotten ausleiht."*

Achtung Sonderfälle!

4 Setzt in den folgenden Sätzen die Verben in den Konjunktiv I. Was fällt euch dabei auf?

a) *Meine Lehrerin meint, ich (haben) eine schöne Stimme.*
b) *Mein Trainer behauptet, ich (kommen) immer auf den letzten Drücker zum Training.*
c) *Mein Physiklehrer meint, dass ich ihm irgendwann ein Loch in den Bauch (fragen).*

GRUNDWISSEN

In vielen Fällen lauten der Indikativ und der Konjunktiv I gleich. Dann verwendet man den **Konjunktiv II** oder man wählt die Umschreibung mit *würde*. Beispiel:

* *Meine Musiklehrerin meint, ich **hätte** eine schöne Stimme.*
* *Meine Lehrerin meint, ich **würde** eine schöne Stimme **haben**.*

Der Konjunktiv II wird aus dem Präteritum gebildet:

Infinitiv	Präteritum	Konjunktiv II
haben	ich hatte	ich hätte
sehen	ich sah	ich sähe

5 Schreibt die Sätze aus Aufgabe 4 zweimal ab. Verwendet einmal den Konjunktiv II und einmal die Umschreibung mit *würde*.

6 Schreibt die folgende Tabelle ab und ergänzt die fehlenden Verbformen.

Indikativ	Konjunktiv I	Präteritum	Konjunktiv II
ich nehme	ich nehme	ich nahm	ich nähme
du ..?..	du nehmest	du ..?..	du nähmest
er/sie/es ..?..	er/sie/es ..?..	er/sie/es ..?..	er/sie/es ..?..

7 Wie lauten die Personalformen folgender Verben im Präsens, Präteritum und in den beiden Konjunktiven?

sein – müssen – geben – sprechen – lachen

8 Sicher bekommt auch ihr manchmal Komplimente oder müsst euch Vorwürfe anhören.

* Schreibt in der indirekten Rede fünf Sätze auf, die andere Menschen über euch sagen könnten. Beispiel: *Meine Freundin meint, dass ich …*
* In welchen Sätzen habt ihr den Konjunktiv I verwendet, in welchen den Konjunktiv II?

TIPP

Wenn ihr euch nicht sicher seid, wie der Konjunktiv II eines Verbs lautet, dann verwendet immer die Umschreibung mit *würde*.

9 Lest folgende Gespräche.

Ein Hotelgast beschwert sich bei der Wirtin. Er meint, er <u>kann</u> es nicht glauben, aber in seinem Zimmer <u>haben</u> am frühen Morgen zwei Ratten miteinander gekämpft. Die Wirtin <u>erwidert</u>, dass er für den günstigen Zimmerpreis wohl keinen Stierkampf erwarten <u>kann</u>.

Frau Mai teilt ihrem Ehemann mit, dass sie ihren ersten Sohn nach dessen Großvater benennen <u>will</u>. Ihr Mann hat Bedenken. Er <u>meint</u>, sie <u>können</u> den Kleinen doch nicht Opa rufen.

* Worin liegt der Witz der Gespräche?
* Überprüft, ob die unterstrichenen Verben in der richtigen Form stehen.
* Schreibt die Texte fehlerfrei ab und lest sie euch vor.
* Formt alle indirekten Reden in direkte Reden um und tragt euch die Witze vor.
* In welcher Form kommen die Witze besser an?

Was wäre, wenn …? – Der Wunschkonjunktiv

Die Schülerinnen und Schüler der Klasse 8b der Berger Hauptschule haben einiges an ihrer Klassensituation zu bemängeln.

Wenn manche nicht immer dazwischenredeten, dann könnten wir …

Wenn sich alle an der Gruppenarbeit beteiligten, wären wir …

Wenn wir weniger Hausaufgaben machen müssten, hätten wir …

Wenn jeder seinen Müll in den Abfalleimer werfen würde, dann müsste …

1 Schreibt die Sätze ab und ergänzt sie sinnvoll.

2 Die Verben stehen im Konjunktiv II. Wiederholt, wie der Konjunktiv II gebildet wird.

Der **Konjunktiv II** drückt Dinge aus, die nicht der Wirklichkeit entsprechen. Durch ihn können wir **Wünsche, Pläne und Vorstellungen** formulieren. Der Konjunktiv II kann sich auf die Gegenwart und die Vergangenheit beziehen. Beispiele:
Wenn ich weniger Hausaufgaben erledigen müsste, könnte ich ...
Wenn ich genug gelernt hätte, hätte ich ...

3 Formuliert einige *Wenn-dann*-Sätze, die sich auf eure Klassensituation beziehen.

4 Was wäre, wenn ihr ...

... euer Idol treffen würdet?

... zaubern könntet?

... nie mehr in die Schule gehen müsstet?

... eine Million im Lotto gewinnen würdet?

Schreibt eure Vorstellungen auf. Verwendet abwechselnd den Konjunktiv II und die Umschreibung mit würde.
* *Wenn ich eine Million im Lotto gewinnen würde, dann ...*

5 Bildet anhand der Stichwörter weitere Sätze mit dem Konjunktiv II, die sich auf die Vergangenheit beziehen.
* *genügend Geld – Auto kaufen*
  Wenn mein Vater genügend Geld gehabt hätte, hätte er sich ein Auto gekauft.

trainieren – Wettkampf gewinnen

krank – nicht zur Arbeit gehen

Sonne scheinen – ins Freibad gehen

Prüfungen bestanden – Führerschein bekommen

6 Lest den folgenden Songtext von Rio Reiser. Wie würdet ihr die fünfte Zeile füllen?

Jede Nacht um halb eins, wenn das Fernseh'n rauscht
leg ich mich ins Bett, und mal mir aus
wie es wäre, wenn ich nicht der wäre, der ich bin
sondern Kanzler, Kaiser, König oder Königin
ich würd' ..?..
das alles, und noch viel mehr
würd' ich machen, wenn ich König von Deutschland wär

8 Du hast dein Leben in der Hand

Alkohol-, Nikotin- und Rauschgiftsucht – viele Süchte, viele Gefahren.
Aber wusstet ihr schon, dass das Wort „Sucht" nicht von „suchen",
sondern vom mittelhochdeutschen „siech" abstammt,
was so viel wie „krank" bedeutet?
Im folgenden Kapitel beschäftigt ihr euch mit verschiedenen Süchten
und ihren Auswirkungen. Gleichzeitig erfahrt ihr,
wie man gesund leben und trotzdem Spaß haben kann.

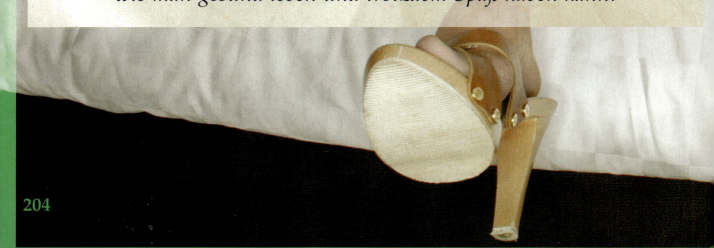

In diesem Kapitel geht es um

- die Geschichte eines Mädchens, das versucht, mit Drogen ihre Probleme zu lösen,
- andere Süchte, die ein Leben gefährden können,
- Möglichkeiten, der Versuchung zu widerstehen und ein gesundes Leben zu führen.

Ihr übt

- sinnerschließendes Lesen,
- das Auswerten von Schaubildern,
- ein Referat vorbereiten, verfassen und vortragen,
- das Erkennen und die Verwendung von adverbialen Bestimmungen und anderen Satzgliedern.

Alkohol und andere Süchte

1 Auf den Eingangsseiten ist eine Sucht dargestellt. Welche? Kennt ihr andere?

2 Erstellt ein Cluster zum Thema *Sucht.*

Alkohol

NORBERT HAMM / HERBERT MROZEK

Wir haben wieder die Nacht zum Tag gemacht,
ich nehm mein Frühstück abends um acht.
Gedanken fließen zäh wie Kaugummi,
mein Kopf ist schwer wie Blei, mir zittern die Knie.

5 Gelallte Schwüre in rot-blauem Licht,
vierzigprozentiges Gleichgewicht.
Graue Zellen in weicher Explosion
Sonnenaufgangs- und Untergangsvision.

Was ist hier los, was ist passiert?
10 Ich hab bloß meine Nerven massiert.

Alkohol ist dein Sanitäter in der Not.
Alkohol ist dein Fallschirm und dein Rettungsboot.
Alkohol ist das Drahtseil, auf dem du stehst.
Alkohol, Alkohol.

15 Die Nobelscene träumt vom Kokain
und auf dem Schulklo riecht's nach Gras.
Der Apotheker nimmt Valium und Speed
und wenn es dunkel wird, greifen sie zum Glas.

Was ist los, was ist passiert?
20 Ich hab bloß meine Nerven massiert.

Alkohol ist dein Sanitäter in der Not.
Alkohol ist dein Fallschirm und dein Rettungsboot.
Alkohol ist das Drahtseil, auf dem du stehst.
Alkohol ist das Schiff, mit dem du untergehst.
25 Alkohol ist dein Sanitäter in der Not.
Alkohol ist dein Fallschirm und dein Rettungsboot.
Alkohol ist das Dressing für deinen Kopfsalat.
Alkohol, Alkohol.

1 Hört euch den Song „Alkohol", gesungen von Herbert Grönemeyer, an, lest den Text und klärt unbekannte Wörter mithilfe des Wörterbuchs.

2 Welche Auswirkungen von Alkohol werden angesprochen?

3 Welche Botschaft vermittelt das Lied? Beachtet dabei besonders den Gegensatz des Inhalts der Hauptstrophen und des Refrains.

4 Welche weiteren Suchtmittel werden im Text erwähnt, was wird über sie gesagt? Was möchtet ihr über die einzelnen Mittel erfahren? Notiert eure Fragen. Vielleicht findet ihr im Verlauf des Kapitels Antworten dazu.

Sind Drogen eine Lösung?

Höhenflug abwärts
JANA FREY

Irgendetwas läuft auf einmal schief in Maries Leben. Ihr Freund Leon verliebt sich in Friederike, die neue Schülerin. Marie wird nicht mehr zur Klassensprecherin gewählt, sie bekommt Krach mit ihren Eltern und eigentlich kann sie sich auch selbst nicht leiden.

Mister Allen trabte hechelnd hinter mir her. Im Vorbeigehen ließ ich meinen Blick über den Kinderspielplatz wandern. Überall Erinnerungen an Leon und mich. Die ganze Stadt war voll davon.
5 Wieder sah ich Friederikes Gesicht vor mir. Sie war so bunt, so selbstbewusst und voller Energie. Ob sie und Leon doch noch ein Paar werden würden? Franka glaubte das nicht, aber was wusste schon Franka? Ob Samir wohl ebenfalls in Friederike verliebt war? Schließ-
10 lich war er es gewesen, der sie als neue Klassensprecherin vorgeschlagen hatte. Außerdem saß er neben ihr. Samir war genauso hübsch wie Friederike. So wie Leon. Ich
ging immer langsamer. Friederike war hübsch. Und Samir. Und Leon. Und natürlich Franka. – Auch Kristina war hübsch. Sie war Halbdänin und hatte weißblonde Haare
15 und helle Wimpern und helle Augenbrauen und diese hellblauen Augen und ein paar vereinzelte Sommersprossen auf der Nase.
Ich dagegen war normal. Fad. Langweilig. Blass. Und nicht so selbstbewusst. Ein Klumpen Wut ballte sich in meinem Bauch zusammen.

Marie lernt Malte und seine Freunde kennen. Diese laden sie zu einer Party ein …

20 Langsam schlenderten wir zur Tanzfläche zurück. Deborah und ihre Freundin tanz-
ten immer noch.

„Die haben echt Kondition", sagte Franka und trank schnell ihren Becher leer. Dann
drückte sie ihn mir in die Hand.

„Schade, dass du nie tanzen willst", rief sie noch und sprang davon. Kurze Zeit später
25 stand Samir neben mir.

„Na, kein Bock auf tanzen?", fragte er mich und legte seinen Arm um meine Schulter.
Ich schüttelte den Kopf.

„Warum nicht?", fragte Samir.

„Ich komme mir irgendwie lächerlich dabei vor", gab ich zu, obwohl ich das ei-
30 gentlich nicht hatte sagen wollen. Es musste an der Kiwibowle liegen. Mir war
angenehm warm und leicht im Kopf.

„Verstehe", sagte Samir.

„Ich habe immer das Gefühl, alle außer mir können richtig tanzen. Außerdem ist es
mir peinlich, wenn mich jeder beobachten kann. Alleine, zu Hause in meinem Zim-
35 mer, da tanze ich manchmal."

„Verstehe", sagte Samir wieder. Er lächelte mir
zu. „Willst du vielleicht noch was trinken?"

Ich nickte, und wir gingen zur Grillhütte, in
der die Getränke standen. Aber die Kiwibowle
40 war inzwischen leer.

„Nehmen wir halt ein Glas Campari, ist auch
lecker", entschied Samir achselzuckend und
füllte unsere Gläser mit einem roten Drink.

„Prost, Marie!", sagte er.

45 „Prost!", antwortete ich. Ich trank und mir
wurde immer wärmer. Die Kiwibowle hatte allerdings besser geschmeckt.

Plötzlich sah ich Samir nur noch durch Nebel. Aber die Nebelmaschine war doch
hinten am Dancefloor? Der Nebel schien überhaupt überall zu sein.

Ich setzte mich erschöpft auf einen Baumstumpf. Mein Kopf fühlte sich plötzlich
50 schwer an, schwer und wackelig.

„He, Marie, ich glaube, du hast einen Schwips", sagte Samir und setzte sich zu mir.
„Aber du hast Glück: Ich habe da was dabei, was dich wieder fit macht." Er griff in seine
Jeanstasche und fischte ein kleines Tütchen heraus, in dem ein paar grüne Pillen waren.

„Was ist das?", fragte ich. Meine Stimme klang eigenartig belegt und in meinem Kopf
55 drehte sich alles. Ich hatte ganz sicher zu viel von der Kiwibowle getrunken. Und das
Glas Campari hatte mir den Rest gegeben.

„So eine Art Fitnesspille", sagte Samir. „Pass auf, die bringt dich wieder auf den Damm."
Mit diesen Worten stand er auf. „Warte hier, ich hole dir ein Glas Orangensaft, und
dann geht es dir ruck, zuck besser, versprochen!"

60 Ich nickte, und ein paar Augenblicke später schluckte ich die kleine grüne Pille, die
Samir mir in die Hand gelegt hatte. Zusammen mit einem Schluck Orangensaft spülte
ich sie hinunter.

Es war wunderbar. Das Leben. Und dieses Fest. Die Musik wummerte mir in den

Kopf, in den Bauch und in die Seele. Vor allen Dingen in die Seele. Ich fühlte mich
plötzlich von Kopf bis Fuß leicht und glücklich.

„Wo ist denn Franka?", fragte ich Samir.

„Die tanzt bestimmt noch."

„Ich möchte zu ihr", sagte ich.

„Okay, gehen wir", sagte Samir und lächelte.

Es war in der Zwischenzeit dunkel geworden. Der geschmückte Tannenbaum glitzer-
te und strahlte.

„Wie schön!", sagte ich und schob meine Hand in Samirs Hand. „Wie wunderschön!"
Ich war nicht mehr müde. Auf der Tanzfläche entdeckte ich Franka. Ich winkte ihr zu,
aber sie sah mich nicht.

„Franka!", rief ich. „Franka! Franka!"
Ich schob mich an anderen vorbei auf den Dancefloor. Der Wald war jetzt ganz in der
Dunkelheit verschwunden. Das einzige Licht, das noch geblieben war, waren wir.

„Franka!", rief ich wieder, umarmte meine Freundin von hinten und legte meine
Wange auf ihre Schulter. Franka drehte sich um.

„Marie!", rief sie überrascht und außer Atem. „Du tanzt ja! Wow!"
Und das stimmte. Ich tanzte mit Franka und mit Lilli und mit allen anderen.

„Ich kann nicht mehr, ich brauche eine Pause", keuchte Franka irgendwann. „Wollen
wir was trinken gehen?"
Ich schüttelte den Kopf und bewegte mich mit der Musik, in der Musik. Ich hatte das
Gefühl, die Musik zu sein.

„Franka, ich könnte die ganze Welt umarmen, irgendwie", rief ich.

„Was ist denn plötzlich los mit dir?", fragte Franka und blieb stehen. Sie wischte sich
die Haare aus dem verschwitzten Gesicht. „Bist du betrunken?"
Ich schüttelte den Kopf.

„Blödsinn, mir geht es einfach gut", sagte ich und tanzte davon.
Und damit hatte ich Franka aus den Augen verloren. Ich fand sie einfach nicht mehr
wieder, aber das machte nichts. Ich tanzte mit Lilli und Deborah und irgendwann
tanzte ich mit Malte. [...]
Irgendwann gingen Malte und ich zu den anderen zurück. Franka war nirgends zu
sehen, aber das machte mir nichts aus. Malte und ich liefen Hand in Hand und setz-
ten uns zu Deborah, Lilli, Benjamin, Amai und ihren Freundinnen. Bald gesellten sich
auch Murat, Jakob und Christina zu uns. Malte hatte seinen Arm um mich gelegt, und
seine Finger streichelten sanft meinen Rücken. [...]
In diesem Moment reichte jemand die Haschzigarette an mich weiter. Aus dem Au-
genwinkel sah ich, dass es Lilli war. Vorsichtig nahm ich sie aus ihren warmen
Fingern und setzte sie an meine Lippen. Der Rauch der Glut drang in meine Nase.
Trotzdem nahm ich einen schnellen Zug. Ich musste husten, und Malte nahm mir den
Joint lächelnd aus der Hand und klopfte mir auf den Rücken, bis der Husten aufhörte.
Ein paar Minuten später erreichte mich der Joint erneut. Diesmal zog ich vorsichtiger.
Ich behielt den Zug einen Augenblick im Mund und inhalierte dann ganz vorsichtig.
Diesmal hustete ich nur leicht, obwohl es im Hals brannte. Mir wurde ein bisschen
schwindelig. Wieder lächelte Malte mir zu.

Ich lehnte mich an ihn, legte meinen Kopf gegen seine Schulter und schaute zum Himmel empor. Ich fühlte mich leicht und glücklich in diesem Moment.

110 „Was ist denn das für ein komisches lila Licht dahinten?", flüsterte ich irgendwann verwirrt.

„Das ist der Tag, Marie", antwortet Malte und streichelte mit den Fingerspitzen seiner rechten Hand ganz leicht meinen Hals, meine Schultern, meine Brüste und meinen Bauch.

115 „Schön, ein lila Tag", sagte ich und wurde schläfrig.

Ich schlief ein, aber ich schlief nicht richtig, weil ich die anderen reden hörte, wie aus weiter Ferne, wie ein beruhigendes Murmeln, einmal lachte jemand leise auf, und ich schaute aus halb geschlossenen Augen in die verschwommene, friedliche Runde.

„Ich muss übrigens um zwölf mit Franka ein Taxi rufen und nach Hause fahren", sag-
120 te ich irgendwann. „Komisch, wie sollen wir das von hier aus machen? Hier gibt es doch gar keine Taxis."

„Es ist gleich sechs", sagte Malte, „ich muss auch demnächst los, wir werden schon einen finden, der uns mit zurücknimmt.

1 Lest den Text gründlich und gebt ihn in eigenen Worten wieder.

2 Beschreibt Marie mit treffenden Adjektiven.

3 Wie sieht Marie sich und wie die anderen?

4 Warum nimmt Marie Drogen? Belegt eure Aussagen mit Textstellen.

5 Marie sollte um zwölf Uhr zu Hause sein. Sie kommt erst am nächsten Morgen. Wie sollten ihre Eltern reagieren? Diskutiert darüber in der Klasse.

M Stellt euch vor, Marie hätte den Joint abgelehnt. Wie wäre es weitergegangen? Schreibt mindestens fünf Sätze.

Und dann passierte in der Schule die Sache mit der *Liste*. Sie entstand aus einer Lau-
125 ne der Jungen heraus, aber sie verletzte mich tief.

Angefangen hatte die Geschichte anscheinend an einem Abend, an dem sich ein paar von den Jungen zum Videogucken getroffen hatten. Am nächsten Morgen brachten sie ein Blatt Papier mit in die Schule.

Und in der großen Pause begann das Spektakel.

130 „Okay, Friederike ist ganz klar auf Platz 1", sagte Erik und schrieb etwas auf das Blatt. „In allen Punkten."

Die Jungen warfen sich vielsagende Blicke zu und lachten leise.

„Was machen die denn?", fragte Jasmin mit gerunzelter Stirn.

Franka zuckte gelangweilt mit den Achseln. „Irgendeinen Blödsinn vermutlich. So
135 wie immer."

„Und dann kommt Kristina", sagte Björn, Eriks Sitznachbar.

„Quatsch, auf Platz 2 ist Franka", rief Sören, der erst seit zwei Jahren in unserer Klasse ist.

„Okay, okay, Franka auf Platz 2", sagte Erik und schrieb wieder etwas auf. „Kristina
dann auf Platz 3."

„Die spinnen", sagte Franka. „So ein Schwachsinn!"

„Das ist kein Schwachsinn, Süße", verbesserte sie Björn streng und machte eine geheimnisvolle Miene. „Das wird die *Top- oder Flopliste* aller Mädchen unserer Klasse! –
Wir wählen sozusagen *The most sexiest girl in class*, that's it!"

„Ihr spinnt ja komplett!" Franka tippte Björn mit ihrem Zeigefinger gegen die Stirn.
Irgendwann in der dritten Stunde machte Eriks gekritzelte Liste dann die Runde
durch die Klasse. Eingerahmt von ein paar kleinen, obszönen[1] Strichzeichnungen mit
großen, spitzen Zuckerhutbusen standen dort sämtliche Namen: Ganz oben stand
Friederike. Dann folgten Franka und Kristina und Lilli. Und unter Lilli stand Jasmin.
Natürlich war es Unsinn, trotzdem suchte ich meinen Namen, wie alle anderen.
Und mein Name war der drittletzte der Liste!
Benommen saß ich da und rang um Fassung. Ich spürte, wie mein Gesicht heiß wurde und wie sich mein Magen vor Entsetzen zusammenzog. Trotzdem reichte ich die
Liste mit kalten Händen an Franka weiter. Was blieb mir anderes übrig? Sollte ausgerechnet ich sie zerreißen oder zerknüllen? Das konnten Friederike oder Franka oder
Kristina tun, aber wenn ich es jetzt tat, würde ich mich noch viel lächerlicher machen,
als ich mich schon fühlte.

6 Beschreibt, wie Marie sich fühlt.

7 Hatten die Jungen die Absicht, Marie oder ein
anderes Mädchen zu verletzen?

8 Was könnten die Mädchen tun, um den Jungen
zu zeigen, was sie von der Liste halten?

> der Apotheker · lecker
> der Fallschirm · das Drahtseil
> das Rettungsboot · obwohl
> der Kopfsalat · schläfrig
> selbstbewusst · schlucken
> der Sanitäter · demnächst
> 📖 2, 10, 11, 12, 15, 17

„Ich hasse sie alle", sagte ich zu Lilli am Tag darauf. Ausgerechnet heute sollte ich
mein Geschichtsreferat halten. Schon bei dem Gedanken daran, mit meinem Heft in
der Hand nach vorne zu gehen und mich für den Rest der Stunde vor die ganze
Klasse zu stellen, wurde mir schlecht vor Entsetzen.

„Wegen dieser Liste von gestern?", fragte Lilli mit hochgezogenen Augenbrauen.
Ich schwieg.

„Die Liste war doch nur ein schwachsinniger Spaß", sage Lilli. „Das musst du wirklich nicht so eng sehen, Marie." [...]
Er [der Lehrer] lächelte mir zu und lief weiter. Ich schaute ihm hinterher und fand ihn
widerlich. [...] Er hatte ja keine Ahnung davon, wie schrecklich es für mich war, mich
ganz alleine vor die Klasse zu stellen, wo mich jeder von Kopf bis Fuß sehen konnte.
Ich musste immerzu an die Liste von gestern denken, die Björn die *Top- oder Flopliste*
genannt hatte. *Ich war ein Flop! Ich stand ganz unten. Ich war ganz unten!*

„Lilli, ich kann es nicht, wirklich nicht", sagte ich und meine Stimme klang kläglich.
„Blödsinn", antwortete Lilli. „Klar kannst du, Marie."

---

[1] obszön: unanständig, schamlos, schlüpfrig

Ich schüttelte den Kopf.

„Willst du vielleicht eine Happinesspille?", fragte Lilli plötzlich. „Zum Mutmachen,
175 sozusagen. Ich habe eine dabei."

Ich zögerte, aber dann schüttelte ich schnell den Kopf.

„Warum nicht?", fragte Lilli, als ob es eine ganz alltägliche Sache wäre, über die wir
da sprachen.

„Ich weiß nicht ...", murmelte ich.

180 Lilli schaute auf ihre Armbanduhr. „Noch zehn Minuten bis zum Klingeln", sagte sie,
als hätte ich sie danach gefragt. „Du kannst diesen Geschichtskram doch eigentlich",
fuhr sie fort und drückte meine kalte Hand. „Bei dir ist es ja bloß eine Blockade im
Kopf. Und die kannst du loswerden. Weißt du noch, wie du getanzt hast auf Bennis
Party? Und dabei warst du überzeugt davon, nicht tanzen zu können."

185 Ich hob den Kopf. Lilli sah mich abwartend an. Nein, lieber nicht, dachte ich.

„Okay, vielleicht hast du Recht", sagte ich.

Auf der Mädchentoilette schluckte ich die kleine Ecstasypille, die Lilli mir in die
Hand legte. Sie war weiß und in ihrer Mitte war ein kleines, lachendes Gesicht einge-
prägt. Es lachte mir aufmunternd entgegen.

190 Ich hatte Herzklopfen.

„Wird schon werden", sagte Lilli.

9 Warum nimmt Marie dieses Mal Drogen?

10 Wie könnte das Referat abgelaufen sein?

11 Wie könnte Maries Geschichte weitergehen? Schreibt eine Fortsetzung
und besprecht die verschiedenen Ideen.

Wenn es euch interessiert, wie die Geschichte im Buch weitergeht, ob Marie weiterhin
Drogen nimmt oder ganz davon wegkommt, dann lest es doch als Klassenlektüre oder
stellt es bei einer Buchpräsentation vor.

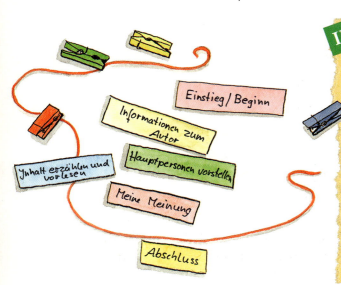

INFO Zur Erinnerung: **Der Ablauf einer Buchpräsentation**

1) **Einstieg** (z. B. das Titelbild zeigen, eine Einstimmung mit Musik überlegen usw.)
2) **Informationen** zum Autor/zur Autorin geben
3) **Hauptpersonen** vorstellen
4) eine **Zusammenfassung** des Inhalts geben und eine Textstelle vorlesen die **eigene Meinung** zum Buch äußern und begründen
5) **Abschluss** (z. B. Aufgaben stellen, Quizfragen entwerfen usw.)

Zahlen, Daten und Fakten zu illegalen Drogen

Die vorangehenden Textausschnitte haben euch gezeigt, dass ein Mädchen Drogen genommen hat, obwohl sie das vermutlich überhaupt nicht wollte. Eine Umfrage der Bundeszentrale für gesundheitliche Aufklärung zum Drogenkonsum von Jugendlichen kommt zu folgendem Ergebnis:

* Für viele Jugendliche gehören illegale Drogen zur Alltagserfahrung. Die Hälfte (49 %) der 12- bis 25-Jährigen hat schon einmal Drogen angeboten bekommen. Ein Drittel (32 %) dieser Altersgruppe hat schon einmal Drogen probiert oder auch mehrmals genommen.
* Drogenkonsum ist hauptsächlich Cannabiskonsum: 24 % der Jugendlichen haben ausschließlich Haschisch oder Marihuana genommen, 8 % haben auch andere Rauschmittel konsumiert. Andere Drogen, wie Heroin oder Crack, werden vergleichsweise selten genommen.

*trotzdem · einrahmen
lächerlich · das Entsetzen
anbieten · die Droge
illegal · die Blockade
mehrmals · konsumieren
vergleichsweise*
3, 8, 11, 16, 18, 20

* Jugendliche, die sich vorstellen können, Drogen zu nehmen, erwarten von Drogen Wirkungen wie Glücksgefühle, Abbau von Hemmungen oder dass sie Alltagsprobleme vergessen lassen.
* Eine wichtige Rolle für den Konsum illegaler Drogen spielen auch Tabak und Alkohol. Erfahrungen mit dem Rauchen und mit Alkoholräuschen verführen dazu, Cannabis oder andere Drogen zu nehmen.

1 Diskutiert die oben genannten Ergebnisse in eurer Klasse. Erscheinen sie euch einleuchtend? Gibt es Zahlen, die euch überraschen?

2 Ordnet Maries Erfahrungen diesen Ergebnissen zu.

3 Betrachtet folgende Tabelle. Was fällt euch auf?

Alter beim Erstkonsum illegaler Drogen 1993 bis 2004 (in Jahren)

	1993	1997	2001	2003
Cannabis	17,5	16,7	16,5	16,4
Ecstasy	*nicht erfragt*	17,1	17,4	17,3
Schnüffelstoffe	15,3	14,8	15,0	16,4
Kokain	17,3	18,2	18,4	18,0

4 Sammelt weitere Informationen über den Drogenkonsum bei Jugendlichen (z. B. in der Bibliothek oder im Internet). Tauscht eure Informationen aus.

Ein Referat halten – andere informieren

Die Zahlen der Bundeszentrale für gesundheitliche Aufklärung regen die Klasse 8b an, sich weiter mit dem Thema Sucht und Drogen zu beschäftigen. Damit sie möglichst viele verschiedene Aspekte ansprechen können, beschließen die Schüler, Referate zu halten. Tarek will ein Referat über das Rauchen halten.

TIPP 1

Zur Erinnerung: Ein Referat soll anderen die wichtigsten Informationen über ein Thema knapp und anschaulich weitergeben. Deshalb ist es wichtig, dass ein Referat übersichtlich gestaltet wird.

Schritt 1: Informationen sammeln

Tarek recherchiert im Internet und findet viele Informationen.

1 Lest den Text durch und klärt unbekannte Wörter mithilfe eines Wörterbuchs.

TIPP 2

Texte im Buch markieren

Legt eine Klarsichtfolie über den Text und unterstreicht die wichtigsten Stellen mit einem Folienstift. Dann findet ihr sie schneller wieder und dem Buch passiert nichts. Die Folie kann, wenn sie nicht mehr gebraucht wird, abgewaschen und wieder verwendet werden.

TIPP 3

Exzerpierendes Lesen

Bei Referaten bietet es sich an, einen Text exzerpierend zu lesen. Das bedeutet: Nachdem ihr den Text markiert habt, macht ihr euch **Stichpunkte zu seinen wesentlichen Aussagen.** Hierdurch gewinnt ihr eine Übersicht über den Inhalt und könnt später wieder nachschauen. Das Nomen zu *exzerpieren* heißt *Exzerpt*.

Die Geschichte des Rauchens

Die Tabakpflanze ist bereits vor 10 000 Jahren von nord- und mittelamerikanischen Völkern benutzt worden. Die Priester der Maya nutzten sie für kultische Zwecke. Sie entfachten die Glut durch Hineinpusten und inhalierten den dadurch erzeugten Rauch.

Columbus brachte die ersten Tabakblätter und später auch die ganze Tabakpflanzen von seinen Reisen mit nach Spanien. Der erste Raucher in Europa namens Rodrigo de Jerez (Spanier) wurde übrigens für zehn Jahre inhaftiert, weil man damals meinte, der Teufel sei im Spiel, als man ihn aus Mund und Nase rauchend auf der Straße sah. Anfang des 18. Jahrhunderts hatte sich der Tabak aufgrund der damals schon umfangreichen Handelsbeziehungen in alle Welt ausgebreitet. Zu jener Zeit waren Zigarren noch die am häufigsten angewandte Tabakverarbeitung. Nach Deutschland kamen die ersten Zigarren über Frankreich herein. Dort hatte Napoleon sie eingeführt. Die Zigarette wurde erst Mitte des 19. Jahrhunderts entwickelt. Die ersten Zigaretten wurden während des Krim-Krieges (1853–1856) verbreitet.

Durch die maschinelle Zigarettenherstellung sanken die Herstellungskosten dramatisch und die Verbreitung erhöhte sich entsprechend stark. Die Zigarettenindustrie ist dank des kometenhaften Absatzes zu einem der führenden Industriezweige aufgestiegen.

Mit dem Ersten Weltkrieg änderte sich auch der Status der Zigarette. Die kostenlos verteilten Tabakwaren sollten die Hunger- und Angstgefühle der Soldaten dämpfen. Der Glimmstängel konnte den Krieg zwar nicht erträglich machen, aber er half durchzuhalten. Sterbenden hielt man die letzte Zigarette an die Lippen. Der Krieg hatte die Zigarette als Alltagsdroge etabliert.

Die gesundheitlichen Auswirkungen des Rauchens wurden erstmals in den 50er-Jahren untersucht. 1964 wurde in den USA der Terry-Report veröffentlicht, der die Ergebnisse dieser Untersuchungen zusammenfasste. Seither gilt Rauchen weltweit als eine der wichtigsten Ursachen für frühzeitige Invalidität und Tod.

Charakteristisch für die 70er- und 80er-Jahre war die Zunahme abgesicherter und wissenschaftlicher Erkenntnisse über die schädlichen Folgen des Rauchens. Trotzdem stieg der Tabakkonsum weltweit weiter an.

Mittlerweile hat in den reichen Industriestaaten, vor allem in den USA, ein Imagewandel des Rauchens eingesetzt. Abgesehen von der Bedeutung, die das Rauchen bei jugendlichen Einsteigern hat (cool sein, anerkannt werden), ist Zigarettenrauch nicht mehr generell geeignet, das Ansehen zu steigern. Zum Einstellungswandel hat u. a. der wachsende Widerstand der Nichtraucher, das zunehmende Gesundheits- und Körperbewusstsein breiter Schichten und die immer deutlicher ins öffentliche Bewusstsein rückenden verheerenden Auswirkungen auf die öffentlichen Gesundheitssysteme geführt.

Ich habe jetzt endlich einen Nichtraucher-Arbeitsplatz.

Keine dicke Luft am Arbeitsplatz • Auch Passivrauchen macht krank

Welt-Nichtrauchertag 31. Mai

Verbreitung des Rauchens bei Jugendlichen

Mit der Verbreitung des Tabaks und des Tabakrauchens im europäischen Kulturkreis etwa seit dem 16. Jahrhundert begann aus den unterschiedlichsten Gründen auch ein Kampf gegen diese Droge, der bisher wenig erfolgreich verlief. Heute sterben jährlich weltweit Millionen Menschen an den Folgen des Rauchens.

5 Der Siegeszug des Tabaks scheint kaum zu stoppen und Tabak ist heute weiter verbreitet als jede andere Droge, sogar verbreiteter als Alkohol und Kaffee.
Bis zum Ende des 13. Lebensjahres hat ein erheblicher Teil der Schüler erste Erfahrungen mit Zigarettenrauchen gemacht. In den wenigsten Fällen kommen Kinder allein darauf, das Rauchen auszuprobieren. Meist geschieht dies im Kreis der Schul- und
10 Spielfreunde, in erster Linie aus Neugierde oder um sich Erlebnismöglichkeiten zu erschließen. Die ersten Erfahrungen mit dem Rauchen von Zigaretten verlaufen häufig negativ. Das Rauchen erhält den Charakter einer Mutprobe, auch, da es weitgehend heimlich geschehen muss. Angesichts der Allgegenwart von Zigarettenautomaten und der Tatsache, dass in sehr vielen Haushalten Zigaretten unbeaufsichtigt
15 herumliegen, ist es auch für Kinder kein Problem, sie sich jederzeit in nahezu beliebiger Menge zu beschaffen.

Raucher und Nichtraucher 1993 bis 2004
12- bis 25-Jährige in der Bundesrepublik Deutschland

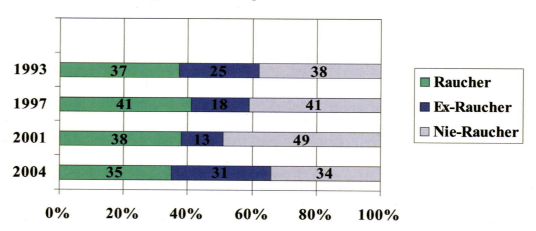

Die vorliegenden Untersuchungen der letzten Jahre weisen darauf hin, dass der Tabakkonsum langsam zurückgeht. Von den 12- bis 25-jährigen Jugendlichen und jungen Erwachsenen rauchen derzeit 35 % entweder als ständige Raucher oder als
20 Gelegenheitsraucher. Von den männlichen Jugendlichen rauchen 38 %, von den weiblichen Jugendlichen 37 %. Hier hat es in den letzten Jahren eine Angleichung gegeben, d.h., vor allem junge Mädchen steigen früher in den Tabakkonsum ein, und der Anteil von jungen Mädchen und Frauen, die rauchen, steigt stetig an.
Ein großer Teil der Jugendlichen probiert durchschnittlich im Alter von 13,6 Jahren
25 erstmalig das Tabakrauchen aus, viele davon fangen jedoch nicht endgültig an zu rauchen. So ist etwa die Hälfte der 12- bis 25-Jährigen (49 %) Nie- oder Kaum-Raucher.

Der größte Teil davon bleibt es auch bis zum Alter von 25 Jahren. Diejenigen, die in jungem Alter zu rauchen beginnen, fangen zunächst als Gelegenheitsraucher an und rauchen im Durchschnitt nur wenige Zigaretten am Tag. Mit steigendem Alter
30 werden mehr und mehr Jugendliche zu ständigen Rauchern und von diesen wiederum zu starken Rauchern, mit einem Konsum von 20 oder mehr Zigaretten am Tag. Etwa vom 20. Lebensjahr an raucht ein Drittel der Jugendlichen ständig und gewohnheitsmäßig und bleibt für die nächsten Jahre dabei.

Folgen des Rauchens

Leistungseinschränkungen treten bei Rauchern wesentlich früher ein und fallen stärker aus als bei Nichtrauchern.
Mit dem Tabakrauch werden rund 4000 Stoffe eingeatmet, die die Gesundheit gefährden. Zum Beispiel ist bei stark rauchenden Männern die Häufigkeit von Kehlkopf-,
5 Lungen- und Mundhöhlenkrebs 20-mal so hoch wie bei Nichtrauchern.
Die folgende Übersicht zeigt die Auswirkungen der Inhaltsstoffe Nikotin, Kohlenstoffmonoxid und Teer auf den Organismus.

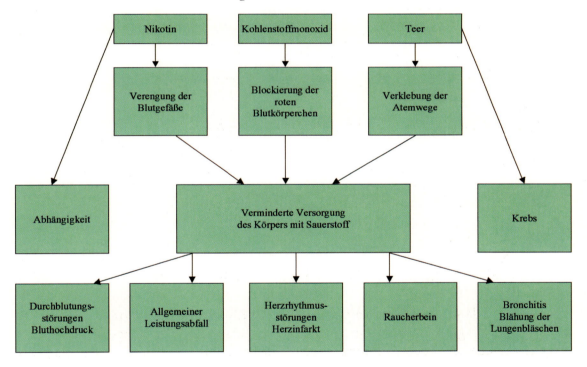

Schritt 2: Den Vortrag vorbereiten

Tarek hat Exzerpte zu diesem Text angefertigt.

1 Vergleicht Tareks Exzerpt mit dem ursprünglichen Text. Was hat Tarek gemacht?

Tabakpflanze: vor 10 000 Jahren von nord- und mittelamerikanischen Völkern benutzt (Kultpflanze der Maya), Glut durch Hineinpusten, Inhalieren des Rauchs
Columbus: erste Tabakblätter, später ganze Tabakpflanze nach Spanien. Verhaftung von Rodrigo de Jerez! Ausbreitung aufgrund der Handelsbeziehungen, v. a. Zigarren, Deutschland im 18 Jh. über Frankreich durch Napoleon.

2 Was meint ihr: Hilft Tarek das Exzerpt bei seiner Weiterarbeit? Setzt das Exzerpt fort.

Nun schreibt sich Tarek Stichwörter für sein Referat auf Karteikarten. So kann er seinen Vortrag ordnen und behält den Überblick.

> **Geschichte**
> * Tabakpflanze vor 10 000 Jahren benutzt
> * Columbus: erste Pflanze nach Europa
> * 18. Jh.: Ausbreitung (⇨ Zigarren)
> * Mitte 19. Jh.: Entwicklung Zigarette
> * maschinelle Herstellung: starke Verbreitung
> * im Ersten Weltkrieg: Zigarette als Alltagsdroge
> * 1964: Terry-Report: ⇨ Rauchen wichtigster Grund für frühen Tod
> * 70er- und 80er-Jahre: Rauchen verbreitet sich weiter
> * heute: immer mehr Widerstand ⇨ zunehmendes Körperbewusstsein

3 Vergleicht Tareks Stichwortsammlung mit dem Beginn seines Exzerpts und der von euch erstellten Fortsetzung. Welche Unterschiede könnt ihr entdecken?

4 Besprecht, warum es bei der Vorbereitung eines Referats sinnvoll sein kann, ein Exzerpt zu erstellen. Könnt ihr euch andere Situationen vorstellen, bei denen euch die Exzerpte helfen können?

5 Erstellt Exzerpte und Stichwortsammlungen zu den Themen *Verbreitung des Rauchens bei Jugendlichen* und *Folgen*. Vergleicht eure Darstellungen.

Schritt 3: Die Präsentation vorbereiten

Um ein Referat interessant zu gestalten, benötigt ihr nicht nur eure Texte, sondern auch Materialien, die die Zuhörer **sehen** können, denn so können sie das Vorgetragene besser **verstehen** und **behalten.** Hierfür könnt ihr die wichtigsten Informationen, Bilder und Zeichnungen auf Folie kopieren oder diese mithilfe eines Computerpräsentationsprogramms erstellen.

1 Welche Informationen würdet ihr den Zuhörern zeigen?

2 Welche Bilder passen zu diesem Vortrag?

8 Du hast dein Leben in der Hand

Tarek entscheidet sich für folgende Folien:

3 Sind die gewählten Folien hilfreich? Warum? Warum nicht? Welche anderen Folien könnte Tarek erstellen? Macht selbst einen Entwurf.

Schritt 4: Das Referat halten

Beim Referat müssen die Stichwörter in ganze Sätze verwandelt werden.

METHODE

Aufbau eines Referates

* **Einleitung:** Thema nennen, Begründung für Themenwahl
* **Hauptteil:** strukturierter Vortrag mit Anschauungsmaterial
* **Schluss:** eigene Meinung

Wenn ihr **frei sprecht** und die Zuschauer dabei anschaut, wird das Referat interessanter und verständlicher, denn ihr könnt auf die Reaktionen eurer Zuhörer reagieren. Deshalb: Nicht alles ablesen, sondern nur kurz auf den Stichwortzettel/die Karteikarten schauen. Wichtig: **Langsam und deutlich sprechen,** öfter kurze Pausen machen, damit die Zuhörer mitdenken können.

1 Wandelt Tareks Stichwörter in ganze Sätze um. Am besten legt ihr dazu eine Tabelle an (siehe Beispiel).

Tareks Stichwörter	Tarek sagt
Tabakpflanze vor 10 000 Jahren benutzt	*Die Tabakpflanze wurde bereits vor 10 000 Jahren von nord- und mittelamerikanischen Völkern, wie zum Beispiel den Maya, benutzt.*
Columbus: erste Pflanzen nach Europa	*Christoph Columbus brachte die Pflanze von einer seiner vielen Fahrten mit nach Europa.*
18. Jh.: Ausbreitung (⇨ Zigarren)	..?..

2 Wandelt eine eurer Stichwortsammlungen (☞ Seite 218, Aufgabe 5) in eine Tabelle um. Tragt das Ergebnis euren Banknachbarn vor. Haben sie alles verstanden? Wenn nicht, solltet ihr noch an euren Formulierungen feilen.

3 Jetzt dürft ihr endlich selbst loslegen! Bereitet ein Referat zu einem Sucht-Thema vor (vielleicht interessiert euch eine der Süchte, die in Herbert Grönemeyers Song auf ☞ Seite 206 angesprochen wurden).

  ✳ Sucht Materialien. Hierbei hilft euch die Methode des diagonalen Lesens:

INFO

Diagonales Lesen

Manchmal müssen einem Text nur **bestimmte Informationen** entnommen werden. Dann genügt es, ihn diagonal zu lesen. Das bedeutet, ihr müsst nicht jeden Satz genau lesen, sondern ihr überfliegt ihn nach den genannten **Schlagwörtern.** Habt ihr diese gefunden, so lest diese Textstelle genau durch. Diagonales Lesen hilft euch dabei, brauchbares von unbrauchbarem Material schneller zu unterscheiden.

  ✳ Erstellt anschließend Exzerpte, Stichwortzettel und übt die Ausformulierung eurer Stichwörter. Bereitet Folien für eure Referate vor.

  ✳ Übt den Vortrag und haltet eure Referate. Besprecht in der Klasse, was gut war und was ihr beim nächsten Mal besser machen könnt.

4 Diskutiert in der Klasse, warum so viele Jugendliche rauchen und trinken. Welche Alternativen gibt es?

5 Ihr habt euch mit euren Referaten sicher viel Arbeit gemacht. Vielleicht wollt ihr eure Informationen weiternutzen und Plakate gegen Alkohol- und Nikotinmissbrauch entwerfen, die ihr in der Schule aufhängen könnt.

Es geht auch anders...

Jeder weiß es: Legale und illegale Drogen sind kein Weg. Sie schaden dem Körper und dem Geist. Doch wie kann man ein gesundes Leben führen und trotzdem Spaß haben?

1 Erstellt ein Cluster zum Thema *Gesundes Leben.*

Sport ist sicher eine Möglichkeit, die in eurem Cluster eine Rolle spielt.

Sport – eine Möglichkeit, entspannt und gesund zu leben

Zehn gute Gründe, Sport zu treiben:

Wer sich bewegt, fühlt sich wohler
Unser Körper wurde für die Bewegung geschaffen.
Schon unsere Urahnen jagten hinter ihrer Nahrung her.

Gute Laune durch Bewegung
Bei intensiver Bewegung und beim Sport werden körpereigene Opiate erzeugt,
die die Stimmung heben. Außerdem wird Frusthunger, zum Beispiel auf
Schokolade, reduziert.

Nährstoffe und Fettdepots werden schneller verbrannt
Durch Bewegung und Sport kommt der Stoffwechsel auf Touren.
Zusätzlich kommt es zum Nachbrenn-Effekt: Der Stoffwechsel
bleibt noch Stunden nach dem Training angeregt und ver-
braucht deutlich mehr Kalorien.

1 Welche Bereiche werden in den drei genannten
Gründen angesprochen? Was haben sie mit dem Suchtverhalten von
Jugendlichen zu tun?

2 Überlegt euch in Partnerarbeit jeweils zwei weitere Gründe, die dafür
sprechen, Sport zu treiben. Formuliert sie in ähnlicher Weise wie die
Gründe auf dem Plakat. Kommt ihr in der Klasse insgesamt auf zehn
Gründe?

3 Welche Sportarten würdet ihr gerne einmal ausprobieren? Warum?

4 Trendsportarten geben den besonderen Kick. Welche Sportarten sind zur
Zeit besonders beliebt? Was ist an ihnen interessant? Erkundigt euch, wo
man sie in eurer Umgebung ausüben kann.

5 Sammelt Informationen über diese Sportarten und gestaltet eine Infowand in eurem
Klassenzimmer oder in eurer Schule.

M Formuliert mithilfe des Imperativs mindestens acht Aufrufe zu einer gesunden
Lebensweise, z. B. *1. Treibt mehr Sport!*

der Zweck · die Folie
der Tabak · der Widerstand
stoppen · umfangreich
stetig · durchschnittlich
erheblich · zurückgehen
intensiv · wohlfühlen
2, 5, 9, 13, 19, 21

M Wann verwendet ihr im Sport den
Imperativ? Schreibt zehn Sätze auf, z. B. *Gib mir den Ball!*

Sportler sollten auch auf ihre Ernährung achten – Satzglieder

Warum ist gesunde Ernährung wichtig?

Fast 50 % der deutschen Bevölkerung hat Übergewicht. Die Menschen essen ständig zu süß, zu fett und zu viel. Allerdings wird auch ein gegenläufiger Trend sichtbar: Wegen des anhaltenden Trends zum Fitness- und Körperbewusstsein nimmt die Zahl der Untergewichtigen zu. Das bedeutet: Weniger als die Hälfte der Bevölkerung
5 hat heutzutage ein in der Norm liegendes Körpergewicht. Auch bei Jugendlichen sind in letzter Zeit ähnliche Trends zu Über- und Untergewicht zu beobachten. Die eine Gruppe ernährt sich fast nur von Fast Food, also Hamburgern, Currywurst, Pommes usw. Diese Lebensmittel enthalten zu wenig Mineralstoffe, Ballaststoffe und Vitamine, dafür aber mehr Kalorien, Fett, Zucker und Salz. Fast Food sättigt nicht
10 lange, sodass man nach einer kurzen Zeit bereits wieder Hunger hat und noch mehr Kalorien zu sich nimmt. Die Folge davon ist Übergewicht.
Bei der anderen Gruppe von Jugendlichen ist der Wunsch nach einer guten Figur und aktueller Fitness größer als in der Gesamtbevölkerung. Daher fühlen sich viele Jugendliche zu dick, obwohl sie es nicht sind. Ein Teil von ihnen versucht, das Körper-
15 gewicht zu halten oder zu verringern, sodass auch bei ihnen die Zahl der Untergewichtigen zunimmt. Besonders Mädchen ändern ihr Essverhalten wegen des Wunsches nach einer guten Figur. Diese Veränderung betrifft aber auch immer mehr Jungen, die ihren Körper mit Sport und Ernährung fit halten wollen. Zu beobachten ist zum Beispiel eine Verringerung der Kalorienzufuhr, wobei es oft zu einer ein-
20 seitigen Ernährung kommt oder zur Auswahl spezieller Nahrungsmittel, die zwar wenig Kalorien haben, jedoch den Bedarf an Nährstoffen nicht decken.
14 % der Jugendlichen zwischen 11 und 15 Jahren haben bereits Diäterfahrung. Die ausdauernde Beschäftigung mit Essen und Kalorien kann schon bei Jugendlichen zu Essstörungen führen. Essstörungen können sein: Magersucht, Bulimie (Ess-Brech-
25 Sucht) oder Ess-Sucht.
Die richtige Ernährung hilft, das Wohlfühlgewicht zu halten, gibt dem Körper alle wichtigen Nährstoffe und beugt Krankheiten vor. Deshalb sollte man sich ausgewogen und gesund ernähren und nicht ständig einem Schönheitsideal hinterher hungern.

1 Welche Arten falscher Ernährung werden im Text behandelt? Welche Gründe für ungesundes Essverhalten werden genannt?

2 Diskutiert in der Klasse über das Essverhalten von Jugendlichen.

3 Im Text findet ihr einige unterlegte Wörter und Wortgruppen. Macht folgende Probe: Lest die Sätze vor und lasst dabei diese markierten Stellen weg. Sprecht dann darüber, welche Informationen fehlen.

Subjekt – Prädikat – Objekt

Die häufigsten Satzglieder – Subjekt, Prädikat und Objekt – habt ihr schon oft geübt. Wie ihr wisst, erkennt man sie durch Fragen:

Sport	*schenkt*	*den Menschen*	*Freude.*
Wer oder was?	*Was tut er?/Was geschieht?*	*Wem?*	*Wen oder was?*
Subjekt	Prädikat	Dativobjekt	Akkusativobjekt

Adverbiale Bestimmungen

Weitere wichtige Satzglieder sind **adverbiale Bestimmungen (Umstandsbestimmungen).** Sie legen die **Umstände** fest, unter denen etwas geschieht. Auch sie erkennt man durch Fragen: *Wo? Wann? Warum? Wie?*

Adverbiale Bestimmungen können im Satz umgestellt oder auch weggelassen werden. Jedoch enthalten adverbiale Bestimmungen wichtige (Einzel-)Informationen zum Verständnis von Ereignissen und Handlungen. Oft erhöhen sie die Spannung eines Geschehens. Man unterscheidet

* **adverbiale Bestimmungen des Ortes (Wo?),** Beispiel:
  *Die Blutzufuhr **im Gehirn** steigt beim Sporttreiben enorm an.*
* **adverbiale Bestimmungen der Zeit (Wann?),** Beispiel:
  *Maxi trainiert **nachmittags**.*
* **adverbiale Bestimmungen des Grundes (Warum?),** Beispiel:
  ***Wegen Stress** konnte er nicht üben.*
* **adverbiale Bestimmungen der Art und Weise (Wie?),** Beispiel:
  *Ein gut durchblutetes Gehirn kann **besser** denken.*

4 Macht mit den Beispielsätzen zu den adverbialen Bestimmungen aus dem GRUNDWISSEN-Kasten die Umstell- und die Weglassprobe.

5 Bestimmt in nebenstehenden Textausschnitt alle euch bekannten Satzglieder (Subjekt, Prädikat, Objekt, adverbiale Bestimmungen).

6 Schreibt die folgenden Sätze ab und unterstreicht die adverbialen Bestimmung (Ort: grün, Zeit: blau, Grund: rot, Art und Weise: gelb).
a) *Sie ernährt sich vorbildlich.*
b) *Gestern habe ich viel Obst gegessen.*
c) *Vor Hunger konnte Martin nicht denken.*
d) *Die Äpfel reifen am Baum.*
e) *Voller Freude aß Karin ein Stück Kuchen.*

Viele Menschen essen mit Begeisterung Chips. Jeden Abend beim Fernsehen öffnen sie eine Packung. Verzweifelt versuchen sie aufzuhören. Doch sie haben keinen Erfolg. Die Packung wird komplett leer gegessen. Hast du das auch schon einmal erlebt?

GRUNDWISSEN

7 Notiert zu jeder adverbialen Bestimmung drei Beispielsätze.

Obst und Gemüse – fünfmal am Tag

Fünfmal am Tag Obst und Gemüse zu essen ist das Beste, was du für deine Gesundheit und Leistungsfähigkeit tun kannst. Obst und Gemüse sind nämlich nicht nur knackig lecker, erfrischend, bunt und kalorienarm, sondern mit einer breiten Palette an wertvollen Inhaltsstoffen auch ausgesprochen gesundheitsfördernd.

5 Sie enthalten sehr viele Vitamine, Mineralstoffe, Ballaststoffe und sekundäre Pflanzenstoffe. Dieser „Cocktail" hat für die Gesundheit des Menschen eine besondere Bedeutung: Zahlreiche wissenschaftliche Studien kamen zu dem Ergebnis, dass Menschen mit einem hohen Obst- und Gemüsekonsum deutlich seltener von den ernährungsbedingten Krankheiten wie Krebs und Herz-Kreislauf-Erkran-

10 kungen betroffen sind.

Dies ist vor allem auf den hohen Gehalt an Vitamin C, Beta-Carotin, Kalium, Ballaststoffen und sekundären Pflanzenstoffen in Obst und Gemüse zu-

15 rückzuführen. Rund ein Drittel aller Krebserkrankungen wären bei einer gesundheitsbewussten Lebensweise vermeidbar. Rauchen ist die häufigste Ursache für die Entstehung von Krebs,

20 gefolgt von einer ungesunden Ernährungsweise.

Ernährungswissenschaftler und Ärzte empfehlen, täglich fünf Portionen Obst und Gemüse zu essen, und zwar:

25 • zwei Portionen Obst (250 bis 300 g),
• eine Portion rohes Gemüse (100 g),
• eine Portion gekochtes Gemüse (200 g) und
• eine Portion Salat (75 g).

1 Warum ist es wichtig, fünfmal am Tag Obst und Gemüse zu essen?

2 Sucht alle adverbialen Bestimmungen aus dem Text heraus und übertragt sie in folgende Tabelle.

Ort	Zeit	Grund	Art und Weise
im Gehirn	*nachmittags*	*wegen Stress*	*besser*

M Ergänzt die Tabelle mit weiteren adverbialen Bestimmungen.

8 Du hast dein Leben in der Hand

Wissens-Check: Seid ihr fit?

Sucht – gesunde Lebensführung

1 Woher stammt das Wort „Sucht"?

2 Nennt drei illegale Drogen.

3 Warum hat sich die Einstellung zum Rauchen in den letzten Jahren geändert?

4 Nennt drei Auswirkungen des Rauchens.

5 Wann ist Weltnichtrauchertag? Nennt Vorschläge zu seiner Gestaltung.

6 Wie viel Prozent der Jugendlichen haben bereits Diäterfahrung?

7 Nennt drei Merkmale einer gesunden Lebensführung.

Referat

8 Welche vier Schritte helfen euch bei einem Referat?

9 Fertigt ein Exzerpt für den Text „Obst und Gemüse – fünfmal am Tag" an.

Satzglieder

10 Welche adverbialen Bestimmungen kennt ihr? Auf welche Fragen antworten sie jeweils?

11 Wählt aus den folgenden Wörtern und Wortgruppen Satzglieder aus und bildet vier Sätze, die ein Subjekt, ein Prädikat, (mindestens) ein Objekt und (mindestens) eine adverbiale Bestimmung enthalten.

SUBJEKT
Marco
Die Leute
Esra und ihre
Freunde
Der Cocktail

DATIVOBJEKT
sich
seinen Freunden
dem Koch
dem Publikum

PRÄDIKAT
gönnen	begegnen
essen	schmecken
kochen	löschen

ADVERBIALE BESTIMMUNG
unterwegs	fröhlich
zu diesem Zeitpunkt	jetzt
voller Genuss	auf dem Herd
mit aller Gewalt	in der Küche
innerhalb weniger Minuten	

AKKUSATIVOBJEKT
keine Verschnaufpause	
Chips	den Durst
eine Currywurst	
die ganze Stadt	
keine Überlebenschance	
eine Verschnaufpause	
ihre Stimme	sich
die ganze Stadt	
alle U-Bahn-Schächte	

Angst hat jeder – Attribute

Angst, Anspannung oder Nervosität sind extreme Zustände, die aus verschiedenen Gründen immer wieder in unserem Leben auftauchen. Sie haben sowohl Vor- als auch Nachteile. Angst zum Beispiel kann uns rechtzeitig vor einer Gefahr flüchten lassen, sie kann uns aber auch lähmen. Anspannung zum Beispiel kann uns zu
5 besonderen Leistungen antreiben, sie kann uns aber auch verkrampfen lassen und uns einen schweren Kopf machen.
In der Familie, in der Schule oder am Arbeitsplatz entstehen manchmal Situationen, die einen Menschen dauernd unter Druck setzen und mit denen er nicht so leicht fertig wird. Ergebnis davon kann Angst sein. Angst bekommt man, wenn man denkt:
10 „Da ist etwas gefährlich." Das Denken spielt sich in unserem Gehirn ab. Und von dort her kommen auch die ängstlichen Gedanken. Sie wirken sich oft auf den Körper des Menschen aus. Die Angst zeigt sich dann manchmal in Kopfschmerzen, Herzklopfen, Schweißausbrüchen oder Durchfall. Wenn man die elektrischen Spannungen bei der Tätigkeit des Herzens auf einem Bildschirm oder Papierstreifen sichtbar
15 macht, lässt sich dies erkennen.

1 Warum ist Angst nicht nur etwas Negatives?

2 Im Text sind einige Wörter unterlegt. Sie sind Teile von Satzgliedern. Welche Wirkung haben sie auf die dazugehörigen Satzglieder?

3 Führt die Umstellprobe durch. Was fällt auf?

GRUNDWISSEN

Attribute

Attribute sind **Teile von Satzgliedern.** Durch Attribute kann der Bedeutungsinhalt von Wörtern innerhalb eines Satzgliedes
* **eindeutiger bestimmt** werden. Beispiel: *der Fußballer aus München*
* **erweitert** werden. Beispiel: *der runde Ball*
Attribute können sein:
* **Substantive im Genitiv.** Beispiel: *Der Rock **des Mädchens** ist weiß.*
* **Adjektive.** Beispiel: *Die **frischgebackene** Weltranglistenerste siegte.*
* **Adverbien.** Beispiel: *Der Trainingsplatz **drüben** ist schon trocken.*
* **Präpositionalausdrücke.** Beispiel: *Das Mädchen **mit dem Schläger** pfiff.*
TIPP: Durch die **Umstellprobe** kannst du Attribut und adverbiale Bestimmung auseinanderhalten. Das Attribut bleibt immer bei dem Wort, dessen Bedeutungsinhalt es näher bestimmt bzw. erweitert.

---

4 Sucht in „Die Geschichte des Rauchens" auf ☞ Seite 214 f. die Attribute heraus.

5 In folgenden Sätzen fehlen die Attribute. Könnt ihr passende finden?
  a) Der ..?.. Fußballer verfehlte den Ball.
  b) Die ..?.. Tennisspielerin erschien zum Training.
  c) Der Junge ..?.. lief schnell zum Bolzplatz.
  d) Der ..?.. Spieler rannte in die Kabine.
  e) Das ..?.. Trainingsgelände fiel ihm auf.
  f) Die Flutlichtanlage ..?.. war defekt.

Infinitiv- und Partizipgruppen

Um cool zu sein, trinken viele Jugendliche Alkohol. Ohne Hemmungen zu haben, greifen sie vor allem auf Partys zur Flasche. Das exzessive Rauschtrinken wird zur Modeerscheinung. Anstatt über die Folgen nachzudenken, wird nur an die nächste Flasche gedacht. Schwankend vor Freude (oder Alkohol), holen sie das nächste alkoholische Getränk. Von der Anstrengung geschafft, sinken sie dann auf den Boden und wachen bis zum nächsten Tag nicht mehr auf.

Die unterlegten Wortgruppen können in Nebensätze umgewandelt werden.
Beispiel: *Damit sie cool sind, trinken viele Jugendliche Alkohol. Ohne dass sie Hemmungen haben, greifen sie vor allem auf Partys zur Flasche.*

1 Schreibt den Text ab, ersetzt dabei die unterlegten Wortgruppen durch einen Nebensatz. Vergleicht die beiden Texte. Was fällt auf?

2 Sucht jeweils drei Beispiele für die Satzverkürzung mit einer Infinitivgruppe und einer Partizipgruppe.

3 Wählt einen Text eures DEUTSCHPROFIS und sucht solche Satzverkürzungen.

GRUNDWISSEN

Satzverkürzung durch Infinitiv- und Partizipgruppen

Die **Infinitivgruppe** ist eine Wortgruppe mit Infinitiv, die sich in einen Nebensatz umwandeln lässt. Infinitivgruppe
  * mit *zu*. Beispiel: *Er beschloss, die Flasche nicht leer zu trinken.*
  * mit *um zu, ohne zu, anstatt zu*: Beispiel: *Sie holte Luft, um „nein" zu sagen.*

Die **Partizipgruppe** lässt sich ebenfalls in einen Nebensatz umwandeln. Partizipgruppe
  * mit Partizip Präsens. Beispiel: ***Vor Freude hüpfend,** trug sie ihren Pokal.*
  * mit Partizip Perfekt. Beispiel: ***Vom Trainieren erschöpft,** gingen wir nach Hause.*

Kommasetzung bei Infinitivgruppen

Ein Komma **muss** gesetzt werden:

* wenn die Infinitivgruppe mit *um, ohne, anstatt* eingeleitet wird,
  Beispiel: *Sie ging hinaus, **um** eine Flasche Saft zu holen.*
* wenn die Infinitivgruppe von einem Nomen abhängt, Beispiel:
  *Den Plan, **keinen Alkohol mehr zu trinken,** hatte sie gestern gefasst.*
* wenn ein hinweisendes Wort auf die Infinitivgruppe weist,
  Beispiel: *Erinnere mich **daran,** den Pokal mitzunehmen.*

Sonst kann ein Komma gesetzt werden, um die Gliederung des Satzes deutlich zu machen.

Adverbialsätze

1 Welcher der folgenden Sätze klingt eurer Meinung nach besser? Warum?
* *Vor Hunger aß sie den ganzen Kuchen auf.*
* *Weil sie Hunger hatte, aß sie den ganzen Kuchen auf.*

Adverbialsätze

Nebensätze können die Rolle eines Adverbials übernehmen. Man nennt sie dann **Adverbialsätze.** Sie werden meist durch eine Konjunktion eingeleitet und mit einem Komma abgetrennt.

Es gibt verschiedene Arten von Adverbialsätzen. Man unterscheidet:
* **Adverbialsätze des Ortes (Wo?),** Beispiel:
  Wo vorher der Kuchen stand, waren jetzt nur noch Krümel.
* **Adverbialsätze der Zeit (Wann?),** Beispiel:
  Als sie es merkte, hatte sie schon den ganzen Kuchen gegessen.
* **Adverbialsätze des Grundes (Warum?),** Beispiel:
  Weil sie heute nichts gegessen hatte, hatte sie großen Hunger.
* **Adverbialsätze der Art und Weise (Wie?),** Beispiel:
  Indem sie den ganzen Kuchen aß, stillte sie ihren Hunger.
* **Adverbialsätze der Bedingung (Unter welcher Bedingung?),**
  Beispiel: *Wenn Mutter da wäre, würde sie das nicht tun.*

2 Schreibt folgenden Text ab und unterstreicht die Adverbialsätze.

Wenn man sich gesund ernähren will, sollte man nicht drei große Mahlzeiten, sondern fünf kleine zu sich nehmen. Indem man das tut, vermeidet man, dass der Blutzuckerspiegel rasch absinkt. Falls dieser zu schnell sinkt, bekommt man Heißhunger. Weil der Körper versucht, viel Zucker aufzunehmen, isst man mehr, als man braucht.

3 Verbindet folgende Sätze, indem ihr einen zu einem Adverbialsatz umformt.

Beispiel: *Er spielte Ball. Die anderen waren schon auf ihren Zimmern.*
Er spielte Ball, als die anderen schon auf ihren Zimmern waren.

a) *Sie bewegte sich viel. Sie wollte abnehmen.*
b) *Karin isst gerne Obst. Andere essen lieber Süßigkeiten*
c) *Es wurde dunkel. Sie schlich sich in die Küche.*
d) *Er freute sich. Er hatte sich eine Woche gesund ernährt.*

4 Findet zu jeder Art von Adverbialsätzen zwei weitere Beispiele.

Ein Lese- und Medienprojekt planen

Über Drogen gibt es eine Menge Jugendbücher. Wie wäre es, wenn ihr daraus ein Lese- und Medienprojekt machen würdet?

Bei diesem Projekt arbeitet ihr in Gruppen zusammen. Jede Gruppe wählt ein Buch aus und stellt es am Ende des Projekts der Klasse vor. Hier ist ein Vorschlag, wie ihr das Projekt planen und durchführen könnt. Natürlich könnt ihr auch eigene Ideen einbringen.

TIPP
Wenn alle mitarbeiten, macht es auch allen Spaß! Ein Projekt lebt von der Teamarbeit!
▶ Wie ihr ein starkes Team werdet, erfahrt ihr in Kapitel *7 Miteinander sprechen, sich mitteilen...* auf ☞ Seite 181 ff.

Schritt 1: Planung des Projekts

Zuerst solltet ihr euch überlegen, wann das Projekt stattfinden und wie lange es dauern soll (z. B. während einer Projektwoche oder in jeder Woche zu einer bestimmten Stunde, ...). Diskutiert darüber in eurer Klasse und legt den Zeitraum gemeinsam fest. Dann kann es losgehen:

Besprecht, zu welchem Thema ihr Bücher lesen wollt. Ihr könnt, müsst aber nicht, das Rahmenthema *Drogen* nehmen.

→ Sucht im Internet nach geeigneten Büchern oder vereinbart in eurer Bücherei einen Termin. Dort hilft man euch gern bei der Auswahl.

Lest die Klappentexte der Bücher und entscheidet euch für eines je Gruppe. ← Teilt die Gruppen ein, in denen ihr zusammenarbeiten wollt. Am besten sind vier Mitglieder pro Gruppe.

Schritt 2: Durchführung des Projekts

Jedes Mitglied der Gruppe liest das Buch und führt ein **Lesetagebuch** (z. B. ein DIN-A4-Schnellhefter), in das jeder eine Zusammenfassung der einzelnen Kapitel hineinschreibt. Denkt daran, die Zusammenfassungen, **bevor** ihr sie eintragt, in einer **Schreibkonferenz** zu korrigieren. Ihr könnt den Text auch mit dem Computer schreiben, dann ist das Korrigieren einfacher.

▶ Mehr zur Schreibkonferenz erfahrt ihr in Kapitel *2 Zeitungsleser wissen mehr!* auf ☞ Seite 60.

Sucht weitere Materialien zu eurem Thema. Vielleicht gibt es dazu Zeitungsartikel, einen Film, ein Lied oder Ähnliches, das ihr verwenden könnt.

Sucht euch eine Szene aus, die ihr nachspielt und mit der Videokamera oder mit dem Fotoapparat (Fotostory) festhaltet.

Erstellt eine Buchpräsentation (☞ Seite 212). Ihr könnt dazu, wie beim Referat, auch Folien mit einem Computerpräsentationsprogramm erstellen (z. B: Bilder des Autors, Beziehung der Hauptpersonen usw.). Zeigt dabei auch euer zusätzliches Material und eure nachgespielte Szene.

Schritt 3: Abschluss des Projekts

Tragt eure Buchpräsentationen vor und sprecht in der Klasse darüber. Was war gut, was kann noch besser werden?

Diskutiert über die Bücher. Welches würdet ihr am liebsten lesen, welches auf keinen Fall?

TIPP Zu jedem Buch könnt ihr das beste Lesetagebuch kopieren und damit ein Klassenlesetagebuch gestalten.

Grundwissen Wortarten

Es gibt verschiedene Wortarten, die man nach ihren Aufgaben, nach ihren Wortformen und nach ihrer Rolle im Satz unterscheiden kann. Einige Wortarten sind veränderbar (Verb, Adjektiv, Nomen, Artikel, Pronomen), andere nicht (Konjunktion, Präposition, Adverb).

Wortart	Wortformen	Rolle im Satz	Aufgabe
Verb: *werfen*	Konjugierbar: Tempus *(er warf)*; Person *(ich werfe – du wirfst)*; Numerus *(ich werfe – wir werfen)*; Passiv *(der Ball wird geworfen)*; Konjunktiv *(er werfe den Ball)*	Nimmt im einfachen Aussagesatz die zweite Position ein.	Bezeichnet eine Tätigkeit, einen Vorgang oder Zustand.
Nomen: *Haus*	Deklinierbar. Hat ein Genus: Maskulinum *(der Mond)*, Femininum *(die Sonne)*, Neutrum *(das Haus)*. Nomen stehen im Singular oder Plural und in einem Kasus (Nominativ, Genitiv, Dativ, Akkusativ).	Vor dem Nomen steht häufig der Artikel, manchmal ist ein Adjektiv dazwischen.	Bezeichnet Personen, Lebewesen, greifbare und abstrakte Dinge.
Artikel: *der, ein*	Deklinierbar: Der Artikel steht in demselben Kasus, Numerus und Genus wie das Nomen, das er begleitet.	Steht vor dem Nomen, manchmal ist ein Adjektiv zwischen Artikel und Nomen.	Begleitet das Nomen und kennzeichnet sein Genus.
Pronomen: *er, mein, der*	Deklinierbar. Arten der Pronomen: Personalpronomen, Possessivpronomen, Relativpronomen, Fragepronomen. Manche Indefinitpronomen sind unveränderbar, manche sind deklinierbar.	Steht stellvertretend für ein Nomen.	Personalpronomen stehen anstelle des Nomens. Relativpronomen leiten Relativsätze ein. Possessivpronomen stehen häufig vor dem zugehörigen Nomen.
Adjektiv: *schnell*	deklinierbar, häufig steigerbar	Adjektive können zwischen dem Artikel und dem Nomen stehen.	Beschreiben Dinge, Personen, Lebewesen und Tätigkeiten genauer.
Konjunktion: *weil*	unveränderbar	Leitet meist einen Haupt- oder Nebensatz ein.	Verknüpft Sätze, Wortgruppen und Wörter.
Präposition: *auf*	unveränderbar	Steht meist vor Artikel + Nomen oder Pronomen. Je nach Präposition ist ein bestimmter Kasus erforderlich.	Legt Verhältnisse fest.
Adverb: *unten*	unveränderbar	Wird häufig in einer adverbialen Bestimmung gebraucht (manchmal auch ohne weitere Wörter).	Gibt nähere Umstände an. Antwortet auf W-Fragen.

Grundwissen Rechtschreibung

Die Rechtschreibprinzipien

In Klasse 7 habt ihr **drei wesentliche Prinzipien der Rechtschreibung** kennengelernt. Sie helfen euch, die Rechtschreibung besser zu verstehen und Fehler zu vermeiden.

Das Lautprinzip ist die Grundlage jeder Alphabetschrift. Jedes Wort wird in seine einzelnen Laute zerlegt. Jedem gehörten Laut wird ein Buchstabe oder eine Buchstabengruppe (z. B. *ch* oder *sch*) zugeordnet. Beispiele: *Lampe, Kind, Glas, Buch, Tisch*

Aber ACHTUNG: Manchmal gibt es **mehrere Schreibweisen** für einen Laut, zum Beispiel wird das lange *i* als *ie (Biene)*, *i (Maschine)* oder *ih (ihm)* geschrieben. Manchmal gibt es auch **mehrere Sprechweisen** für einen Buchstaben, zum Beispiel für *v* in *Vater* ⟺ *Vase*; *g* in *Mangel* ⟺ *Garage*. Hier muss man beim einzelnen Wort lernen, wie man es schreibt, besonders bei Fremdwörtern.

Das Stammprinzip: Die Wörter einer **Wortfamilie** haben einen gemeinsamen **Wortstamm.** Diesen schreibt man gleich oder ähnlich. Somit kann man beim Lesen schneller die Bedeutung des Wortes erkennen. Beispiel: Wortfamilie *fahren* ⇒ Wortstamm: *fahr*: *fahren, Fahrrad, Fahrbahn, Fähre, Gefahr, gefährlich, Gefährte, fahrlässig*

Zum **grammatischen Prinzip** gehören
* die **Groß- und Kleinschreibung** und
* die **Zeichensetzung.**
Hierdurch wird ein Text leichter lesbar.

Wichtige Rechtschreibregeln

Groß- und Kleinschreibung
Man schreibt groß: → Nomen, → Nominalisierungen und alle Wörter am Satzanfang.
Zeitangaben: Großschreibung, wenn es sich um ein Nomen handelt, Beispiel: *der Vormittag*, Kleinschreibung, wenn es sich um ein → Adverb handelt, Beispiel: *mittags, gestern*.
Anredepronomen: Die Anredepronomen in der Höflichkeitsform *Sie, Ihr, Ihnen* usw. schreibt man immer groß, Beispiel: *Ich danke Ihnen vielmals*. Die Anredepronomen *Du, Dir, Deine, …* kann man in Briefen, E-Mails, … großschreiben.
Eigennamen: Eigennamen werden immer großgeschrieben, auch die Adjektive, wenn sie Teil eines (mehrteiligen) Eigennamens sind. Beispiel: *der Stille Ozean*. Zu den Eigennamen zählt man:
* Titel oder Ehrenbezeichnungen. Beispiel: *die Königliche Hoheit*
* Fachbezeichnungen aus der Tier- und Pflanzenwelt. Beispiel: *die Schwarze Witwe*
* geografische Bezeichnungen. Beispiel: *das Rote Meer*
* besondere Kalendertage. Beispiel: *der Heilige Abend*
* historische Ereignisse. Beispiel: *der Zweite Weltkrieg*

Getrennt- und Zusammenschreibung
Beim Verb: Getrenntschreibung
(1) Verbindungen aus **Verb und Verb** werden in der Regel getrennt geschrieben. Beispiel: *schwimmen gehen*
ACHTUNG: Wenn Verbindungen aus Verb und Verb mit *lassen* und *bleiben* in übertragener Bedeutung verwendet werden, können sie auch zusammengeschrieben werden.

Beispiel: *Er hatte keine Zeit, deshalb ist die Arbeit liegen geblieben / liegengeblieben. Heute früh ist er lange im Bett liegen geblieben.*
(2) Verbindungen aus **Nomen und Verb** werden meist getrennt geschrieben. Beispiel: *Rad fahren*
ACHTUNG: Verwendet man solche Wortverbindungen als Nomen, werden sie zusammengeschrieben. Beispiel: *das Radfahren*
ACHTUNG: Wenn das Substantiv als solches nicht mehr erkennbar ist, werden Verbindungen aus ehemaligen Substantiven und Verben zusammengeschrieben. Beispiel: *eislaufen*
(3) Verbindungen aus **Adjektiv und Verb**

* Verbindungen aus Adjektiv und Verb können untrennbare Zusammensetzungen bilden. Sie werden zusammengeschrieben. Beispiel: *langweilen, vollbringen*
* Es gibt Verbindungen aus Adjektiv und Verb, die, je nach Bedeutung, getrennt oder zusammengeschrieben werden können. Beispiel: *frei sprechen* (⇨ ohne Vorlage)/*freigesprochen* (⇨ von der Anklage)
* Die Getrenntschreibung gilt für alle anderen Fälle. Dazu zählen vor allem komplexe, erweiterte oder gesteigerte Adjektive. Beispiele: *herzlich danken, ganz nahe kommen, näher kommen*

(4) **Verbindungen mit** *sein*: Verbindungen mit *sein* werden **getrennt geschrieben.** Beispiele: *los sein, zurück sein*

Lang und kurz gesprochene Vokale
Dehnungs-h: Bei **lang gesprochenen Vokalen** schreibt man häufig ein -h nach dem Vokal, wenn darauf ein *l, m, n* oder *r* folgt. Beispiele: *der Zahn, fahren, wahr*
ie-Schreibung: Ein **lang gesprochenes -i-** wird häufig *-ie-* geschrieben. Beispiele: *Liebe, formulieren, nie, friedlich*
Doppelkonsonanten: Konsonanten werden häufig nach einem **kurz gesprochenen Vokal** verdoppelt. Beispiele: *Koffer, Ratte, Hammer*

s-Laute
ss: schreibt man nach einem **kurz gesprochenen, betonten Vokal oder Umlaut:**
* in der Wortmitte (Beispiel: *müssen*) oder
* am Wortende (Beispiel: *muss*).
ACHTUNG: Obwohl bei Wörtern, die auf -nis enden, und bestimmten Fremdwörtern der Vokal kurz gesprochen wird, schreibt man sie mit einem einfachen s-Laut. Der Plural wird mit **ss** geschrieben. Beispiele: *Zeugnis*, aber: *Zeugnisse*
ß: kann in der Wortmitte oder am Wortende stehen nach einem
* **langen Vokal** (*a, o, u;* Beispiel: *Fuß*),
* **Doppelvokal** (*eu, ei, ie, au, äu;* Beispiel: *Strauß*)
* **langen Umlaut** (*ä, ö, ü;* Beispiel: *Grüße*).

Worttrennung
Bei der Worttrennung gelten folgende Regeln:
* Wörter trennt man in der Regel nach ihren Sprechsilben. Die Silbe hört man, wenn man langsam spricht. Beispiele: *Sei-te, Be-richt, Zei-tung*
* Wenn mehrere Konsonanten in einem Wort aufeinanderfolgen, wird der letzte Konsonant einer Sprechsilbe in die nächste Zeile geschrieben. Beispiele: *Kas-ten, Was-ser*
* Ch, ck, sch, th und ph gelten als ein Buchstabe. Sie werden nicht getrennt. Beispiele: *Bü-cher, Bä-cker, Fla-sche*
* Zusammengesetzte Wörter und Wörter mit Vorsilben werden nach ihren Bestandteilen getrennt. Die einzelnen Bestandteile trennt man nach den voranstehenden Regeln. Beispiele: *Zei-len-en-de, Sport-be-richt-er-stat-ter, vor-schla-gen*
* Bei Fremdwörtern kann man die gleichen Regeln anwenden, Beispiele: *Ar-ti-kel, The-ma, Kon-so-nant*

Seid ihr fit in der Rechtschreibung?

1 Testet, wie fit ihr in der Rechtschreibung seid: Schaut selbst geschriebene Texte (zum Beispiel Diktate und Aufsätze) durch. Markiert eure Fehler und bestimmt die Fehlerart. Orientiert euch dazu am unten dargestellten Korrekturblatt.

2 Legt ein Korrekturblatt an und tragt zu den verschiedenen Fehlerarten eure Fehleranzahl ein. Ihr könnt auch weitere Texte von euch auswerten.

3 * Markiert die Zeilen mit den höchsten Fehlzahlen, denn das sind eure Fehlerschwerpunkte (markiert etwa zwei bis fünf Zeilen).
   * Überlegt euch Übungen zu euren Fehlerschwerpunkten. Am besten geht das in Partnerarbeit.
   * Fragt eure Lehrerin oder euren Lehrer nach gezielten Übungen zu euren Fehlerschwerpunkten.

Fehlerart	Diktat/ Aufsatz Nr. 1	Diktat/ Aufsatz Nr. 2	Diktat/ Aufsatz Nr. 3
1) Klein- statt Großschreibung beim Satzanfang	..?..	..?..	..?..
2) Klein- statt Großschreibung beim Nomen (*wohnung* statt *Wohnung*)	..?..	..?..	..?..
3) Zusammen- und Getrenntschreibung	..?..	..?..	..?..
4) Fehlender Doppelkonsonant nach kurzem Vokal (*renen* statt *rennen*)	..?..	..?..	..?..
5) ss statt ß bei langen Vokalen und Doppelvokalen (Diphthongen) (*gross* statt *groß; beissen* statt *beißen*)	..?..	..?..	..?..
6) s statt ß (*fliesend* statt *fließend*)	..?..	..?..	..?..
7) ß statt s (*Wieße* statt *Wiese*)	..?..	..?..	..?..
8) i statt ie (*tif* statt *tief*)	..?..	..?..	..?..
9) ie statt i (*anfieng* statt *anfing*)	..?..	..?..	..?..
10) Fehlendes Dehnungs-h (*Sane* statt *Sahne*)	..?..	..?..	..?..
11) Fremdwörter	..?..	..?..	..?..
12) Zeichensetzungsfehler	..?..	..?..	..?..
13) Sonstige Fehler	..?..	..?..	..?..

Grundwissen Rechtschreibung

Profiwissen

Im **Profiwissen** findest du alle wichtigen ■ Begriffe und ■ Methoden, die du wissen und können solltest. Die **Stichwörter** sind **alphabetisch** geordnet.

→: Ein **Pfeil** vor einem Wort weist darauf hin, dass es dazu hier im Profiwissen einen weiteren Eintrag gibt, bei dem du Genaueres nachlesen kannst (z. B. Arbeitstechnik → Methode).

☞: Die **Hand mit dem Zeigefinger** verweist auf das DEUTSCHPROFI-Kapitel, in dem ein bestimmtes Stichwort behandelt wird.

■ die **Ableitung**, die Ableitungen
Möglichkeit durch Voranstellen (→ Vorsilben) oder Anhängen (→ Nachsilben) von Wortbausteinen neue Wörter zu bilden, z. B.: *Un-ver-käuf-lich-keit*
☞ S. 105 ff. ■

■ der **Absatz**, die Absätze
Sinnabschnitte, die einen Text gliedern. Wenn ein neuer Gedankengang beginnt, macht man einen Absatz. ■

■ das **Adjektiv**, die Adjektive (Eigenschaftswort)
→ Wortart
(1) Aufgaben der Adjektive
Adjektive beschreiben Dinge, Personen, Lebewesen und Tätigkeiten genauer, z. B.:
Der Tag ist schön. – das freche Mädchen – Peter liest langsam.
(2) Merkmale der Adjektive
(a) Adjektive können zwischen dem Artikel und dem Nomen stehen, z. B.:
ein langer Zug, der stolze Löwe
(b) Adjektive sind veränderbar.
Sie müssen in denselben → Kasus, → Numerus und dasselbe → Genus wie das Nomen gesetzt werden, z. B.:
der freche Junge – die frechen Jungen; das schnelle Auto – die schnellen Autos
(c) Die meisten Adjektive kann man steigern. Bei der Steigerung unterscheidet man drei Stufen:
schnell (Grundstufe), *schneller* (1. Vergleichsstufe), *am schnellsten* (2. Vergleichsstufe).

(d) Manche Adjektive lassen sich aber auch <u>nicht</u> steigern, z. B. *unsinkbar, jährlich, fertig, tot* (… denn wer tot ist, kann nicht noch „toter" sein).
☞ S. 54
▶ „Grundwissen Wortarten", ☞ S. 231 ■

■ das **Adverb**, die Adverbien (Umstandswort)
(1) Aufgaben des Adverbs
Adverbien antworten auf W-Fragen und geben damit nähere Umstände an.
Adverbien der Zeit beschreiben, wann etwas passiert. Beispiele: *gestern, morgens, vorher, oft.*
Adverbien des Ortes beschreiben, wo etwas passiert. Beispiele: *hier, links, dort, oben.*
(2) Merkmale des Adverbs
Das Adverb ist nicht veränderbar (nicht deklinierbar, nicht konjugierbar), seine Form bleibt also immer gleich. Adverbien bilden oft alleine eine adverbiale Bestimmung und sind als solche im Satz verschiebbar.
▶ „Grundwissen Wortarten", ☞ S. 231 ■

■ die **adverbiale Bestimmung**
(Umstandsbestimmung)
Die adverbiale Bestimmung legt die Umstände fest, unter denen etwas geschieht. Sie antwortet auf Fragen, zum Beispiel:
Wo? – *im Wald:* adverbiale Bestimmung des Ortes

Wann? – *jetzt:* adverbiale Bestimmung der Zeit

Warum? – *wegen der ungeheuren Schneehöhe:* adverbiale Bestimmung des Grundes

Wie? – *demütig:* adverbiale Bestimmung der Art und Weise

Adverbiale Bestimmungen sind nicht notwendige → Satzglieder und können im Satz umgestellt werden.
☞ S. 222 ff. ■

■ der **Adverbialsatz**, die Adverbialsätz

Nebensätze, die die Rolle eines Adverbials übernehmen. Sie werden meist durch eine Konjunktion eingeleitet und mit einem Komma abgetrennt. Es gibt verschiedene Arten, z. B.: Adverbialsätze

des Ortes (Wo?): *Wo vorher der Kuchen stand, waren jetzt nur noch Krümel.*

der Zeit (Wann?): *Als sie es merkte, hatte sie schon den ganzen Kuchen gegessen.*

des Grundes (Warum?): *Weil sie heute nichts gegessen hatte, hatte sie großen Hunger.*

der Art und Weise (Wie?): *Indem sie den ganzen Kuchen aß, stillte sie ihren Hunger.*

der Bedingung (Unter welcher Bedingung?): *Wenn ihre Mutter da gewesen wäre, hätte sie das nicht getan.*
☞ S. 228 f. ■

■ der **Akkusativ**, die Akkusative (Wen-Fall)

Der Akkusativ ist ein → Kasus, in den Nomen, Artikel, Pronomen und Adjektive gesetzt werden können;
→ Akkusativobjekt ■

■ das **Akkusativobjekt**, die Akkusativobjekte
→ Objekt, nach dem man mit *Wen oder was?* fragt.
☞ S. 223 ■

■ das **Aktiv**

Das Aktiv ist eine → Wortform des Verbs. Es lenkt den Blick auf den Täter oder Urheber des Geschehens; → Passiv, z. B.: *Ich stelle das Glas auf den Tisch.* ■

■ **aktiv zuhören**

Beim aktiven Zuhören fragt ihr nach, ob es der Gesprächspartner so gemeint hat, wie ihr es verstanden habt. ■

■ das **Anführungszeichen**, die Anführungszeichen
→ Satzzeichen. Das Anführungszeichen unten („) kennzeichnet den Beginn, das Anführungszeichen oben (") das Ende einer → wörtlichen Rede. ■

■ das **Anredepronomen**, die Anredepronomen (Anredewort)

Wort, mit dem man andere Personen anspricht (z. B. *du, Sie*). Anredewörter in der Höflichkeitsform schreibt man groß, z. B.: *Haben Sie etwas unternommen? – Ich kann Ihnen helfen.* Die Anredepronomen *Du, Dir, Deine* … kann man in Briefen, E-Mails, … großschreiben.
☞ S. 157 ■

■ die **Arbeitstechnik**, die Arbeitstechniken
→ Methode ■

■ das **Argument**, die Argumente / **argumentieren**

Argumentieren heißt, dass man seine Aussagen begründet. Dabei gibt es Begründungen (Argumente), die für (pro) etwas sprechen oder dagegen (kontra).
☞ S. 91, 118 ■

■ der **Artikel**, die Artikel

1) Begleiter → Wortart; 2) → Zeitungsartikel

(1) Aufgaben der Artikel

Artikel sind Begleiter der Nomen: Sie stehen vor dem → Nomen und kennzeichnen das → Genus (grammatische Geschlecht) des Nomens. Es gibt bestimmte Artikel *(der, die, das)* und unbestimmte Artikel *(ein, eine, eines).*

Genus (Geschlecht)	maskulinum (männlich)	femininum (weiblich)	neutrum (sächlich)
Beispiele	*der Hund, ein Hund*	*die Katze, eine Katze*	*das Haus, ein Haus*

(2) Merkmale der Artikel

Artikel sind veränderbar: Sie stehen in demselben → Kasus, → Numerus (Einzahl oder Mehrzahl) und → Genus (männlich, weiblich, sächlich) wie das Nomen, das sie begleiten.
☞ S. 54

▶ „Grundwissen Wortarten", ☞ S. 231 ■

■ das **Attribut**, die Attribute
Ein Attribut ist eine Beifügung zur näheren Bestimmung eines Substantivs, z.B.: *der Fußballer aus München, der runde Ball, der Tennisrock des Mädchens*
☞ S. 226 f. ■

■ der **Aufforderungssatz**, die Aufforderungssätze
→ Satzart;
Satz, der jemanden auffordert, etwas zu tun, oder der etwas verbietet. Das → Prädikat steht im Aufforderungssatz in der Befehlsform (→ Imperativ) an erster Stelle. Der Aufforderungssatz endet häufig mit einem Ausrufezeichen, z.B.:
Lauf schnell nach Hause! ■

■ die **Auslassungspunkte**
Drei Auslassungspunkte können an Stelle von Wortteilen, Wörtern, Satzteilen oder ganzen Sätzen stehen, z.B.: *Du bist ein E...!*
☞ S. 14 ■

■ der **Aussagesatz**, die Aussagesätze
→ Satzart; Satz, mit dem etwas festgestellt wird. Das → Prädikat steht an zweiter Stelle. Der Aussagesatz endet mit einem Punkt, z.B.: *Das Flugzeug landete am späten Abend.* ■

■ die **Autobiografie**, die Autobiografien
→ Biografie ■

■ die **Ballade**, die Balladen
Eine Gedichtform, die gleich gebaute Verse und Strophen aufweist und zumeist einen größeren Umfang hat. In der Ballade werden Geschichten erzählt, die häufig spannende, Aufsehen erregende Handlungen und Ereignisse schildern.
▶ „Die Bürgschaft", ☞ S. 128 ff. ■

■ der **Begleitsatz**, die Begleitsätze
Der Begleitsatz gibt bei der → wörtlichen Rede an, wer spricht, fragt oder antwortet, z.B.: *Er fragte: „Geht es dir gut?" „Ja!", antwortete sie*. Der Begleitsatz kann vor oder nach der wörtlichen Rede stehen oder in die wörtliche Rede eingeschoben werden: *„Ja!", antwortete sie, „vielen Dank!"* ■

■ die **Begründung**, die Begründungen
→ Meinung ■

■ der **Bericht**, die Berichte
In einem Bericht werden Ereignisse sachlich, wahrheitsgetreu, neutral und knapp wiedergegeben. Die persönliche Meinung des Verfassers wird nicht ausgedrückt. Ein informativer Bericht gibt Antwort auf die wichtigsten W-Fragen *(Wer? Wie? Wo? Was? Wann? Warum?)*. → Fachbegriffe verwendet man, um Dinge kurz und eindeutig zu benennen. Ein Bericht enthält keine wörtliche Rede und wird im Präteritum geschrieben.
☞ S. 56 ff.
Zum Zeitungsbericht: ☞ S. 44 f., 53; „Flüsse außer Rand und Band", ☞ S. 44 f.; „Verkäufer: 189.000 € für Papst-Auto zu wenig", ☞ S. 52 ■

■ die **Beschreibung**, die Beschreibungen
In einer Beschreibung wird jemand oder etwas genau beschrieben, zum Beispiel ein Vorgang, eine Landschaft oder eine Person.
→ Bildbeschreibung → Personenbeschreibung → Vorgangsbeschreibung ■

■ das **Bestimmungswort**, die Bestimmungswörter
→ zusammengesetzte Nomen/Adjektive
☞ S. 104 ■

■ die **Bildbeschreibung**, die Bildbeschreibungen
In einer Bildbeschreibung wird beschrieben, **was** das Bild zeigt, **wie** es gestaltet ist und **welche Wirkung** es hat. ■

■ der **Bindestrich**, die Bindestriche
Der Bindestrich kann verwendet werden, wenn man das Lesen und Schreiben langer Zusammensetzungen erleichtern will, z.B.: *Musik-Erleben, Musiker-Leben*
Auch bei Einzelbuchstaben, Abkürzungen und Ziffern setzt man einen Bindestrich, z.B.: *y-Achse, Fußball-WM, 12-jährig*
☞ S. 162 ff. ■

■ die **Biografie**, die Biografien
Eine Lebensbeschreibung/-darstellung, die jemand über einen anderen Menschen schreibt. Wenn jemand über sein eigenes Lebens schreibt, nennt man dies **Autobiografie.** ■

■ die **Charakterisierung**, die Charakterisierungen
Bei einer Charakterisierung wird eine Person zunächst anhand ihrer äußeren Merkmale beschrieben (Aussehen, Kleidung, Haltung, Körpersprache). Daraus kann auf Inneres, auf den Charakter geschlossen werden.
☞ S. 28 f. ■

■ der **Chat**, die Chats
Bezeichnung für die innerhalb des Internets weit verbreitete Art der direkten schriftlichen Unterhaltung zwischen zwei oder mehreren Personen. Man trifft sich meist in Chatrooms zu verschiedenen Themen.
☞ S. 194 f. ■

■ der **Cluster**, die Cluster
Ideensammlung: Ein Begriff oder ein Thema wird in die Mitte geschrieben. Rundherum schreibt man alle Ideen auf, die einem zu dem Begriff/Thema einfallen. ■

■ der **Dativ**, die Dative (Wem-Fall)
Der Dativ ist ein → Kasus, in den Nomen, Artikel, Adjektive und Pronomen gesetzt werden können; → Dativobjekt ■

■ das **Dativobjekt**, die Dativobjekte
→ Objekt, nach dem man mit *wem oder was?* fragt.
☞ S. 223 ■

■ das **Dehnungs-h**
▶ „Grundwissen Rechtschreibung",
☞ S. 233 ■

■ die **Deklination**, die Deklinationen / **deklinieren**
Veränderung von Wörtern (Nomen, Adjektive, Artikel, Pronomen); → Kasus ■

■ **diagonales Lesen**
→ Lesetechnik ■

■ das **Diagramm**, die Diagramme
Ein Diagramm ist eine gezeichnete Darstellung. Man kann damit Größen, Größenverhältnisse und Beziehungen anschaulich zeigen. Beispiele: Kreis-, Balken- oder Figurendiagramm ■

■ das **Diktat**, die Diktate / **diktieren**
Möglichkeit, die Rechtschreibung zu trainieren und zu überprüfen. ■

■ die **Diskussion**, die Diskussionen / **diskutieren**
Meinungsaustausch, z. B. Pro-und-Kontra-Diskussion oder Podiumsdiskussion;
→ argumentieren
☞ S. 119 ■

■ der **Doppelkonsonant**, die Doppelkonsonanten
▶ „Grundwissen Rechtschreibung",
☞ S. 233 ■

■ das **Drama**, die Dramen – dramatischer Text
Dramatische Texte sind für Theateraufführungen vorgesehen, deshalb sind sie nach Rollen angeordnet.
☞ S. 30 f.
▶ „Hänsel & Gretel. The Remake", ☞ S. 16 ff. ■

■ die **E-Mail**, die E-Mails
Bezeichnet eine auf elektronischem Weg in Computernetzwerken übertragene, briefartige Nachricht.
☞ S. 193 ■

■ die **Epik** – epische Texte
Epische Texte sind im Gegensatz zu → dramatischen und → lyrischen fortlaufend geschrieben. Zur Epik gehören Romane, Kurzgeschichten, Märchen, Fabeln und Sagen.
☞ S. 30 f.
▶ „Frontalknutschen", ☞ S. 10 ff. – „Crazy", ☞ S. 20 ff. – „Unterm Rad", ☞ S. 23 ff. „Der Schritt zurück", ☞ S. 116 f. – „Angst in dunklen Augen", ☞ S. 126 f. – „Susanne hat Angst und Wut", ☞ S. 179 f. – „Höhenflug abwärts", ☞ S. 207 ff. ■

■ das **Erzählgedicht**, die Erzählgedichte
Das Erzählgedicht ist die moderne Form der → Ballade. Es ist ohne Gliederung in Strophen und ohne Reime gestaltet. ■

■ die **Erzählperspektive**, die Erzählperspektiven
Man unterscheidet zwei Erzählperspektiven:
(1) **Ich-Perspektive:** Der Erzählende erzählt von sich selbst und von anderen.
Er ist selbst Teil des Geschehens, z. B.: *Der Nebel stieg auf und wir konnten nichts mehr erkennen.*
(2) **Er-/Sie-Perspektive:** Der Erzählende erzählt, was zum jeweiligen Zeitpunkt bekannt ist, z. B.: *Als er nach Hause kam, war sie verschwunden.* ■

- die **Erzählung**, die Erzählungen
  Eine Erzählung ist eine Geschichte, in der ein Erlebnis/Ereignis spannend dargestellt wird. Zu einer Erzählung gehören eine Überschrift, eine Einleitung, ein Hauptteil (mit Höhepunkt) und ein Schluss. Bei einer Erzählung sollten verschiedene Verben und passende Adjektive verwendet und bei den Satzanfängen abgewechselt werden. Durch die → wörtliche Rede kann man eine Erzählung lebendiger gestalten. ■

- **exzerpierendes Lesen**
  → Lesetechnik ■

- der **Fachbegriff,** die Fachbegriffe
  Fachbegriffe sind Wörter, die in einer → Fachsprache verwendet werden und deren Bedeutung ganz genau festgelegt ist.
  ☞ S. 94 ff. ■

- die **Fachsprache,** die Fachsprachen
  Fachsprachen gibt es in fast allen Bereichen unseres Alltags, zum Beispiel im Sport, in der Technik, in der Medizin, bei Gericht. Fachsprachen sind besonders genau. Deshalb kommen in ihnen häufig → Fachbegriffe vor.
  ☞ S. 94 ff. ■

- der **Fall**, die Fälle (hier: grammatischer Begriff)
  → Kasus ■

- das **Formatieren** am Computer
  Bei Texten oder Folien, die man am PC geschrieben hat, kann man die Formate verändern, also z. B. die Schriftgröße oder die Schriftart anders einstellen. Dazu gibt es auf der *Formatierungsleiste* Schaltflächen.
  ☞ S. 155 ■

- die **Frageprobe**, die Frageproben
  Mit der Frageprobe ermittelt man die → Satzglieder eines Satzes. ■

- das **Fragepronomen**, die Fragepronomen
  (**Fragewort**) → Pronomen ■

- der **Fragesatz**, die Fragesätze
  → Satzart; Sätze, die etwas erfragen, heißen Fragesätze und enden mit einem Fragezeichen. Im Fragesatz steht an erster Stelle das → Prädikat oder das → Fragepronomen, z. B.: *Gehen wir in den Zoo? Wann gehen wir in den Zoo?* ■

- das **Fremdwort**, die Fremdwörter
  Ein Fremdwort ist ein Wort aus einer anderen Sprache (z. B. aus der lateinischen, griechischen, französischen), mit dem ein bestimmter Begriff treffend beschrieben werden kann. Manchmal gibt es eine deutsche Entsprechung für ein Fremdwort *(die Situation ⇨ die Lage)*, manchmal ist ein Fremdwort so gebräuchlich, dass man es gar nicht mehr als solches erkennt *(der Ballon, die Margarine, die Karawane).*
  ☞ S. 94 ff. ■

- die **Fünf-Gang-Lesetechnik** → Lesetechnik ■

- das **Gedicht**, die Gedichte
  Kurzer Text aus mindestens einer → Strophe. Gedichte sind in Versen (Zeilen) geschrieben, mit einer Folge von betonten und unbetonten → Silben. Gedichte können, aber <u>müssen</u> sich nicht reimen.
  ☞ S. 30 f.
  ▶ „An die Eltern", ☞ S. 15 – „Angst", ☞ S. 22, „Zur Fotografie eines Konfirmanden", ☞ S. 28 – „Es ist geil, jung zu sein", ☞ S. 29 – „Anweisung an Zeitungsleser", ☞ S. 63 – „Die Bürgschaft", ☞ S. 128 ff. – „Im Nebel", ☞ S. 139 – „Mondnacht", ☞ S. 141 – „Abendständchen", ☞ S. 141 – „Sommerbild", ☞ S. 141 – „Ich habe gehört, ihr wollt nichts lernen", ☞ S. 144 f. – „MfG ...", ☞ S. 170 – „He Joe!", ☞ S. 178 – „Alkohol", ☞ S. 206 ■

- die **Gegenwart** (kein Plural)
  Zeitstufe; → Präsens ■

- der **Genitiv**, die Genitive (Wessen-Fall)
  Der Genitiv ist ein → Kasus, in den Nomen, Artikel, Adjektive und Pronomen gesetzt werden können, z. B.: *des Kindes* ■

- das **Genus**, die Genera (lateinisch)
  Grammatisches Geschlecht der → Nomen. Man unterscheidet drei Genera: **männlich** (maskulinum), **weiblich** (femininum) und **sächlich** (neutrum), z. B. *der Hund, die Kuh, das Kind*; → Artikel ■

- die **Geschichte**, die Geschichten
  → Erzählung ■

- der **Gesprächsleiter** / die **Gesprächsleiterin**, die Gesprächsleiter
  In → Diskussionen hat der Gesprächsleiter folgende Aufgaben:
  (a) auf das Thema einstimmen,

(b) Gesprächsteilnehmer aufrufen und beachten, dass die Reihenfolge eingehalten wird,

(c) auf Rückfragen eingehen, wenn etwas nicht verstanden wurde,

(d) ermahnen, wenn sich jemand nicht an die Regeln gehalten hat,

(e) wichtige Punkte der Diskussion in Stichwörtern notieren,

(f) Ergebnisse vortragen, auch wenn es zu keiner Einigung gekommen ist,

(g) sich bei allen Teilnehmern bedanken und die Diskussion beenden.

☞ S. 119 ■

■ die **Gesprächsregel**, die Gesprächsregeln
Gesprächsregeln (wie das Beleidigungsverbot) helfen dabei, ein Gespräch geordnet, gerecht und höflich zu führen.
☞ S. 174 ff. ■

■ die **Getrennt- und Zusammenschreibung**
☞ S. 159 ff. ■
▶ „Grundwissen Rechtschreibung", ☞ S. 232 f. ■

■ die **Großschreibung**
▶ „Grundwissen Rechtschreibung", ☞ S. 232 ■

■ die **Grundform**, die Grundformen
Nicht veränderte Form von → Nomen, → Artikeln, → Pronomen, → Adjektiven und → Verben. Die unveränderte Verbform heißt → Infinitiv. Wenn man ein Wort im → Wörterbuch nachsehen will, bildet man zuerst seine Grundform, z. B.: *aß* ⇨ *essen*; *Bäume* ⇨ *Baum*; *größer* ⇨ *groß* ■

■ das **Grundwort**, die Grundwörter
→ zusammengesetzte Nomen/Adjektive
☞ S. 104 ■

■ der **Grundwortschatz**
Ein Grundwortschatz enthält Wörter, die man beherrschen sollte. Das heißt: Man sollte sie verstehen, richtig schreiben und anwenden können. Im Deutschprofi gibt es vorn in der Buchklappe viele Übungen zum Trainieren des Grundwortschatzes.
☞ Buchklappe ■

■ der **Hauptsatz**, die Hauptsätze
Ein Satz, der für sich allein stehen kann (z. B.: *Mir ist kalt.*) und nicht – wie ein

→ Nebensatz – von einem anderen Satz abhängig ist. ■

■ das **Hörspiel**, die Hörspiele
Ein Hörspiel ist wie ein Theaterstück, das man nur hören kann.
☞ S. 19 ■

■ die **Ich-Botschaft**, die Ich-Botschaften
Mit einer Ich-Botschaft drückt man seine eigenen Gefühle aus, statt den anderen anzugreifen. Die Ich-Botschaft ist eine Strategie zur → Konfliktlösung.
☞ S. 174 ■

■ die **ie-Schreibung**
▶ „Grundwissen Rechtschreibung",
☞ S. 233 ■

■ der **Imperativ**, die Imperative
Befehlsform eines Verbs, mit der man ausdrückt, dass jemand etwas tun soll, z. B.: *Gib her! – Kommt bitte mal! – Hör mir doch mal zu, bitte!* Der Imperativ kann im Singular *(Gib!)* oder im Plural *(Gebt!)* stehen. Mit einem Ausrufezeichen am Ende eines → Aufforderungssatzes mit Imperativ kann man den „Befehl" oder die Aufforderung betonen.
☞ S. 221 ■

■ der **Indikativ**
Der Indikativ ist die Wirklichkeitsform; → Konjunktiv.
☞ S. 200 ■

■ die **indirekte Rede**
In der indirekten Rede wird wiedergegeben, was eine andere Person gesagt hat. Die Verben stehen im → Konjunktiv. Meist ändern sich die Pronomen, z. B.: *Er sagte, dass er gehe.*
☞ S. 200 ff. ■

■ der **Infinitiv**, die Infinitive
Grundform des → Verbs, z. B.: *faulenzen, spielen, lachen* ■

■ die **Infinitivgruppe**, die Infinitivgruppen
Wortgruppe mit Infinitiv, die sich in einen Nebensatz umwandeln lässt, z. B.: *Sie beschloss, noch einmal von vorne zu beginnen.* Bei Infinitivgruppen steht ein Komma.
☞ S. 227 f. ■

- das **Inhaltsverzeichnis**, die Inhaltsverzeichnisse
  Ein Inhaltsverzeichnis enthält alle (Kapitel-) Überschriften, z. B. eines Buches, mit Seitenangaben. ■

- die **Internetrecherche**, die Internetrecherchen
  → Recherche ■

- das **Interview**, die Interviews
  In einem Interview wird eine Person von einem Reporter bzw. Interviewer zu einem bestimmten Thema befragt. Die bei einem Interview erhaltenen Informationen können in Zeitungen, Zeitschriften und über Rundfunk und Fernsehen veröffentlicht werden.
  ☞ S. 84 f.
  ▶ „Wir haben frühzeitig vorgewarnt", ☞ S. 48 f. ■

- das **Jugendbuch**, die Jugendbücher
  Als Jugendbücher bezeichnet man literarische Texte, die extra für Jugendliche geschrieben oder aus der Erwachsenenliteratur übernommen und für Jugendliche überarbeitet worden sind.
  ▶ „Frontalknutschen", ☞ S. 10 ff. – „Crazy", ☞ S. 20 ff. – „Höhenflug abwärts", ☞ S. 207 ff. ■

- die **Jugendsprache**, die Jugendsprachen
  Die Jugendsprache ist die Sprache, in der Jugendliche miteinander reden. Zum Teil wollen sich die Jugendlichen mit ihrer Sprache von den Erwachsenen abgrenzen. Zur Jugendsprache gehören Wörter wie *anmachen, Gelaber, funmäßig*.
  ☞ S. 112 f. ■

- der **Kasus**, die Kas<u>u</u>s (der grammatische Fall)
  → Wortarten wie Nomen, Artikel, Adjektive und Pronomen können in verschiedene Kasus gesetzt werden. Es gibt den → Nominativ (z. B.: *der kleine Hund*), → Genitiv *(des kleinen Hund<u>es</u>)*, → Dativ *(dem kleinen Hund)* und → Akkusativ *(den kleinen Hund)*. ■

- das **Komma**, die Kommas
  Das Komma ist ein → Satzzeichen, das Sätze gliedert.
  (1) Das Komma steht bei **Aufzählungen** von gleichrangigen Wörtern, Wortgruppen oder Sätzen; z. B. *Adriana mag Himbeeren, Erdbeeren und Stachelbeeren. Alina fragt*

mich, ob ich zum Grillfest komme, ob ich einen Salat mitbringe und ob ich zum Übernachten bleibe. Die Musik wird leiser, der Vorhang hebt sich und das Spiel beginnt. Werden diese gleichrangigen Sätze, Wortgruppen oder Wörter durch die → Konjunktionen *und, oder, beziehungsweise, sowie* verbunden, steht <u>kein</u> Komma.
  ☞ S. 77 f.
  (2) Das Komma **trennt Sätze**.
  (a) → Satzreihe aus Hauptsätzen: *Christof mag Fußball, aber Jenny liebt Volleyball.*
  (b) → Satzgefüge aus Hauptsatz/<u>Neben-satz</u>: *Es war schon nach elf, <u>als er endlich erwachte</u>.*
  ☞ S. 77 f. ■

- der **Kommentar**, die Kommentare
  In einem Kommentar schreibt ein Journalist die eigene Meinung zu einem bestimmten Thema.
  ☞ S. 53
  ▶ „Das Klima hält sich nicht an Etatpläne", ☞ S. 50 ■

- die **Kommunikation** (die Kommunikationen)
  → Nachricht ■

- die **Konfliktlösung**, die Konfliktlösungen
  Für die Konfliktlösung gibt es ganz bestimmte Verhaltensweisen (Strategien). Dazu gehören z. B. die → Ich-Botschaft und das → aktive Zuhören. ■

- **konjugieren** / die **Konjugation**, die Konjugationen
  → Verben kann man konjugieren, also z. B. in verschiedene Personen und Zeiten setzen: *sie lacht ⇨ wir lachten ⇨ ihr habt gelacht* ■

- die **Konjunktion**, die Konjunktionen
  → Wortart. Mit einer Konjunktion werden Sätze, Wortgruppen und Wörter verknüpft. Beispiele: *und, denn, oder, dass, ob, weil*
  ☞ S. 54
  ▶ „Grundwissen Wortarten", ☞ S. 231 ■

- der **Konjunktiv**, die Konjunktive (Möglichkeitsform)
  Den Konjunktiv I verwendet man in der → indirekten Rede. Der Konjunktiv I wird aus dem Präsens (z. B. *er geht* → *er gehe*)

gebildet. Wenn Konjunktiv I und Indikativ zusammenfallen (z. B. *ich gehe → ich gehe*), wird der Konjunktiv II oder die Umschreibung mit *würde* verwendet (z. B. *ich gehe → ich ginge, ich würde gehen*). Der Konjunktiv II wird aus dem Präteritum gebildet. Mit ihm können Wünsche, Pläne und Vorstellungen formuliert werden, z. B.: *Wenn er Geld hätte, kaufte er ein Auto.*
☞ S. 200 ff. ■

■ der **Konsonant**, die Konsonanten (der Mitlaut)
Alle Laute bzw. Buchstaben (z. B. *l, m, n*) außer den → Vokalen und Umlauten heißen Konsonanten; → Doppelkonsonant ■

■ die **Körpersprache**
Durch die Körpersprache (also Haltung und Bewegungen sowie Gestik und Mimik) teilt ein Mensch den anderen ohne Worte mit, in welcher Stimmung er sich befindet. ■

■ das **Kugellager**, die Kugellager
Art eines Gesprächskreises. Man bildet einen Innen- und einen Außenkreis. Die Inneren schauen nach außen, die Äußeren nach innen. So schaut jeder Teilnehmer einen gegenüber Sitzenden an und kann mit ihm sprechen. Nach einer vorgegebenen Zeit „dreht" sich der Innenkreis um einen Platz weiter und jeder erhält einen neuen Gesprächspartner. ■

■ der **Lebenslauf**, die Lebensläufe
Der Lebenslauf listet die wichtigsten individuellen Daten einer Person auf. Er wird in den meisten Fällen in tabellarischer Form dargestellt, kann aber in Ausnahmefällen auch Textform annehmen.
☞ S. 153 ff. ■

■ der **Leserbrief**, die Leserbriefe
Ein Leserbrief stammt von Lesern und richtet sich an die Leser einer Zeitung oder einer Zeitschrift.
☞ S. 53, 91
▶ „Folgen des Sparkurses", ☞ S. 51 ■

■ das **Lesetagebuch**, die Lesetagebücher
In einem Lesetagebuch kann man wichtige Informationen über ein Buch festhalten, z. B. wichtige Zitate, die eigene Meinung zu einer Figur oder Textstelle, Bilder zum Text oder eine selbst verfasste Geschichte. ■

■ die **Lesetechnik**, die Lesetechniken
(1) Die Methode der **Fünf-Gang-Lesetechnik** kann man bei allen Texten anwenden, um deren Inhalt besser zu verstehen und ihn mit eigenen Worten wiedergeben zu können.
– Überfliege den Text: Du erfährst, worum es geht.
– Lies den Text gründlich.
– Stelle W-Fragen an den Text: *Wer? Wo? Wann? Was? Wie? Warum?*
– Unterteile den Text in Abschnitte: Finde Überschriften. Notiere → Stichwörter.
– Lies den Text noch einmal sorgfältig. Fasse das Wichtigste in eigenen Worten zusammen.
(2) Beim **diagonalen Lesen** eines Textes überfliegt man den Text nach genannten Schlagwörtern. Wenn man sie gefunden hat, liest man die Textstelle(n) genau durch. Diagonales Lesen hilft, brauchbares von unbrauchbarem Material schneller zu unterscheiden.
☞ S. 220
(3) Beim **exzerpierenden Lesen** macht man sich Stichpunkte zu den wesentlichen Aussagen eines Textes. Hierdurch gewinnt man eine Übersicht über den Inhalt. Das Nomen zu *exzerpieren* heißt *Exzerpt*.
☞ S. 214 ■

■ das **Lexikon**, die Lexika
Nachschlagewerk, das alphabetisch von A nach Z geordnet ist und Begriffe erklärt; → nachschlagen. ■

■ die **Literatur**
Der Begriff Literatur stammt aus dem Griechischen (von griechisch *Litera* = der Buchstabe) und bedeutet *Schrifttum, Dichtung*. ■

■ die **Lyrik** – lyrische Texte
Lyrische Texte erkennt man daran, dass sie besonders angeordnet sind: in der Regel in → Versen und → Strophen. Lyrische Texte

sind zum Beispiel → Gedichte, → Balladen und Lieder.
☞ S. 30 f.

▶ „An die Eltern", ☞ S. 15 – „Angst", ☞ S. 22, „Zur Fotografie eines Konfirmanden", ☞ S. 28 – „Es ist geil, jung zu sein", ☞ S. 29 – „Anweisung an Zeitungsleser", ☞ S. 63 – „Die Bürgschaft", ☞ S. 128 ff. – „Im Nebel", ☞ S. 139 – „Mondnacht", ☞ S. 141 – „Abendständchen", ☞ S. 141 – „Sommerbild", ☞ S. 141 – „Ich habe gehört, ihr wollt nichts lernen", ☞ S. 144 f. – „MfG ...", ☞ S. 170 – „He Joe!", ☞ S. 178 – „Alkohol", ☞ S. 206 ■

■ **markieren** (im Text / am PC)
Wichtige Stellen und Hauptaussagen in einem Text werden durch Unterstreichen oder farbiges Anzeichnen hervorgehoben. Am PC markiert man mithilfe der linken Maustaste. ■

■ das **Medium,** die Medien
Alle Mittel, mit deren Hilfe man Informationen übermittelt, also z. B. Bücher, Zeitschriften, Fernsehen, Video, Computer, Telefon, ... ■

■ die **Meinung** / die **Begründung,**
die Meinungen / die Begründungen
Eine Meinung ist eine persönliche Sichtweise, die man begründen sollte. Dazu führt man Tatsachen auf und erklärt Zusammenhänge. Begründungen beginnen oft mit ... *weil* oder ... *denn.*
☞ S. 91, 118 ■

■ die **Metapher,** die Metaphern
Eine Metapher ist ein Bild oder ein bildlicher Ausdruck, mit dem man einen Vergleich herstellt. Man kann sich das, was mit einer Metapher gemeint ist, gut vorstellen. Beispiel: *das Herz brechen:* Normalerweise bricht Glas, in übertragenem Sinne kann aber auch *das Herz brechen.* ■

■ die **Methode,** die Methoden
Art und Weise, wie man zu einem Ergebnis kommt oder ein Ziel erreicht, z. B.: Mit einem → Cluster kann man Ideen zu einem bestimmten Thema sammeln. ■

■ die **Mindmap** (engl. *Gedankenlandkarte*), die Mindmaps
Eine Mindmap benutzt man zum Sammeln und Ordnen von Informationen. Um das Thema herum werden passende Oberbegriffe gesammelt. Diese sind durch Äste miteinander verbunden. An die Oberbegriffe werden weitere Äste mit passenden Ideen angehängt. ■

■ **nacherzählen** / die **Nacherzählung,** die Nacherzählungen
Bei einer Nacherzählung wird eine Geschichte mit eigenen Worten so wiedergegeben, dass andere eine möglichst genaue Vorstellung vom Originaltext erhalten. ■

■ die **Nachricht,** die Nachrichten
Eine Nachricht ist eine kurze Information über ein Ereignis. Als Nachrichten bezeichnet man auch die Inhalte, die jemand zu einem anderen sagt.
☞ S. 53 ■

■ **nachschlagen**
Wenn man die Rechtschreibung eines Wortes kontrollieren oder sich über die Bedeutung eines Wortes informieren will, kann man in einem → Wörterbuch oder → Lexikon nachschlagen.
(1) Bilde zuerst die → Grundform des Wortes, z. B.: *zügiger* ⇨ *zügig, Bibliotheken* ⇨ *Bibliothek, gerufen* ⇨ *rufen.*
(2) Achte auf die Buchstabenfolge: Wenn der 1. Buchstabe gleich ist, geht es nach dem 2. Buchstaben, z. B.: *Gepard, Giraffe, Grille.* Wenn die ersten beiden Buchstaben gleich sind, geht es nach dem 3. Buchstaben, z. B.: *Galopp, Gans, Garten* usw. ■

■ die **Nachsilbe** (das Suffix), die Nachsilben
→ Wortbausteine, die an den → Wortstamm angehängt werden, z. B.: *-bar, -lich, -ung, -keit.* Beispiele: *heiter* ⇨ *Heiterkeit; Frucht* ⇨ *fruchtbar; befragen* ⇨ *Befragung*
☞ S. 106, 167 ■

■ der **Nebensatz,** die Nebensätze
→ Satzart; von einem Hauptsatz abhängig und davon durch → Komma getrennt. Nebensätze werden häufig mit einer → Konjunktion eingeleitet: *Verena macht gern Ferien auf dem Bauernhof, weil sie dort reiten kann. Wenn es heiß ist, geht Birgit ins Freibad.* ■

■ die **Newsgroup,** die Newsgroups
Newsgroups im Internet haben ein Thema, zum Beispiel Motorradfahren. Die Teilnehmer tauschen Erfahrungen zu diesem Thema aus.
☞ S. 195 ■

■ das **Nomen**, die Nomen (Namenwort, auch Substantiv genannt; → Wortart)
(1) Aufgaben der Nomen
Nomen bezeichnen Personen und Eigennamen (z. B. *Karl, die Lehrerin*), andere Lebewesen *(Rose, Elefant)*, greifbare Dinge *(Bus, Teller)* und abstrakte Dinge, die man nicht anfassen kann *(Verdacht, Wärme)*.
(2) Merkmale der Nomen
Nomen sind veränderbar (deklinierbar).
(a) Jedes Nomen hat ein → Genus, das durch den → Artikel gekennzeichnet ist: Maskulinum *(der Mond)*, Femininum *(die Sonne)*, Neutrum *(das Haus)*.
(b) Die meisten Nomen können in der Einzahl (→ Singular: *das Haus*) und Mehrzahl (→ Plural: *die Häuser*) stehen.
(c) Nomen stehen immer in einem bestimmten → Kasus (Fall): Nominativ (1. Fall): *das Kind*, Genitiv (2. Fall): *des Kindes*, Dativ (3. Fall): *dem Kind*, Akkusativ (4. Fall): *das Kind*.
(d) Nomen werden großgeschrieben (z. B.: *der Strand, das Wasser*).
TIPP: Alle Wörter mit der Nachsilbe *-ung, -heit, -keit, -nis* und *-schaft* sind Nomen (z. B. *das Hindernis*).
☞ S. 54
▶ „Grundwissen Wortarten", ☞ S. 231 ■

■ die **Nominalisierung**, die Nominalisierungen
Verben und Adjektive, die in ein **Nomen umgewandelt** worden sind. Oft erkennt man das daran, dass ein **Signalwort für Großschreibung** davor steht. Beispiel: *Das Tolle am Spiel waren die vielen Torszenen.* In Verbindungen mit *sein* oder *werden* werden manche Nomen (z. B. *angst, schuld, leid*) zu Adjektiven (denominalisiert) und deshalb kleingeschrieben: Beispiel: *Mir wird angst.*
☞ S. 171 ■

■ der **Nominativ**, die Nominative (Wer-Fall)
Der Nominativ ist ein → Kasus, in den Nomen, Artikel, Adjektive und Pronomen gesetzt werden können; → Subjekt ■

■ der **Numerus**, die Numeri (lateinisch für *Zahl*)
Es gibt zwei Numerusformen: → Singular (Einzahl) und → Plural (Mehrzahl). ■

■ das **Objekt**, die Objekte
Objekte sind → Satzglieder. ■

■ die **Partizipgruppe**, die Partizipgruppen
Wortgruppe, die ein Partizip Präsens oder ein Partizip Perfekt enthält und sich in einen Nebensatz umwandeln lässt, z. B.: *Vom Trainieren erschöpft(,) gingen wir nach Hause.*
☞ S. 227 f. ■

■ das **Passiv**
Das Passiv ist eine → Wortform des Verbs. Es betont das Geschehen, z. B. → Aktiv. *Das Glas wird auf den Tisch gestellt.* ■

■ das **Perfekt** (kein Plural) (vollendete Gegenwart)
Zeitform, in der → Verben stehen können. Im Perfekt steht, was sich unmittelbar vorher ereignet hat. Wenn man von vergangenen Ereignissen mündlich erzählt, verwendet man oft das Perfekt. ■

■ die **Person**, die Personen (hier: grammatischer Begriff)
→ Verben können in verschiedene Personen (1./2./3.) gesetzt werden. ■

■ die **Personalform**, die Personalformen
Die Personalformen der Verben (finite Verbformen) geben die → Zeitform, die → Person und den → Numerus an; → Verb. ■

■ das **Personalpronomen**, die Personalpronomen
→ Pronomen ■

■ die **Personenbeschreibung,** die Personenbeschreibungen
Bei einer Personenbeschreibung beschreibt man das Aussehen, körperliche Besonderheiten und manchmal auch besondere Eigenschaften einer Person.
☞ S. 28 f. ■

■ der **Plural** (die Pluralformen) (Mehrzahl)
Mehrzahl von Dingen oder Personen, z. B.:
die Bäume, die Frauen ■

■ das **Plusquamperfekt**
Zeitform (Vorvergangenheit), in der →
Verben stehen können. Das Plusquamperfekt wird verwendet bei Geschehnissen,
die noch vor der Vergangenheit stattgefunden haben. ■

■ das **Possessivpronomen**, die Possessivpronomen
→ Pronomen ■

■ das **Prädikat**, die Prädikate
→ Satzglied, das aus einem → Verb oder
aus mehrgliedrigen Verben besteht, z. B.:
*Gitta <u>lernt</u> Englisch. Carsten <u>spielt</u> in einer
erfolgreichen Mannschaft <u>mit</u>.*
☞ S. 223 ■

■ die **Präposition**, die Präpositionen
Eine Präposition steht meist vor einem
→ Nomen oder → Pronomen und legt das
Verhältnis dieses Wortes zum Rest des
Satzes fest. Man kann die Präpositionen
nach der Art des Verhältnisses einteilen:
lokal (räumliches Verhältnis): *auf dem
Tisch;* **temporal** (zeitliches Verhältnis): *seit
drei Tagen;* **kausal** (Beziehung des Grundes): *wegen seiner Krankheit;* **modal** (Verhältnis der Art und Weise): *außer sich vor
Wut; in Eile*
☞ S. 54
▶ „Grundwissen Wortarten", ☞ S. 231 ■

■ das **Präsens**
Zeitform (Gegenwart), in der → Verben
stehen können. Das Präsens benutzt man,
wenn etwas gerade in diesem Moment
geschieht oder wenn man über Dinge
redet, die man immer wieder macht. ■

■ die **Präsentation**, die Präsentationen/
präsentieren
Mit einer Präsentation stellt man einem
Publikum ein bestimmtes Thema vor. Eine
gelungene Präsentation hat einen motivierenden Einstieg und einen attraktiven
Schluss. Dazwischen sollte die Präsentation

einen roten Faden haben, d. h.: Die einzelnen Teile hängen logisch zusammen.
☞ S. 212 ■

■ das **Präteritum**
Zeitform der Vergangenheit, in der → Verben stehen können. Das Präteritum drückt
etwas aus, was sich in der Vergangenheit
ereignet hat und abgeschlossen ist. ■

■ das **Pronomen**, die Pronomen (Fürwort)
→ Wortart; Pronomen sind Wörter, die für
ein Nomen oder bei einem Nomen stehen.
(1) das **Personalpronomen**, die Personalpronomen
Aufgaben der Personalpronomen
Personalpronomen stehen als Stellvertreter
für Nomen, z. B.: *ich, er, ihn.*
Beispiel: *<u>Der Himmel</u> (= Nomen) ist heute
blau. Gestern war <u>er</u> (= Pronomen) voller
Wolken.* Das Pronomen *er* steht im zweiten Satz für *der Himmel.*
Merkmale der Personalpronomen
(a) Personalpronomen sind veränderbar,
z. B.: *du, dir, dich.*
(b) Personalpronomen müssen in demselben → **Genus** (= Geschlecht) stehen, wie
das Nomen, das sie vertreten, z. B.: *<u>Die
Sonne</u> (Genus: Femininum) scheint. <u>Sie</u>
(Femininum) ist sehr grell. <u>Das Essen</u> (Neutrum) ist kalt. <u>Es</u> (Neutrum) schmeckt nicht.*
(2) das **Possessivpronomen**, die Possessivpronomen (besitzanzeigendes Fürwort)
Aufgaben der Possessivpronomen
Sie geben eine Zugehörigkeit an.
Merkmale der Possessivpronomen
Sie richten sich danach, ob der „Besitzer"
männlich, weiblich oder sächlich ist. Es
kommt auch darauf an, ob der „Besitzer"
im → Singular oder im → Plural steht, z. B.:
*Ahmed liebt <u>seinen</u> Hund und er mag <u>seine</u>
Kaninchen. Lena mag <u>ihre</u> Katzen und sie
liebt <u>ihr</u> Pferd.*
Die Endung des Possessivpronomens
hängt davon ab, ob eine oder mehrere
Sachen besessen werden, z. B.: *Mirko liebt
<u>sein</u> Fahrrad, <u>seine</u> CDs und <u>seine</u> Stereoanlage. Jenny mag <u>ihre</u> Pferdeposter, <u>ihren</u>
grünen Pulli und <u>ihre</u> neue Kette.*

Kasus (Fall) \ Person	1. Person Singular	1. Person Plural
Nominativ (1. Fall)	*mein Freund*	*unsere Freunde*
Genitiv (2. Fall)	*meines Freundes*	*unserer Freunde*
Dativ (3. Fall)	*meinem Freund*	*unseren Freunden*
Akkusativ (4. Fall)	*meinen Freund*	*unsere Freunde*

(3) das **Relativpronomen**, die Relativpronomen

Verknüpft → Haupt- und Nebensätze (mit einem gemeinsamen Bezugswort), z. B.: *Das Saxophon ist ein Musikinstrument, das in der Jazzmusik häufig vorkommt.*

(4) das **Fragepronomen**, die Fragepronomen

Leitet einen Fragesatz ein, z. B.: *Wer? Was? Welcher?*

☞ S. 54

(5) das **Indefinitpronomen**, die Indefinitpronomen

Hat eine allgemeine Bedeutung, z. B. *man, etwas, kein.*

☞ S. 88 f.

▶ „Grundwissen Wortarten", ☞ S. 231 ■

■ das **Protokoll**, die Protokolle

In einem Protokoll werden wichtige Arbeitsschritte oder Ergebnisse einer Besprechung schriftlich festgehalten.

☞ S. 70 ff. ■

■ die **Recherche**, die Recherchen / **recherchieren**

Das Wort *recherchieren* kommt aus dem Französischen und bedeutet so viel wie *nachforschen/ermitteln.*

(1) Recherche in Lexika

Wenn man Informationen zu einem Thema sucht, ist es hilfreich, zuerst in einem → Lexikon nachzuschlagen. Lexikonartikel geben einen Überblick zu den Themen bzw. Begriffen.

(2) Bücherrecherche in der Bibliothek

Es gibt drei Möglichkeiten, ein Buch zu finden: nach dem Titel, nach dem Autor oder nach Schlagwörtern (wenn man Bücher zu

einem bestimmten Thema sucht, z. B.: *Tiere*). Auf diese Weise kann man im Katalog (= Bücherverzeichnis) oder im Computer der Bibliothek recherchieren.

(3) Internetrecherche

Im Internet helfen Suchmaschinen (z. B. *www.google.de*) bei der Recherche. Sie listen die Internetseiten zu einem Thema auf. ■

■ die **Rechtschreibkartei**

Mit einer Rechtschreibkartei kann man individuell an seinen Fehlerschwerpunkten arbeiten.

☞ S. 168 ■

■ die **Rechtschreibkontrolle** am PC

Das Textverarbeitungsprogramm enthält ein großes Lexikon, mit dessen Hilfe die Rechtschreibung kontrolliert werden kann: Bei jedem Wort, das man schreibt, überprüft das Programm, ob es in seinem Lexikon vorkommt. Wenn nicht, wird das Wort unterkringelt. ACHTUNG: Die unterkringelten Wörter müssen nicht immer falsch sein: Es kann sein, dass die Schreibweise eines Wortes der Rechtschreibkontrolle unbekannt ist, und es deshalb unterkringelt wird. ■

■ das **Rechtschreibtraining**, die -trainings

Es gibt viele Methoden, wie man die Rechtschreibung trainieren kann: abschreiben, → Diktat, Arbeit mit dem → Grundwortschatz, → Rechtschreibkartei, → Korrekturblatt oder auch die → Rechtschreibkontrolle am PC.

☞ Buchklappe, S. 168, 234 ■

■ die **Rechtschreibung**

▶ „Grundwissen Rechtschreibung",
☞ S. 232 ff. ■

■ der **Redebegleitsatz**, die Redebegleitsätze
→ Begleitsatz ■

■ die **Redensart,** die Redensarten

Wortgruppe mit einer festen Bedeutung. Beispiele: *jemanden an der Nase herumführen, ins Gras beißen.* Die Bedeutung ist meist nicht wörtlich zu verstehen. *Ins Gras*

beißen heißt nicht, dass jemand ins Gras beißt, sondern dass jemand stirbt.
☞ S. 34 ■

■ das **Referat**, die Referate
Vortrag zu einem bestimmten Thema; wichtige Informationen werden knapp und anschaulich dargestellt.
☞ S. 214 ff. ■

■ die **Reflexion**, die Reflexionen
Eine Reflexion ist ein Auswertungsgespräch nach einer Arbeit, einem Projekt oder einer Diskussion. In der Reflexion werden Erfahrungen und Beobachtungen ausgetauscht.
☞ S. 149 ■

■ das **Relativpronomen**, die Relativpronomen
Wortart (→ Pronomen) ■

■ der **Relativsatz**, die Relativsätze
→ Nebensatz, der durch ein → Relativpronomen (z. B.: *der, denen*) eingeleitet wird.
☞ S. 78 ■

■ die **Reportage,** die Reportagen
Eine Reportage steht in einer Zeitung oder Zeitschrift und schildert ein Ereignis oder ein Erlebnis spannend, anschaulich und ausführlich.
☞ S. 53
▶ „Wenn das Wasser unberechenbar wird", ☞ S. 46 f. ■

■ das **Rollenspiel**, die Rollenspiele
Spielerische Darstellung einer Szene mit verteilten Rollen.
☞ S. 134 ff., 190 ff. ■

■ die **Rubrik,** die Rubriken
Eine Rubrik ist ein Teil der Zeitung, in dem → Artikel zu bestimmten Themen stehen. Rubriken sind z. B. *Politik, Lokales, Sport*.
☞ S. 38 ■

■ der **sachliche Brief**, die sachlichen Briefe
In einem sachlichen Brief trägt man sein Anliegen möglichst knapp, klar und höflich vor. Man hat den Adressaten immer vor Augen und verwendet die Höflichkeitsanrede *(Sie/Ihr)*.
☞ S. 75 ff., 110, 155 ff. ■

■ der **Sachtext**, die Sachtexte
Sachtexte wollen informieren und belehren. Bei vielen Sachtexten findet man Zeichnungen, Fotos, Grafiken usw., die den Inhalt veranschaulichen oder ergänzen sollen.
▶ „Flüsse außer Rand und Band", ☞ S. 44 f. – „Wenn das Wasser unberechenbar wird", ☞ S. 46 f. – „Wir haben frühzeitig vorgewarnt", ☞ S. 48 f. – „Das Klima hält sich nicht an Etatpläne", ☞ S. 50 – „Folgen des Sparkurses", ☞ S. 51 – „Ratzinger-Golf ist nun verkauft", ☞ S. 52 – „Verkäufer: 189.000 Euro für Papst-Auto zu wenig", ☞ S. 52 – „Unersättlich", ☞ S. 52 – „Alles Banane", ☞ S. 53 – „Bayern ertrinkt in der Flut", ☞ S. 62 – „Berufe für Männer und Frauen", ☞ S. 79 f. – „Wenn der Azubi Auskunft gibt", ☞ S. 85 f. – „Vera Weber …", ☞ S. 90 – „Die vier Phasen des Gesprächs", ☞ S. 185 f. – „E-Mails", ☞ S. 193 – „,Gespräche' mithilfe des Computers", ☞ S. 194 f. – „Datenschutz im Internet", ☞ S. 197 – „Die Geschichte des Rauchens", ☞ S. 214 f. – „Verbreitung des Rauchens bei Jugendlichen", ☞ S. 216 f. – „Folgen des Rauchens", ☞ S. 217 – „Warum ist gesunde Ernährung wichtig", ☞ S. 222 – „Obst und Gemüse – fünfmal am Tag", ☞ S. 224 ■

■ der **Satz**, die Sätze
Mit einem vollständigen Satz wird ein zusammenhängender Gedanke geäußert. Zu einem vollständigen Satz gehören mindestens ein → Prädikat und ein → Subjekt. Beispiel: *Claus* (= Subjekt) *schläft* (= Prädikat). Es gibt verschiedene → Satzarten. ■

■ die **Satzart**, die Satzarten
In Sätzen kann man verschiedene Absichten ausdrücken; man unterscheidet drei Satzarten: → Aussagesatz, → Aufforderungssatz, → Fragesatz. ■

■ das **Satzgefüge**, die Satzgefüge
Verbindung eines → Hauptsatzes mit → Nebensätzen. Zwei → Personalformen des Verbs in einem Satz werden in der Regel durch ein Komma getrennt: *Der Trainer war sich sicher, dass Ralf 100 m in 11,0 Sekunden laufen konnte. Henriette ärgerte sich, weil sie zu Ostern keinen Hockey-Schläger geschenkt bekam.*
☞ S. 78 ■

- das **Satzglied**, die Satzglieder

  (1) Daran erkennt man Satzglieder

  Ein Satzglied besteht aus einem Wort oder einer Gruppe von Wörtern, die sich nur gemeinsam umstellen lassen. Mit der Umstellprobe findet man die Satzglieder heraus, z. B.: *Der Affe / frisst / am liebsten / Bananen.* ⇨ *Bananen / frisst / der Affe / am liebsten.*

  (2) Aufgaben der Satzglieder

  Satzglieder beantworten Fragen. Mit der Frageprobe kann man herausfinden, um welche Satzglieder es sich handelt, z. B.: *Peter gibt den Kugelschreiber dem Lehrer.*

Frageprobe	Antwort	Satzglied
Wer gibt …?	*Peter*	→ Subjekt
Wen gibt …?	*den Kugel-schreiber*	→ Akkusativ-objekt
Wem gibt …?	*dem Lehrer*	→ Dativobjekt

  ☞ S. 223 ■

- die **Satzreihe**, die Satzreihen

  Zwei oder mehrere → Hauptsätze, die zu einem längeren Satz zusammengefügt worden sind, z. B. *Hauptsatz 1: Früher war Mia sehr glücklich. Hauptsatz 2: Jetzt ist sie öfter traurig.* ⇨ *Früher war Mia sehr glücklich (= HS 1), aber jetzt ist sie öfter traurig (= HS 2).*

  ☞ S. 78 ■

- das **Satzschlusszeichen**, die Satzschlusszeichen

  Satzschlusszeichen beenden den Satz und geben die Satzart an: Punkt für den → Aussagesatz, Ausrufezeichen *(!)* für den → Aufforderungssatz, Fragezeichen *(?)* für den → Fragesatz. ■

- das **Satzzeichen**, die Satzzeichen

  Satzzeichen gliedern Texte. Die wichtigsten sind: → Anführungszeichen, → Komma und → Satzschlusszeichen. ■

- das **Schaubild**, die Schaubilder

  In einem Schaubild werden Sachverhalte, Daten und Fakten zeichnerisch veranschaulicht (vergleiche auch → Diagramm). ■

- die **Schreibkonferenz**, die Schreibkonferenzen

  In einer Schreibkonferenz kann man in kleinen Gruppen selbst geschriebene → Texte überarbeiten und kontrollieren.

  ☞ S. 60 ■

- die **Sekundärliteratur**

  Bei Sekundärliteratur handelt es sich um Texte, die über literarische Texte geschrieben wurden, damit man diese besser versteht.

  ☞ S. 30 ■

- die **Silbe**, die Silben

  Kleinste gesprochene Einheit eines Wortes. Silben erkennt man gut, wenn man sie beim Sprechen mitklatscht: *Scho-ko-la-de, Mas-ke, kom-men, fürch-ter-lich, lus-tig.* ■

- der **Singular** (Einzahl)

  Der Singular steht für die Einzahl von Dingen oder Personen. Beispiel: *Ein Junge kickt den Ball in das Tor.* ■

- das **Skript**, die Skripte

  Skript stammt aus dem Lateinischen (*scribere* = schreiben) und bedeutet wörtlich *das Geschriebene*. Ein Skript ist ein Regiebuch für Hörspiele, Filme usw. Es unterteilt den Text in Abschnitte und regelt – in einer Art Tabelle – den Einsatz der einzelnen Sprecherrollen, der Geräusche oder der Musik.

  ☞ S. 19 ■

- der **s-Laut**, die s-Laute

  ▶ „Grundwissen Rechtschreibung",

  ☞ S. 233 ■

- das **Sprichwort,** die Sprichwörter

  Ein Sprichwort ist ein bekannter Satz, der eine Lebenserfahrung wiedergibt oder einen Ratschlag darstellt. Beispiel: *Wer einmal lügt, dem glaubt man nicht, und wenn er auch die Wahrheit spricht.*

  ☞ S. 34 ■

- der **Steckbrief**, die Steckbriefe

  In einem Steckbrief werden in → Stichwörtern die wichtigsten Informationen zu einem Thema oder zu einer Person festgehalten. ■

- die **Stellungnahme,** die Stellungnahmen
  In einer Stellungnahme nennt oder schreibt man die eigene Meinung zu einem Thema und begründet sie.
  ☞ S. 121 ff. ▪

- das **Stichwort,** die Stichwörter / **Stichwortzettel** anlegen
  Stichwörter helfen dabei, einen Text besser zu verstehen und ihn in eigenen Worten wiederzugeben. Man notiert einzelne wichtige Wörter oder Ausdrücke aus dem Text oder eigene Umschreibungen. Dabei achtet man darauf, dass die Stichwörter aussagekräftig sind. ▪

- der **Strichpunkt,** die Strichpunkte
  Der Strichpunkt nimmt eine Mittelstellung zwischen Komma und Punkt ein. Mit ihm kann man gleichrangige Teilsätze oder Wortgruppen voneinander abgrenzen. Er steht anstelle eines Kommas, wenn dieses zu schwach trennt, und anstelle eines Punkts, wenn dieser zu stark trennt. Wann das der Fall ist, lässt sich nicht eindeutig festlegen. Deshalb hat man bei der Anwendung des Strichpunkts mehr Freiheit als bei anderen Satzzeichen. Er wird oft benutzt, wenn der Anschluss mit Konjunktionen oder Adverbien wie *denn, doch, darum, daher, aber, deshalb, deswegen* usw. hergestellt ist. Nach einem Strichpunkt schreibt man klein weiter, z. B.: *Unser Lunch-Paket bestand aus gedörrtem Fleisch, Speck und Rauchschinken; Ei- und Milchprodukten; Reis und Nudeln. Das Missverständnis ist geklärt; deshalb sollten wir nicht mehr streiten.*
  ☞ S. 171 ▪

- die **Strophe,** die Strophen
  Teil eines → Gedichts; mehrere → Verse (Zeilen) bilden eine Strophe, also einen Absatz eines Gedichts. ▪

- das **Subjekt,** die Subjekte
  → Satzglied, nach dem man mit *Wer oder was?* fragt. Es steht also immer im → Nominativ (Wer-Fall).
  ☞ S. 223 ▪

- das **Substantiv,** die Substantive
  → Nomen ▪

- das **Tagebuch,** die Tagebücher
  In einem Tagebuch hält man persönliche Erlebnisse, Eindrücke und Gedanken in der Ich-Form fest. Dabei schreibt man meist so, wie man spricht (unvollständige Sätze, → Auslassungspunkte, Ausrufe).
  ☞ S. 14
  ▶ „Frontalknutschen", ☞ S. 10 ff. – „Marcels schrecklicher Tag", ☞ S. 15 – „Bonusmeilen", ☞ S. 109 f. ▪

- die **Teamfähigkeit**
  Teamfähigkeit ist eine Schlüsselqualifikation. Teamfähig sind Menschen, die gut mit anderen zusammenarbeiten, zuhören und eigene Ideen einbringen.
  S. 181 ▪

- das **Tempus,** die Tempora (lateinisch für *Zeit*)
  → Zeitform ▪

- **Texte erschließen**
  Texte erschließen bedeutet, den Inhalt eines Textes zu verstehen und ihn selbstständig wiedergeben zu können;
  → Lesetechnik ▪

- **Texte überarbeiten**
  Wenn man einen Text geschrieben hat, sollte man ihn anschließend allein oder in einer → Schreibkonferenz überarbeiten, z. B. so: Man achtet beim ersten Durchlesen auf den Inhalt, z. B.: Ist der Text verständlich? – Man überprüft beim zweiten Durchlesen Sprache und Grammatik, z. B.: Verwendung der Zeitform, Wortwahl, Satzbau, Rechtschreibung. ▪

- **Texte zusammenfassen**
  Einen Text zusammenfassen heißt, die wichtigsten Informationen des Textes in eigenen Worten aufzuschreiben;
  → Lesetechnik ▪

- der **Umlaut,** die Umlaute
  ä, ö, ü; → Vokale ▪

- die **Umstellprobe,** die Umstellproben
  Durch die Umstellprobe ermittelt man die → **Satzglieder** eines Satzes. ▪

■ das **Verb**, die Verben (Tunwörter; → Wortart)
(1) Aufgaben der Verben
Die Verben bezeichnen Tätigkeiten,
Vorgänge oder Zustände.
(2) Merkmale der Verben
Verben sind **veränderbar** (konjugierbar):
(a) Verben kann man in die verschiedenen
Personen setzen.
(b) Verben kann man in verschiedene
Zeitformen setzen.
(c) Es gibt **regelmäßige** und **unregelmäßige** Verben: Bei unregelmäßigen
Verben muss man lernen, wie die Zeiten
gebildet werden, z. B.:
essen – aß – hat gegessen
(d) Verben können im → Aktiv oder →
Passiv stehen.
(e) Verben können im → Konjunktiv stehen.
☞ S. 54
▶ „Grundwissen Wortarten", ☞ S. 231 ■

■ die **Vergangenheit** (kein Plural)
→ Verben können in der Vergangenheit
stehen, z. B.: → Präteritum, → Perfekt und
→ Plusquamperfekt. ■

■ die **Verlängerungsprobe**, die -proben
Die Verlängerungsprobe hilft dabei, herauszufinden, wie ein Wort am Ende geschrieben wird. Beispiele: *die Bank* ⇨ *die
Bänke*, also mit *-k; mutig* ⇨ *mutiger*, also
mit *-g.* ■

■ der **Vers**, die Verse
Ein Vers ist die Zeile in einem Gedicht. Oft
reimen sich zwei oder mehrere Verse. ■

■ der **Vokal**, die Vokale (Selbstlaut)
Die Laute bzw. Buchstaben *a, e, i, o, u* sind
Vokale. Auch *ä, ö* und *ü* sind Vokale, sie
heißen → Umlaute. Zwei aufeinandertref-
fende Vokale heißen Zwielaut (Diph-
thong): *ei, au, eu, äu.* ■

■ die **Vorgangsbeschreibung**, die Vorgangs-
beschreibungen
In einer Vorgangsbeschreibung wird ein
Vorgang in richtiger Reihenfolge, genau,
sachlich und mit → Fachbegriffen beschrieben.
☞ S. 99 ff. ■

■ **Vorlesen / Vortragen**
Beim Vorlesen / Vortragen sollte man darauf achten, deutlich und flüssig zu sprechen. Es ist hilfreich, den Text durch
Zeichen für das Vorlesen vorzubereiten:
Stellen, an denen man eine kurze Pause
machen will, sind mit einem Strich / gekennzeichnet; Stellen, an denen man eine
längere Pause machen möchte, werden
mit zwei Strichen // markiert; Stellen, die
man besonders betonen will, hebt man
durch Unterstreichungen hervor. ■

■ die **Vorsilbe** (das **Präfix**), die Vorsilben
(die Präfixe)
→ Wortbaustein vor dem → Wortstamm,
z. B.: *be-, vor-, un-*. Beispiele: *beurteilen,
vortragen, unmöglich*
☞ S. 106 ■

■ der **Werbeslogan**, die Werbeslogans
Ein Werbeslogan ist ein Spruch oder ein
Satz, mit dem für ein Produkt geworben
wird.
☞ S. 107 ff. ■

■ die **Wortart**, die Wortarten
Es gibt verschiedene Arten von Wörtern,
die man nach ihren Aufgaben unterschei-
den kann. Die Wortarten haben auch un-
terschiedliche Merkmale. Wortarten sind
→ Adjektiv, → Adverb, → Artikel, → Kon-
junktion, → Nomen, → Präposition, →
Pronomen, → Verb.
☞ S. 54
▶ „Grundwissen Wortarten", ☞ S. 231 ■

■ der **Wortbaustein**, die Wortbausteine
Wortbausteine sind austauschbare → Vor-
und → Nachsilben, mit denen sich neue
Wörter bilden lassen. ■

■ das **Wörterbuch**, die Wörterbücher
Ein Wörterbuch ist ein alphabetisches Ver-
zeichnis, in dem man Wörter → nachschlagen kann, wenn man sich über deren
Bedeutung, Rechtschreibung oder Worttrennung nicht sicher ist. ■

■ die **Wortfamilie**
Wörter mit einem gemeinsamen → Wortstamm kann man zu einer Wortfamilie

Profiwissen

zusammenfassen, z. B.: *groß* ⇨ *Größe* – *Großbetrieb* – *riesengroß* – *vergrößern*, ... ■

■ das **Wortfeld**, die Wortfelder
Wörter mit einer ähnlichen Bedeutung bilden zusammen ein Wortfeld. Sie bezeichnen nur selten genau dasselbe. Deshalb kann man sie auch nicht <u>beliebig</u> in einem Text austauschen, z. B.: *gehen, laufen, schlurfen, rennen, fahren, schwimmen*, ...
Wortfelder können dabei helfen, abwechslungsreiche und treffende Formulierungen zu finden. ■

■ die **Wortform**, die Wortformen
Viele Wörter können durch → Deklination oder → Konjugation verschiedene Wortformen annehmen, sie sind veränderbar; → Nomen, → Verben, → Adjektive, → Pronomen, → Artikel. ■

■ die **wörtliche Rede** (die wörtlichen Reden)
Die wörtliche Rede gibt wortwörtlich wieder, was jemand sagt. Sie wird durch → Anführungszeichen gekennzeichnet. Die wörtliche Rede hat oft einen → Begleitsatz, der angibt, wer spricht, z. B.: *Michael sagte: „Heute gehe ich zum Fußballspielen."* ■

■ die **Worttrennung,** die Worttrennungen
Wörter trennt man in der Regel nach Sprechsilben.
☞ S. 41 ff.
▶ „Grundwissen Rechtschreibung", ☞ S. 233 ■

■ der **Wortstamm**, die Wortstämme
Zentraler Baustein eines Wortes, der die Grundbedeutung angibt. Der Wortstamm ändert sich in der Regel nicht oder wenig, wenn man ein Wort verändert, z. B.: *sag-* ⇨ *sagte, du hast gesagt, unsagbar*, ... (Ausnahmen: unregelmäßige → Verben)
☞ S. 105 f. ■

■ die **Zeitangabe**, die Zeitangaben
☞ S. 55 f.
▶ „Grundwissen Rechtschreibung", ☞ S. 232 ■

■ die **Zeitform**, die Zeitformen (Tempus)
Es gibt verschiedene Zeitformen, in die man das → Verb setzen kann, z. B.: → Futur, → Präsens, → Präteritum, → Perfekt, → Plusquamperfekt. ■

■ die **Zeitstufe**, die Zeitstufen
Es gibt drei Zeitstufen: Gegenwart, Vergangenheit und Zukunft. Die verschiedenen Zeitstufen drückt man durch die Form der → Verben in einem Satz aus. ■

■ der **Zeitungsartikel,** die Zeitungsartikel
Ein Zeitungsartikel ist ein Text, der in einer Zeitung steht.
☞ S. 38 ■

■ die **Zusammenfassung,** die Zusammenfassungen
→ Texte zusammenfassen ■

■ **zusammengesetzte Nomen/Adjektive**
(1) Zusammengesetzte Nomen bestehen aus einem Grundwort und einem <u>Bestimmungswort</u>, welches das Grundwort näher erklärt. Der Artikel (Begleiter) passt zum Grundwort. Beispiel: *die Haarbürste*, Bestimmungswort: *das <u>Haar</u>*, Grundwort: *die Bürste*, also *eine Bürste für die <u>Haare</u>*. Ist das Grundwort ein Nomen, ist das neu zusammengesetzte Wort auch ein Nomen und man schreibt es groß.
(2) Bei zusammengesetzten Adjektiven ist das Grundwort ein Adjektiv. Das zusammengesetzte neue Wort ist ebenfalls ein Adjektiv und man schreibt es klein. Beispiel: *die <u>Tomate</u> + rot*, also *tomatenrot*.
☞ S. 104 ■

Kleines Autorenlexikon

HORST BIENEK, 1930 in Gleiwitz (heute Gliwice)/Oberschlesien als Sohn eines Bahnbeamten und einer Klavierlehrerin geboren, siedelte nach dem Krieg in die spätere DDR um, arbeitete in einer Redaktion und war ein Schüler Bertolt Brechts. 1951 vom Staatssicherheitsdienst wegen politischer Delikte verhaftet und zu 25 Jahren Zwangsarbeit verurteilt, wurde jedoch 1955 in die Bundesrepublik überstellt. Arbeit beim Rundfunk und in Verlagen, später freiberuflicher Schriftsteller. Bienek hat v. a. Erzählungen und Gedichte geschrieben. 1990 in München gestorben.
▶ „Anweisung für Zeitungsleser", ☞ Seite 63

BERTOLT BRECHT wurde 1898 in Augsburg geboren. Er begann ein Medizinstudium in München, arbeitete jedoch bald am Theater und schrieb Stücke. 1923 ging er nach Berlin, dort wurde 1928 seine „Dreigroschenoper" ein großer Erfolg. Nach der Machtergreifung der Nationalsozialisten emigrierte er über Dänemark, Schweden, Finnland, die Sowjetunion in die USA. 1948, nach seiner Rückkehr nach Europa, hielt er sich zunächst in der Schweiz auf, um dann nach Ost-Berlin zu gehen, wo ihm und seiner Frau Helene Weigel ein Theater angeboten wurde. Hier erarbeitete er in zukunftweisenden Modell-Inszenierungen seine Stücke („Mutter Courage und ihre Kinder", „Leben der Galilei", „Der gute Mensch von Sezuan" u. a.). Neben seinem Einfluss auf das Theater hat Brecht ein umfangreiches lyrisches Werk hinterlassen. Brecht starb 1956 in Ost-Berlin.
▶ „Ich habe gehört, ihr wollt nichts lernen", ☞ Seite 144 f.

CLEMENS BRENTANO, 1778 in Ehrenbreitstein geboren, Sohn eines Kaufmanns, sollte auch Kaufmann werden. Nach dem Tod des Vaters 1787 wandte er sich ganz der Literatur zu. Gab mit Achim von Arnim die Sammlung „Des Knaben Wunderhorn", eine Liedersammlung, heraus. Schrieb Romane, Märchen und vor allem viele Gedichte. 1842 in Aschaffenburg gestorben.
▶ „Abendständchen", ☞ Seite 141

JOSEPH VON EICHENDORFF, 1788 auf Schloss Lubowitz (Oberschlesien) geboren, 1857 in Neiße gestorben, studierte Jura in Halle, Heidelberg, Berlin und Wien. Tätig im preußischen Staatsdienst. Eichendorff ist vor allem bekannt und beliebt für seine Romane und Novellen (hier besonders zu nennen: „Aus dem Leben eines Taugenichts") und Gedichte.
▶ „Mondnacht", ☞ Seite 141

JOSEF EIMER wurde 1944 in Nabburg (Oberpfalz) geboren, seit 1967 Grund- und Hauptschullehrer, seit 1978 Schulleiter. Er veröffentlichte zahlreiche Artikel in pädagogischen Fachzeitschriften, ist seit vielen Jahren in der Heimatforschung tätig, auch hier zahlreiche Veröffentlichungen mit historischem Hintergrund.
▶ „Angst in dunklen Augen", ☞ S. 126 f.

KAI ENGELKE wurde 1946 in Göttingen geboren. Nach dem Abitur absolvierte er ein Redaktionsvolontariat und studierte Deutsch, Musik und Kunst. Heute arbeitet er als Schriftsteller, Kulturjournalist, Sänger, Maler und Grundschullehrer im Emsland.
▶ „Angst", ☞ S. 22

JANA FREY, 1969 in Düsseldorf geboren, begann schon mit fünf Jahren zu schreiben. Nach Aufenthalten in den USA und in Neuseeland lebt sie mit ihrer Familie in Deutschland. Sie schreibt vor allem Kinder- und Jugendbücher und arbeitet für das Fernsehen.
▶ „Höhenflug abwärts", ☞ Seite 207 ff.

AXEL HACKE, 1956 in Braunschweig geboren, besuchte die Deutsche Journalistenschule und studierte Politische Wissenschaften in Göttingen und München. Von 1981–2000 arbeitete er als Journalist bei der „Süddeutschen Zeitung". Heute lebt Hacke als Schriftsteller und Journalist in München. Seine Bücher, darunter mehrere Bestseller wie „Der kleine Erziehungsberater" und „Der kleine König Dezember", wurden in zahlreiche Sprachen übersetzt.
▶ „Bonusmeilen", ☞ S. 109 f.

FRIEDRICH HEBBEL (1813–1863) war der Sohn eines armen Maurers aus Wesselburen in Dithmarschen und durchlebte eine harte Jugend. Erst mit zweiundzwanzig Jahren konnte er ein Studium beginnen und unter großen Entbehrungen durchführen. Die seit 1841 erscheinenden Dramen besserten seine materielle Lage nicht, er erhielt jedoch ein Reisestipendium und kam 1845 nach Wien. Dort heiratete er die Burgschauspielerin Christine Enghaus und konnte fortan in Geborgenheit seine großen Theaterstücke schreiben. Reisen nach Paris und London. Tod in Wien.
▶ „Sommerbild", ☞ Seite 141

HERMANN HESSE wurde 1877 in Calw im Schwarzwald geboren und sollte Theologie studieren. Er besuchte die Lateinschule in Göppingen, legte das Landexamen ab, floh 1894 aus dem Maulbronner Seminar, besuchte das Gymnasium in Cannstatt bis zum „Einjährigen"-Examen. 1895 absolvierte er eine Buchhändlerlehre, später Buchhändler in Basel. 1904, mit seinem Roman „Peter Camenzind", begann Hesses Erfolg und seine Popularität. Ab 1919 lebte Hesse in Montagnola in der Schweiz, wo er 1962 starb. Hesse erhielt 1946 den Nobelpreis für Literatur.
▶ „Unterm Rad", ☞ Seite 23 ff.; „Im Nebel", ☞ Seite 139

ERICH KÄSTNER wurde 1899 in Dresden (Sachsen) geboren und starb 1974 in München. Mithilfe eines Stipendiums seiner Heimatstadt begann er an der Universität Leipzig ein Studium der Germanistik, Geschichte, Philosophie und Theatergeschichte, arbeitete nebenher als Redakteur des Kulturteils der „Neuen Leipziger Zeitung" und veröffentlichte erste Gedichte. Ab 1928 als freier Schriftsteller. Neben Gedichten und Romanen schrieb er Kinder- und Jugendbücher. Berühmt wurde Kästner vor allem durch „Das doppelte Lottchen", „Das fliegende Klassenzimmer", „Pünktchen und Anton" und „Emil und die Detektive".
▶ „Zur Fotografie eines Konfirmanden", ☞ S. 28

1943 in Wien geboren, wuchs KLAUS KONJETZKY in München auf, besuchte dort das Gymnasium und studierte anschließend Geschichte, Germanistik und Philosophie. Als freier Schriftsteller gab er in den 70er- und 80er-Jahren Zeitschriften und Sammelbände heraus und veröffentlichte Geschichten und Gedichte. Heute ist er vor allem als Musikjournalist tätig.
▶ „An die Eltern", ☞ S. 15

Nach einer gescheiterten Schullaufbahn gelang BENJAMIN LEBERT 1999 schon im Alter von 16 Jahren mit der Veröffentlichung des autobiografischen Romans „Crazy" der Durchbruch. Bereits ein Jahr später wurde sein Roman erfolgreich verfilmt. Dabei war in Benjamin Leberts Leben vieles nicht normal verlaufen: Mit einer halbseitigen Lähmung wurde er 1982 in Freiburg im Breisgau geboren. Die Schul- und Internatszeit war für ihn derart problematisch, dass er als 16-Jähriger die Schule verließ und seinen Hauptschulabschluss erst mit 21 nachholte. Nach Stationen in München und Berlin lebt und arbeitet Lebert wieder in Freiburg. Sein zweiter Roman „Der Vogel ist ein Rabe" wurde 2003 veröffentlicht.

▶ „Crazy", ☞ S. 20 ff.

LOUISE RENNISON wurde 1951 in Leeds/England geboren. Sie arbeitete lange im Kabarett. Zurzeit lebt sie in Brighton, arbeitet als Journalistin für verschiedene englische TV-Shows und schreibt für Jugendmagazine. In Deutschland wurde sie als Jugendbuchautorin bekannt, so etwa mit „Kuss und Schluss – Die ultimativen Bekenntnisse der Georgia Nicolson".

▶ „Frontalknutschen", ☞ S. 10 ff.

FRIEDRICH SCHILLER wurde 1759 in Marbach/Neckar geboren. In seiner Jugend begehrte er mit Dramen, wie z.B. „Die Räuber" oder „Kabale und Liebe", gegen die Willkür der Fürsten auf und musste über die Landesgrenze flüchten, um einer Gefängnisstrafe zu entgehen. Später schrieb er geschichtliche Werke, Gedichte und weiterhin Dramen, die auch heute noch gespielt werden, z.B. „Wallenstein" und „Maria Stuart", und musste ständig um sein Auskommen kämpfen. Er war mit Goethe befreundet, bei ihren Werken haben sie sich gegenseitig beraten, z.B. auch bei den Balladen, von denen besonders viele im so genannten Balladenjahr 1794 entstanden. Schiller starb 1805 in Weimar.

▶ „Die Bürgschaft", ☞ Seite 128 ff.

Der 1939 in Schorndorf geborene FRIEDER STÖCKLE ist Realschullehrer und Fachberater am Oberschulamt Stuttgart. Nach einer Tischlerlehre, dem Studium der Kunstgeschichte, der Bildhauerei und der Pädagogik langjährige Tätigkeit als Jugendhausleiter und wissenschaftliche Tätigkeit an der Pädagogischen Hochschule Ludwigsburg, zahlreiche Reisen nach Italien, kunstgeschichtliche Studien, Forschungen im regionalgeschichtlichen Bereich, seit 1984 alltagsgeschichtliche Forschungen.

▶ „Susanne hat Angst und Wut", ☞ Seite 179 f.

RALF THENIOR, 1945 in Bad Kudowa (heute Kudowa Sdroj)/Schlesien geboren, aufgewachsen in Hamburg, gelernter Verlagskaufmann. Jobs in unterschiedlichen Berufen (z.B. als Gärtner, Maurer, Kellner), zahlreiche Reisen. Legte nach Übersetzerstudium (Abschluss in Englisch) das Begabtenabitur ab und begann ein Germanistikstudium. Ralph Thenior lebt als Lyriker, Erzähler, Essayist und Kinderbuchautor in Dortmund.

▶ „He Joe!", ☞ Seite 178

Textquellenverzeichnis

1 Erwachsen werden … – Aufbruch in eine neue Welt

S. 10 ff., 30: Rennison, Louise: Frontalknutschen. Die Bekenntnisse der Georgia Nicolson. Aus dem Engl. von Eva Rieckert. München u. a.: cbt – C. Bertelsmann Jugendbuch Verlag in der Verlagsgruppe Random House GmbH 2002, S. 7 ff.

S. 15, 30: Konjetzky, Klaus: An die Eltern. In: Tagtäglich. Gedichte. Hg. von Joachim Fuhrmann. Reinbek bei Hamburg: Rowohlt 1976

S. 16 ff., 30: Theatergruppe Bienenschwarm. Hänsel & Gretel. The Remake. (unveröffentlicht, Uraufführung am 19. 07. 2003, Ziegelhütte Ochsenwang)

S. 20 ff.: Lebert, Benjamin: Crazy. Köln: Verlag Kiepenheuer & Witsch 1999, S. 63 ff.

S. 22: Engelke, Kai: Angst. In: Ronald Glomb, Lothar Reese (Hg.): Anders als die Blumenkinder. Gedichte der Jugend aus den 70er-Jahren. Reinbek bei Hamburg: Rowohlt 1980, S. 106

S. 23 ff.: Hesse, Hermann: Unterm Rad. Frankfurt a. M.: Suhrkamp Taschenbuch 1970, S. 11 ff.

S. 28: Kästner, Erich: Zur Fotografie eines Konfirmanden. In: Ders: Ausgewählte Schriften. 6 Bde. Zürich: Atrium Verlag 1983, Bd. 1, S. 288 f.

S. 29: Witzel, Julian: Es ist geil, jung zu sein. Text: Julian Witzel, Musik Ulrich Baronowsky. Hamburg: Hafenklang Edition, c/o Arabella Musikverlag GmbH, München

S. 33: Interpretation. In: Hermann Hesse: Demian/Unterm Rad. Interpretation von Helga Esselborn-Krumbiegel. Oldenbourg Interpretationen. Bd. 30. München: Oldenbourg ²1998, S. 67 f. (adaptiert)

2 Zeitungsleser wissen mehr

S. 44 f.: Effern, Heiner/Hoch, Angelika/Hummel, Manfred/Roß, Andreas/Ruhland, Michael/Schieder, Klaus/Schneider, Christian/Szymanski, Mike: Flüsse außer Rand und Band. In: Süddeutsche Zeitung vom 24. 08. 2005

S. 46 f.: Ruhland, Michael: Wenn das Wasser unberechenbar wird. In: Süddeutsche Zeitung vom 29. 08. 2005

S. 48 f.: „Wir haben frühzeitig vorgewarnt" (Interview: Christian Schneider). In: Süddeutsche Zeitung vom 29. 08. 2005

S. 50: Schneider, Christian: Das Klima hält sich nicht an Etatpläne. In: Süddeutsche Zeitung vom 24. 08. 2005

S. 51: Leserbriefe. In: Süddeutsche Zeitung vom 29. 08. 2005

S. 52: Ratzingers Golf ist nun verkauft. In: shortnews.stern.de (abgeändert)

S. 52: Verkäufer: 189.000 Euro für Papst-Auto zu wenig. In: RP Online. http://www.rp-online.de/public/article/themenwelt/auto/aktuell/88420 (gekürzt und verändert) – Stand: 20. 09. 2005

S. 52: Unersättlich! In: RP Online. http://www.rp-online.de/public/magazin/comments/nachrichten/journal/sonstige (gekürzt und verändert) – Stand: 19. 05. 2005

S. 53: Alles Banane. In: Spiegel Online. http://www.spiegel.de/netzwelt/netzkultur/0,1518,druck-355596,99.html (gekürzt und verändert) – Stand: 19. 05. 2005

S. 62: Bayern ertrinkt in der Flut. Bild-online 24. 08. 2005

S. 63: Bienek, Horst: Anweisung für Zeitungsleser. In: Ders.: Gleiwitzer Kindheit. Gedichte aus 20 Jahren. München/Wien: Hanser 1976

S. 64: Süddeutsche Zeitung: Schule und Zeitung 2002, Unterrichtsmaterialien, www.sueddeutsche.de vom 22. 11. 05

3 Wichtige Entscheidungen treffen? Aber nur gut informiert!

S. 85 f.: Seufert, Verena: Wenn der Azubi Auskunft gibt. In: Main Post 02. 05. 05

4 Auf jedes Wort kommt es an! – Wörter unter der Lupe

S. 109 f.: Hacke, Axel: Bonusmeilen. In: Süddeutsche Zeitung. Magazin. http://sz-magazin.sueddeutsch.de, 2005

5 Zur eigenen Meinung stehen – für andere einstehen

S. 116 f.: Rauert, Annette: Der Schritt zurück. In: Werkbrief der Landjugend 1980/81. In Geschichten uns wiederfinden. Teil 2. Landesstelle der Katholischen Landjugend Bayern, München

S. 126: Eimer, Josef: Angst in dunklen Augen. In: Der neue Tag, Weiden, 14. 11. 1992/Schulmagazin 5/93

S. 128 ff.: Schiller, Friedrich: Die Bürgschaft. In: Ders.: Dramen und Gedichte. Hg. v. d. Deutschen Schillergesellschaft. Stuttgart: Schreiber 1959, S. 1946 ff.

S. 139: Hesse, Hermann: Im Nebel. In: Ders.: Gesammelte Werke in 12 Bänden. Bd. 1. Frankfurt/M.: Suhrkamp 1970, S. 27

S. 141: Brentano, Clemens: Abendständchen. In: Ders.: Werke. Bd. 1. München: Hanser 1978, S. 144

S. 141: Eichendorff, Joseph von: Mondnacht. In: Ders.: Werke in sechs Bänden. Bd. 1: Gedichte, Versepen. Hg. v.

Hartwig Schultz. Frankfurt/M.: Deutscher Klassiker Verlag 1987, S. 322
S. 141: Hebbel, Friedrich: Sommerbild. In: Deutsche Gedichte. Hg. v. Theodor Echtermeyer und Benno von Wiese. Düsseldorf: Bagel 1958, S. 490

6 Schritt für Schritt ins Berufsleben
S. 144 f.: Brecht, Bertolt: Ich habe gehört, ihr wollt nichts lernen. In: Ders.: Werke. Große kommentierte Berliner und Frankfurter Ausgabe. Sämtliche Gedichte 1913-1956 (5 Bd.). Band 11-15. Frankfurt a. M.: Suhrkamp Verlag 1993
S. 156: Anschreiben Bewerbung. In: Hesse, Jürgen/Schrader, Hans Christian. Sparkassen-SchulService: Erfolgreich bewerben. Ein praktischer Ratgeber für die Bewerbung um einen Ausbildungsplatz. Stuttgart: Deutscher Sparkassen Verlag 2003 (leicht verändert)
S. 170: Die Fantastischen Vier: MfG – Mit freundlichen Grüßen. Urheber: Beck, Michael/Dürr, Thomas/Rieke, Andreas/ Schmidt, Michael B.; © EMI Quattro Musikverlag GmbH, Hamburg

7 Miteinander sprechen, sich mitteilen: Wie erreiche ich, was ich will?
S. 178: Thenior, Ralph: He Joe! In: Ders.: Traurige Hurras. München: Bertelsmann Verlag 1977
S. 179 f.: Stöckle, Frieder: Susanne hat Angst und Wut. In: Erhard Domay (Hg.): Menschenzeit – Gotteszeit. Lahr: Verlag Ernst Kaufmann 1992
S. 193, S. 194: E-Mails, „Gespräche" mithilfe des Computers: Beate Majetschak: Internet für Kids. Bonn: MITP-Verlag, S. 23 f.
S. 203: Reiser, Rio: König von Deutschland. In: © 1986 by George Glueck Musik GmbH c/o Sony Music Publishing (Germany), Frankfurt/M.

8 Du hast dein Leben in der Hand
S. 206: Hamm, Norbert/Mrozek, Herbert: Alkohol. © Grönland Musikverlag, Berlin
S. 207 ff.: Jana Frey: Höhenflug abwärts. Bindlach: Löwe 2005, 32 f., 73 ff., 80 ff., 109 ff.
S. 213: Zahlen, Daten, Fakten zu illegalen Drogen. In: Bundeszentrale für gesundheitliche Aufklärung (Hg.): Die Drogenaffinität Jugendlicher in der Bundesrepublik Deutschland. Teilband illegale Drogen, November 2004
S. 214 f.: Die Geschichte des Rauchens. Nach: www.ohnerauchen.de und Bundeszentrale für gesundheitliche Aufklärung (Hg.): Rauchen. Materialien für die Suchtprävention in den Klassen 5 bis 10 (zusammengefügt)
S. 216 f.: Verbreitung des Rauchens bei Jugendlichen. In: Bundeszentrale für gesundheitliche Aufklärung: Die Drogenaffinität Jugendlicher in der Bundesrepublik Deutschland. Teilband Rauchen, November 2004
S. 217: Folgen des Rauchens. In: Bundeszentrale für gesundheitliche Aufklärung (Hg.): Rauchen. Materialien für die Suchtprävention in den Klassen 5 bis 10
S. 221: Zehn gute Gründe. Nach: Bundeszentrale für gesundheitliche Aufklärung: Gut Drauf. Fitness, Sport, Body, Köln 2004
S. 222: Bernd-W. Vorpahl: Warum ist gesunde Ernährung wichtig? Nach: Bundeszentrale für gesundheitliche Aufklärung: Ernährung und Gesundheit, Materialien für 5. – 10. Klassen. Stuttgart: Ernst Klett Verlag 2003
S. 224: Obst und Gemüse-fünfmal am Tag. Nach: www.talkingfood.de, Aid-Infodienst, Bonn

Bildquellenverzeichnis

Seite 8/9: Gettyimages/Zefa – Seite 10, 20: Verlagsgruppe Random House/Bertelsmann – Seite 23, 28: akg-images – Seite 36/37: Corbis – Seite 44: Picture-Alliance/dpa – Seite 47: Argum/Frank Heller – Seite 48, 62: Picture-Alliance/dpa – Seite 65: Sowieso Pressebüro, Berlin (HYPERLINK "http://www.sowieso.de" www.sowieso.de) – Seite 66/67: Visum/ Sven Doering – Seite 68, 70, 76: Peter Wirtz Dormagen – Seite 81: Joker/Rainer F. Steussloff – Seite 82: Medicalpicture – Seite 83.1: Gettyimages/Taxi – Seite 83.2: Medicalpictures – Seite 85: Mediengruppe Main-Post GmbH, Würzburg (erschienen in der Main-Post Würzburg am 27.4.2005) – Seite 88: ddp/Roland Magunia – Seite 92/93: Caro/Oberhäuser – Seite 95, 96, 97: Picture-Alliance/dpa – Seite 103: A.Roth/picbyte – Seite 108: Picture-Alliance/akg-images – Seite 114/115: Ute Grabowsky/photothek.net – Seite 121: Peter Wirtz, Dormagen – Seite 139: blickwinkel/F. Hermann – Seite 142/143: Corbis/Ed Wargin – Seite 146: Globus Infografik – Seite 150, 151, 154, 173, 174, 177, 182, 184, 185: Peter Wirtz, Dormagen – Seite 187: Bildagentur-online/ Lescourret – Seite 190.1: Jörg Lantelme, Kassel – Seite 190.2: Bildagentur-online/Lescourret – Seite 191, 200: Peter Wirtz, Dormagen – Seite 204/205: Corbis/Roy McMahon – Seite 207: Loewe Verlag, Bindlach – Seite 208: Martin Wagenhan, Esslingen – Seite 215: Deutsche Krebshilfe, Bonn – Seite 224: A. Roth/picbyte – Seite 230: Das Fotoarchiv/John Powell – Seite 252: akg-images – Seite 253: Ullsteinbild – Seite 254.1: Picture-Alliance/dpa – Seite 254.2: akg-images
Umschlag: Gettyimages/Zefa